OBTENDO RESULTADOS COM RELAÇÕES PÚBLICAS

2ª edição revista

Errata

Nas páginas VII, XXI e 191, onde se lê "O mercado e as agências de comunicação a consultores de fornecedores", leia-se **"O mercado e as agências de comunicação: de fornecedores a consultores"**.

Dados Internacionais de Catalogação na Publicação (CIP)
(Câmara Brasileira do Livro, SP, Brasil)

Obtendo resultados com relações públicas / Margarida Maria Krohling Kunsch [organizadora]. -- 2. ed. rev. -- São Paulo : Pioneira Thomson Learning, 2006.

Vários autores.
Bibliografia.
ISBN 85-221-0509-X

1. Comunicação em marketing 2. Marketing 3. Marketing - Administração 4. Planejamento estratégico 5. Relações públicas I. Kunsch, Margarida Maria Krohling.

05-8690 CDD-659

Índice para catálogo sistemático:

1. Relações públicas e comunicação 659

OBTENDO RESULTADOS COM RELAÇÕES PÚBLICAS

Como utilizar adequadamente as relações públicas em benefício das organizações e da sociedade em geral

2ª edição revista

Margarida Maria Krohling Kunsch
(organizadora)

THOMSON

Austrália Brasil Canadá Cingapura Espanha Estados Unidos México Reino Unido

THOMSON™

Gerente Editorial:
Dulcy Grisolia

Editora de Desenvolvimento:
Danielle Mendes Sales

Supervisora de Produção Editorial:
Patricia La Rosa

Produtora Editorial:
Gabriela Trevisan

Produtora Gráfica:
Fabiana Alencar Albuquerque

Copidesque:
Glair Picolo Coimbra

Revisão:
Mateus Potumati
Juliana Siani Simionato

Editoração Eletrônica:
Macquete Produções Gráficas

Capa:
FZ. Dáblio Design

Impresso no Brasil.
Printed in Brazil.
2 3 4 5 08 07 06
Janeiro de 2006

Rua Traipu, 114 – 3º andar
Perdizes – CEP 01235-000
São Paulo – SP
Tel.: (11) 3665-9900
Fax: (11) 3665-9901
sac@thomsonlearning.com.br
www.thomsonlearning.com.br

Dados Internacionais de Catalogação na Publicação (CIP)
(Câmara Brasileira do Livro, SP, Brasil)

Obtendo resultados com relações públicas / Margarida Maria Krohling Kunsch [organizadora]. -- 2. ed. rev. -- São Paulo : Pioneira Thomson Learning, 2006.
Vários autores.
Bibliografia.
ISBN 85-221-0509-X
1. Comunicação em marketing 2. Marketing 3. Marketing - Administração 4. Planejamento estratégico 5. Relações públicas I. Kunsch, Margarida Maria Krohling.
05-8690
CDD-659
Índice para catálogo sistemático:
1. Relações públicas e comunicação 659

SUMÁRIO

Terceira parte — Relações públicas: mercado de trabalho

APRESENTAÇÃO DA SEGUNDA EDIÇÃO

UNIVERSIDADE E SOCIEDADE: UMA INTERAÇÃO NECESSÁRIA

Publicar a segunda edição de *Obtendo resultados com relações públicas* reforça um dos objetivos da Escola de Comunicações e Artes da Universidade de São Paulo (ECA/USP): ampliar a ação de formar pessoas e preparar quadros profissionais de qualidade para atender às necessidades do País. Esta segunda edição permite, ainda, constatar que o texto obteve boa acolhida entre os que se interessam pelos desafios da comunicação corporativa — hoje fundamental para a inserção das empresas na sociedade. O sucesso da primeira edição em 1997 e as sucessivas tiragens mostram a importância e o crescimento da área. Certamente, outras edições virão.

A parceria entre os professores de relações públicas e propaganda da ECA e os profissionais do mercado indica, nestes textos, as ricas possibilidades entre a teoria e a prática que ora entram em conflito e ora se integram, em um movimento de mútuo enriquecimento. A universidade ensina o que sabe, pesquisa o que ainda desconhece, descobrindo caminhos novos, e estende à coletividade o resultado de suas ações. É desse movimento entre o agir e o pensar que resulta a superação dos novos desafios. Daí a necessidade do diálogo entre a universidade e os profissionais como prática permanente.

As ciências da comunicação fazem parte das ciências sociais aplicadas e a Escola de Comunicações e Artes tem como meta incentivar e promover ações que busquem exatamente a aplicação dos conhecimentos que aqui são gerados em sinergia com os profissionais que atuam na gestão da comunicação das organizações, por meio de uma sistematização de suas experiências.

Esperamos que essa iniciativa seja multiplicada, permitindo à universidade levar à sociedade o conhecimento que ela cria, bem como permitir a todos, estudantes e profissionais, conhecer e aplicar o resultado das pesquisas e reflexões produzidas.

São Paulo, agosto de 2005

Luís Augusto Milanesi
Diretor da ECA/USP

APRESENTAÇÃO DA PRIMEIRA EDIÇÃO

OBTENDO RESULTADOS COM RELAÇÕES PÚBLICAS

Mario Ernesto Humberg

Presidente da CL-A Comunicações e do Instituto PNBE de Desenvolvimento Social

As atividades de relações públicas e a comunicação desenvolveram-se muito no Brasil a partir de meados da década de 1980, quando o final do regime militar obrigou as empresas e outras organizações a buscarem um aumento de sua transparência e de seu diálogo com os diversos segmentos da sociedade. Infelizmente, essa expansão não ocorreu da forma integrada que seria desejável, em função de uma legislação coercitiva e limitadora, criada pelo regime militar para inibir o crescimento das atividades da informação, legislação essa que foi posteriormente apoiada por vários movimentos corporativos, garantindo sua manutenção por mais tempo.

Apesar disso, o progresso foi sensível, expandindo-se tanto a contratação de profissionais como a de empresas dedicadas a executar o trabalho de relações públicas e comunicação, de forma integrada ou apenas abrangendo uma parcela das atividades, colaborando, assim, para o bom desempenho de empresas e organizações e para o desenvolvimento do País.

O setor vem atendendo, assim, aos novos desafios de empresas e outras organizações resultantes da crescente democratização do País, a qual se somaram a formação do Mercosul e a abertura comercial decretada pelo governo no início da década de 1990, que, entre outras coisas, exigiu o aperfeiçoamento dos processos de comunicação interna e externa.

Esse processo de mudança também significou uma importante alteração nos conceitos que regiam a atividade de relações públicas. Em vez de elidir ou evitar conflitos como antigamente, passou a caber aos profissionais do setor o trabalho de explicitar as divergências, facilitar a compreensão mútua e buscar o entendimento por meio de negociação. A atividade, que era vista entre nós como cosmética ou de manipulação e persuasão, passou a assumir uma postura ética de busca de transparência e abertura, com a transmissão de informações verdadeiras e a ampliação do diálogo.

Essas alterações no nosso mercado de atuação — um país democrático, envolvido no processo de globalização e inserido num mercado comum em acelerado desenvolvimento — estão levando a novas exigências profissionais.

As antigas exigências de habilidade, simpatia, trato agradável — embora importantes — são insuficientes para o adequado desempenho no setor, do qual se espera uma participação no planejamento estratégico, na administração, no *marketing* e na atividade de recursos humanos. Isso requer novos conhecimentos, visão estratégica, um forte embasamento cultural, melhor conhecimento das organizações e uma formação ética.

A Associação Brasileira de Empresas de Relações Públicas (Aberp) e suas associadas, que são a maior parte das principais empresas de consultoria e assessoria em relações públicas e comunicação do Brasil, vêm procurando colaborar com esse processo de aperfeiçoamento empresarial de várias formas. Parte desse esforço foi a formalização de um acordo com a Escola de Comunicações e Artes da Universidade de São Paulo (ECA/USP), objetivando oferecer estágios aos estudantes, organizando seminários conjuntos e criando outras formas de aperfeiçoamento profissional.

Este livro é parte dessa colaboração e resultou de um esforço pessoal da professora Margarida Maria Krohling Kunsch, que se dispôs a coordenar a edição e contou, para isso, com nosso entusiasmo e com a colaboração dos diretores e profissionais das empresas associadas à Aberp, dos professores da Universidade de São Paulo e de outras organizações.

Obtendo resultados com relações públicas certamente não esgota o objetivo de mostrar aos profissionais do setor, empresários e estudantes as possibilidades de utilizar adequadamente as ferramentas de relações públicas e comunicação em benefício de suas organizações e da sociedade em geral. Mas cremos que pode representar uma significativa cooperação para a percepção adequada da melhor forma de agir em face das novas exigências da sociedade, aperfeiçoando o diálogo existente.

A Aberp agradece aos profissionais que colaboraram na obra, particularmente à professora Margarida Maria Krohling Kunsch, pelo seu ingente trabalho, e à Editora Pioneira, pela edição, e espera dos leitores críticas e observações que possibilitem melhorar tanto as próximas publicações como o seu trabalho permanente em benefício do desenvolvimento das atividades de relações públicas e comunicação.

PREFÁCIO DA PRIMEIRA EDIÇÃO

RELAÇÕES PÚBLICAS, A VIA DO ENTENDIMENTO

Tupã Gomes Corrêa
Professor titular da ECA/USP

No fim dos anos 1960, a tradução de pequeno artigo escrito na década anterior pelo chamado "pai do comportamentismo", o pensador F. B. Skinner, causava grande impacto entre estudantes brasileiros de comunicação e de psicologia. O provocativo título do trabalho "Você não é melhor que um rato" antecipava o que o autor pretendia provocar nos leitores: a desconfortável sensação do retrato que destaca detalhes negativos do retratado.

Na verdade, ao projetar tais detalhes, Skinner reclamava da incapacidade do gênero humano em acompanhar o desenvolvimento do próprio conhecimento em todas as áreas. Referia-se especificamente ao campo do comportamento. Para ele, nos últimos dois mil anos a civilização, que lograra desenvolver e aperfeiçoar, com notável excelência, por exemplo, as ciências físicas, fora incapaz de encontrar soluções para problemas emocionais, que permanecem quase os mesmos nesse período de tempo. Significa dizer que nem mesmo cursos e condições de pesquisa ou experimentação têm sido suficientes para modificar reações de comportamento, com os quais o ser humano ainda tem dificuldade de conviver.

Apesar das provocativas opiniões do cientista, a explosão das técnicas que se seguiu ao período de adequação e utilidade dos avanços científicos no campo da eletrônica (para citar um deles), a abertura de mercados e a transformação das relações de comércio, tanto como a necessidade de aproximar multidões dos consumidores de itens produzidos em escala, contribuíram para que, a partir da década de 1980, a concepção tradicional de comportamento venha sendo modificada.

Os velhos conceitos de dirigismo, condicionamento, persuasão acrítica, estimulação pura e simples do consumidor, ano a ano, vêm capitulando. Muitas bobagens, verdadeiras aberrações científicas, como os "estudos subliminares", surgiram e desapareceram sem nada acrescentar à ciência. Cada vez mais, nutrido por um sentimento de liberdade de escolha e autonomia de decisão, transforma-se o consumidor em agente ativo do processo do qual é personagem central. Mais do que nunca, a empresa deve estar atenta à responsabilidade de atendimento desse agente, correspondendo positivamente a suas necessidades e garantindo sua satisfação no processo de mercado.

Essa é a grande pedra de toque para a academia. Mercado deve ser entendido como processo e não como um fim em si mesmo. Isto porque nele interagem simultaneamente alguns fatores que o determinam e condicionam: demanda relativa a necessidades, necessidades implícitas em expectativas, expectativas limitadas por capacidade de consumo, capacidade de consumo orientada por informação, e assim por diante. Em todo o processo, ajustando-se a natureza do mercado a uma dimensão social evoluída, sobressai a condição essencial da conscientização do consumidor. Depende dela o amadurecimento das relações entre clientela e fornecedores.

Será também a partir dessa relação, entre empresa responsável e consumidor consciente, que o ser humano deixará de ser entendido como o "rato de Skinner"...

Terá sido a pressão da necessidade de um profissional habilitado ao atendimento dessa nova relação que gerou o surgimento dos cursos de relações públicas. Nas duas últimas décadas, nenhuma outra graduação tem causado tanta preocupação de caráter estrutural e programático quanto a desses cursos. Relações públicas tem sido aquele curso a buscar, não apenas no Brasil, mecanismos de eficiência na preparação de profissionais adequados à realidade social e das organizações. Tais esforços nada mais são do que evidente demonstração da dinâmica de aperfeiçoamento de uma área tão útil às relações sociais quanto necessária ao desenvolvimento dos mercados.

Edward L. Bernays, um dos incentivadores da profissão e dos primeiros cursos de relações públicas, ainda um pouco antes de desaparecer com mais de cem anos dizia: "O que diferencia as relações do mundo dos negócios de outras relações sociais é o entendimento; não se obtém nada sem entendimento, e relações públicas é a via do entendimento".

Com esse espírito, sobretudo, desenvolve-se em todo o mundo essa profissão. Aliás, não sendo assim, não será relações públicas. No Brasil, onde alguns ainda insistem em designar a profissão como "nova", ela continua a desenvolver-se com certa dificuldade. Os esforços têm sido bem mais evidentes no mercado, talvez por envolverem programas que a mídia torna visíveis, do que na academia, onde a própria assimilação entre as demais áreas ainda é controvertida.

O presente exemplo que se dá neste livro — a partir da conjugação de esforços entre estudiosos, pesquisadores e profissionais — configura um novo e destacado esforço para dotar a área de um conjunto de reflexões, cuja destinação será o aprimoramento de técnicas e conceitos em permanente evolução. Relações públicas ganha, a partir de agora, uma nova e singular contribuição. Certamente, a Universidade de São Paulo e a Associação Brasileira de Empresas de Relações Públicas, no convênio que celebraram há alguns anos, estão colaborando para a formação de profissionais, na universidade, com o espírito de uma real necessidade de mercado. Mas o fazem, sobretudo, com a preocupação de atendimento integral do personagem central dessa cena: o cliente.

INTRODUÇÃO

Margarida Maria Krohling Kunsch
Professora titular da ECA/USP

Esta é a segunda edição do livro *Obtendo resultados com relações públicas*. A primeira foi em 1997, fruto de um acordo de cooperação entre a Escola de Comunicações e Artes da Universidade de São Paulo (ECA/USP) e a então Associação Brasileira das Empresas de Relações Públicas — Aberp[1].

Tratou-se, na época, de uma publicação inédita na história das relações públicas no Brasil. Pela primeira vez professores e profissionais assumiram a tarefa de produzir, juntos, um livro-coletânea que procurava cobrir a área de forma livre e plural.

A idéia dessa publicação surgiu em 1994, num encontro com Antonio De Salvo, então presidente da Aberp. Ela tomaria corpo já com Mario Ernesto Humberg, presidente da entidade na época da produção, confiando-nos a incumbência de apresentar uma proposta nesse sentido, a qual, discutida a estrutura da coletânea e a relação dos possíveis colaboradores, recebeu a aprovação. O resultado foi uma obra abrangente, com vinte textos escritos por "gente que faz", distribuídos ao longo de três partes, que contemplam as funções, os instrumentos e o mercado de relações públicas.

---

1. A Aberp em 1999 deixou de existir e, por meio de uma aliança com a Associação Nacional das Empresas de Comunicação Empresarial (Anece), formou a Associação Brasileira de Comunicação Empresarial (Abec). No momento a entidade que congrega as assessorias e as empresas prestadoras de serviços de comunicação e de relações públicas é a Associação Brasileira das Agências de Comunicação (Abracom) — www.abracom.org.br.

A aceitação desta obra por parte do público superou as expectativas. O livro foi adotado no curso de Comunicação Social e áreas afins em nível de graduação e pós-graduação. Estima-se que isso tenha ocorrido em todo o território nacional. A primeira edição de 1997 foi reimpressa com grande tiragem e em vários anos consecutivos por quatro vezes, a fim de atender às crescentes demandas do mercado.

Em face dessa grande aceitação do público e por acreditar que esta obra tem contribuído para a formação dos profissionais da área de Comunicação Social, a Pioneira Thomson Learning e nós — organizadora e autores da coletânea — resolvemos apresentar uma nova edição revista, atualizada e ampliada.

Esclarecemos que alguns capítulos sofreram grandes alterações e outros passaram por atualizações. A estrutura dos capítulos e as três partes correspondentes foram mantidas como na edição original.

A primeira parte, "Relações públicas: conceitos básicos e funções estratégicas", é composta por seis capítulos que tratam da questão conceitual e estratégica da área, desenvolvendo elementos de reflexão para a prática profissional.

Fábio França, em "Relações públicas no século XXI: relacionamento com pessoas", destaca a questão dos relacionamentos como foco primordial da atividade de relações públicas. Descreve as três dimensões, o "ser", o "conhecer" e o "fazer", como forma para se entender as relações públicas, bem como a abrangência de seu campo de atuação.

Carlos Eduardo Mestieri e Waltemir de Melo, ao abordarem a "Pesquisa em relações públicas: auditoria de opinião", contextualizam a situação complexa com a qual as organizações se deparam na atualidade e chamam a atenção para a necessidade do uso da pesquisa para conhecer melhor a administração e seus processos, bem como o comportamento dos públicos. A busca da efetividade e da eficácia dos resultados das ações de comunicação depende de estudos prévios que darão subsídios para o planejamento. Os autores enfatizam a auditoria de opinião como uma das técnicas possíveis para construir diagnósticos situacionais de comunicação nas organizações e a consideram capaz de oferecer bases para o monitoramento dos anseios e expectativas de públicos de interesse e para o desenvolvimento de programas integrados de comunicação.

Margarida Maria Krohling Kunsch em "Planejamento estratégico para a excelência da comunicação" demonstra a necessidade do planejamento e da gestão estratégica da comunicação organizacional no contexto da sociedade contemporânea. Faz referência aos estudos da comunicação excelente e descreve possíveis passos de como planejá-la por meio da elaboração de um plano estratégico de comunicação.

Em "Cultura organizacional e comunicação", Sidinéia Gomes Freitas delineia a complexidade do comportamento humano no âmbito organizacional e mostra como a temática tem merecido estudos científicos ao longo do tempo. Destaca o papel da comunicação nesse contexto e como as relações públicas podem auxiliar em todo esse processo.

Mitsuru Higuchi Yanaze, em "Relações públicas e o *marketing*", analisa e avalia o conceito amplo de *marketing* na sociedade afluente, descrevendo seu funcionamento nas empresas e concebendo-o como uma filosofia empresarial. Contesta o uso indiscriminado de neologismos para o termo *marketing* e procura destacar o seu sentido amplo e estratégico. Demonstra as conexões dessa área com a de relações públicas e como minimizar os conflitos entre a organização e os seus diferentes públicos.

Mario Ernesto Humberg tece considerações a respeito do tema "O profissional e a ética empresarial", considerando a ética empresarial uma exigência da sociedade desde a década de 1970, mas que assume nos dias de hoje um papel preponderante no posicionamento institucional de uma empresa. A ética organizacional deve ser o princípio balizador na definição de valores e da missão de uma organização. Cabe aos profissionais de relações públicas defendê-la como uma das mais importantes prioridades de ação no desempenho de suas funções. Destaca o que caracteriza uma empresa ética e apresenta uma proposta de como se implantar possíveis programas de ética empresarial.

A segunda parte, composta também de seis capítulos, discorre sobre as técnicas e os instrumentos que podem ser utilizados pela área de relações públicas no dia-a-dia da prática profissional.

No primeiro capítulo Waldir Ferreira analisa a "Comunicação dirigida: instrumento de relações públicas", considerando-a uma arma fundamental nas relações entre a organização e seus diversos públicos. Situa a real função das relações públicas na administração e coordenação da comunicação dentro das organizações.

"Relações públicas de resultados" é tema central da abordagem de Ricardo Eduarte. Partindo de uma análise da globalização da economia e seus reflexos nas empresas nacionais, sublinha o valor estratégico da comunicação e das relações públicas para a obtenção de resultados. Destaca as atividades de relações públicas como atividades-meio e como instrumental para as atividades-fim do negócio da empresa. Aborda também a importância do jornalismo empresarial e questiona a essência dos trabalhos que são desenvolvidos pelas assessorias de imprensa em geral.

Fernando Polignano faz uma exposição sobre "A prática de relações públicas no *business-to-business*", caracterizando-a em relação às demais áreas afins e salienta a necessidade de ações conjuntas dos vários setores organizacionais. Ressalta a necessidade de se levar em conta os contextos do ambiente interno e do mercado competitivo contemporâneo para a atuação de relações públicas nesse segmento.

Roosevelt Hamam avalia "O evento integrando o *mix* da comunicação". Focaliza-o como parte do composto da comunicação dirigida, ressaltando sua significativa importância para atingir públicos específicos. Apresenta as principais técnicas de organização de um evento, destacando as estratégias e os meios essenciais para sua divulgação.

A abordagem de Luiz Carlos de Souza Andrade, com "Identidade corporativa e a propaganda institucional", traz nova contribuição para a reflexão sobre a propaganda institucional como instrumento de relações públicas. Ele argumenta a respeito da importância da identidade corporativa para o processo de construção de marcas e discorre sobre o papel da comunicação nesse contexto. Esse papel, segundo ele, é que vai ajudar a "administrar percepções" do imaginário e do universo de valores dos públicos. Demonstra também que a identidade corporativa deve nascer sob a inspiração da comunicação integrada e nesse composto estar intrinsecamente envolvida numa mesma estratégia.

Paulo Nassar, em "O uso das novas tecnologias de acesso ao virtual", destaca a importância da incorporação da tecnologia e das novas mídias digitais no planejamento de relações públicas e de comunicação organizacional. Descreve as redes digitais com ênfase no poder da Internet na sociedade e nas organizações contemporâneas. Analisa, também, a comunicação integrada virtual, destacando seus componentes com exemplos aplicativos.

A terceira e última parte foi reservada para apresentar as possibilidades do mercado de trabalho para a área de relações públicas que nesse início de terceiro milênio coloca-se como bastante promissora para aqueles profissionais que se modernizarem e se dispuserem a enfrentar os grandes desafios da sociedade globalizada.

Nemércio Nogueira Santos, com "Relações públicas no Brasil: onde estamos e aonde vamos", fornece muitos subsídios para uma reflexão sobre como a profissão se situa no País e quais as perspectivas para uma atuação mais efetiva e pragmática. Uma de suas constatações, por exemplo, é que as relações públicas "como negócio" ainda se encontram em estágio mais que embrionário. A descrição das possibilidades de mercado está inserida na análise crítica que faz da atuação dos públicos de interesse e de como eles necessitam de respostas imediatas que devem ser pensadas estrategicamente pelos profissionais de relações públicas. Estes precisam deixar de ser "técnicos em comunicação" e tornar-se "empresários da comunicação".

João Alberto Ianhez particulariza a atuação das "Relações públicas nas organizações" como setor vinculado à alta administração, desempenhando funções estratégicas. Para isso, é necessário que o profissional tenha capacitação e avalie globalmente a comunicação nas organizações. Ressalta o papel relevante da área de relações públicas na "definição estratégica do conceito organizacional", que compreende basicamente a fixação de valores, missão e metas, bem como sua divulgação e assimilação pelos públicos envolvidos. Outro aspecto de destaque é a relevância dada à questão da responsabilidade social, aos valores humanos e ao contato pessoal, que constituem o diferencial a ser perseguido pelas relações públicas.

O mercado das assessorias externas, isto é, das empresas de prestação de serviços de comunicação e relações públicas, é amplamente analisado por Flávio Schmidt no capítulo "O mercado e as agências de comunicação a consultores de fornecedores". O autor faz uma breve retrospectiva da existência das entidades de classe desse segmento que marcaram uma época e destaca as que perduram até hoje. Descreve as principais características do mercado atual do setor com ênfase nos novos cenários com a entrada das empresas multinacionais, o acentuado crescimento do número de agências e as funções a serem desempenhadas pelos fornecedores e consultores.

Flávio Valsani, em "Novas formas de comunicação interna", surpreende pela originalidade com que apresenta suas considerações. Usando de uma metáfora, demonstra quais os passos para a definição dos caminhos a serem percorridos para se desenvolver um programa de comunicação voltado para o público interno.

Vera de Mello Giangrande, com "A comunicação na era do consumidor", permite que se tenha uma visão de como deve ser esse tipo de trabalho, tão valorizado na situação contemporânea. Relata as razões do surgimento dos primeiros serviços de atendimento ao consumidor, demonstra quais as bases necessárias para a estruturação desses serviços, ressaltando a necessidade de se conhecer esse tipo de público em profundidade e de um total engajamento de todos os integrantes da organização para que se obtenham resultados eficazes.

Ao abordar as "Relações com a mídia", Heloiza Helena Gomes Matos traz uma reflexão sobre as mudanças e as novas concepções da mídia para inserção de notícias. Segundo ela, o critério para agendamento do que é noticiável é mercadológico. Aponta pistas de como deve ser feita a mediação entre a fonte (organização) e a mídia, chamando a atenção para que o profissional responsável tenha uma visão ampla e use a comunicação estratégica. Destaca a necessidade de as fontes institucionais se prepararem para a emissão das informações e de se valerem do uso do *media training*.

Waldomiro Carvas Junior traz sua contribuição ao tratar das "Relações públicas no gerenciamento de crises". Ele concentra-se em mostrar como se devem administrar, do ponto de vista institucional, essas situações cada vez mais presentes nas empresas, oriundas de muitos fatores. Apresenta todo um caminho a ser percorrido nesse gerenciamento, mediante o uso adequado de técnicas, instrumentos e estratégias próprias da área.

Finalmente, com o texto "Relações públicas com comunidades: importância e programas de ação", Ana Luisa de Castro Almeida e Maria Aparecida de Paula apresentam um panorama da evolução do relacionamento entre empresas e comunidades em Minas Gerais nas décadas de 1980 e 1990. O estudo analítico é ilustrado por duas experiências: a convivência de cinqüenta anos da Alcan Alumínio do Brasil Ltda. com Ouro Preto, patrimônio mundial da humanidade, e o programa pioneiro de comunicação com os públicos envolvidos por obras urbanas, realizado pela Construtora Andrade Gutierrez em Belo Horizonte, a partir de 1984. Apresentam, também, uma metodologia de como conduzir um programa de ação com uma determinada comunidade.

Ver este livro concluído causa-nos grande satisfação. Devemos confessar que obter textos de alguns articulistas e agora atualizá-los não foi fácil, pois muitos se acham tão envolvidos no "fazer acontecer" cotidiano, nessa concorrência acirrada do mercado, que parece não lhes sobrar um tempinho para registrar e publicar suas experiências, via de regra muito ricas. Ao promover a integração entre os militantes da área e os docentes da Escola de Comunicações e Artes da Universidade de São Paulo, esta busca mantém-se fiel a seu espírito empreendedor na formação de profissionais e pesquisadores de relações públicas. Detentora do maior número de monografias de pós-graduação (*lato sensu*), dissertações de mestrado e teses de doutorado e livre-docência já defendidas nessa área, em todo o Brasil, foi a consciência de sua responsabilidade para com a área que permitiu viabilizar essa conexão com o mercado de trabalho. Acreditamos que a obra preencherá uma grande lacuna na área de relações públicas, que carece de publicações dessa natureza, perfiladas com outras do setor de comunicação organizacional, como o jornalismo e a publicidade, e dos setores de administração e de *marketing*.

Queremos registrar aqui nossos agradecimentos a todos que colaboraram, tanto da Pioneira Thomson Learning quanto da ECA/USP, nos contatos pessoais com os autores para que atualizassem seus artigos. A esses nosso agradecimento especial, pois sem suas anuências não teríamos conseguido produzir esta nova edição revista, atualizada e ampliada. Temos certeza de que as contribuições aqui reproduzidas comprovarão da melhor forma como as relações públicas podem ser úteis às organizações no cumprimento de sua missão, espaços na divulgação dos seus valores e na consecução dos objetivos globais.

PRIMEIRA PARTE

RELAÇÕES PÚBLICAS: CONCEITOS BÁSICOS E FUNÇÕES ESTRATÉGICAS

CAPÍTULO 1

RELAÇÕES PÚBLICAS NO SÉCULO XXI: RELACIONAMENTO COM PESSOAS

Fábio França
Professor doutor da Universidade Metodista de São Paulo

Em artigo publicado na edição anterior desta obra ("Relações públicas: visão 2000"), tentamos mostrar a universalidade das relações públicas, seus diferentes enfoques e a necessidade de se conhecer o quadro mutante das organizações e do mercado para se praticar a atividade de maneira adequada aos novos paradigmas globalizados. No artigo, afirmamos que relações públicas "atuam como técnica especializada de relacionamento, cujo objetivo principal é perceber as realidades da sociedade/organização, a obrigatoriedade de seus inter-relacionamentos institucionais e mercadológicos, suas necessidades permanentes de comunicação e seus envolvimentos harmônicos ou controversos com a sociedade". Retomamos, na atualização do artigo, a necessidade de focalizar com maior propriedade os *relacionamentos* como o foco primordial de uma atividade que tem *sua razão de ser* no planejamento e na gestão das políticas permanentes das relações da organização com seus públicos de interesse. Admitindo essa afirmação como uma definição objetiva do *que é* e do *que fazem* as relações públicas, temos de demonstrar por que administrar os relacionamentos é função primordial da atividade e identificar as fontes de onde partem os relacionistas para elaborar, gerenciar e executar o relacionamento da organização com seus multipúblicos.

A didática lança mão de fórmulas, divisões e subdivisões para tentar explicar com clareza alguns conceitos. Sendo a expressão "relações públicas" do ponto de vista filosófico um termo de ampla extensão, torna-se difícil de ser compreendido na sua natureza própria, fato que é demonstrado pela dificuldade encontrada para que se defina com precisão a sua diferença específica. Esse posicionamento leva-nos a recorrer ao uso de conceitos que nos permitam tratar das relações públicas focalizando com maior ênfase aspectos lógicos em detrimento dos descritivos, mais comumente encontrados nas suas definições. Caracterizamos, nesse artigo, as relações públicas em três dimensões: o "ser" (existência), o "conhecer" (campo teórico) e o "fazer" (exercício profissional).

O "SER" DAS RELAÇÕES PÚBLICAS

O "problema do ser" é um dos grandes debates da filosofia desde Aristóteles. Afirma que "o ser se diz de muitas maneiras" ("ser por acidente", "ser por si mesmo ou de acordo com as categorias"). De maneira simplificada, pode-se dizer que o ser é tudo o que permanece, o que afirma, o que dura, que fundamenta tudo o que queremos explicar. Em outras palavras, o ser é "o que realmente há", "o que verdadeiramente existe", o que constitui as coisas e a qualidade das coisas, que se apresentam aos sentidos. Diante desse raciocínio, pode-se afirmar que o "ser" das relações públicas situa-se na sua natureza permanente como fonte orientadora das estratégias e das ações da organização na busca da realização de seus objetivos corporativos, o que supõe que haja uma interação da organização com as partes interessadas. Tal formulação nos dá a entender que a *razão de ser* das relações públicas, em sentido lógico e contemporâneo, e que lhes confere a consistência existencial, são os *relacionamentos com pessoas*, representadas idealmente pelo conceito de público.

Essa abordagem, embora presente em muitas definições, não é estudada em profundidade, nem se lhe dá a devida importância como fator decisivo para definir a atividade por aquilo que "é" ou pelo seu "ser" — a relação.

A NOÇÃO DE RELAÇÃO/RELACIONAMENTO

Como entender o conceito de relacionamento? Mora (2001, IV, p. 2498-9) afirma que "a relação é uma das categorias de Aristóteles, que define o relativo (*ad aliud*) como a referência de uma coisa a outra".

Tomás de Aquino sintetiza a definição de Aristóteles dizendo que "a relação consiste unicamente na referência a outro". E, na lógica aristotélica, a relação é considerada um predicamento e, nessa qualidade, é definida como a ordem de uma coisa para com a outra. A relação é, portanto, na sua essência, o estar direcionado para algo, o referir-se a algo, o dizer respeito a alguma coisa (*habere ad, refferri ad, ad-aliquid, respectus, esse ad*).

As relações são, pois, o conjunto de vínculos recíprocos entre pessoas que se encontram, freqüentam-se, conjunto de ligações ou associações oficiais entre grupos ou países.

Para os dicionaristas Houaiss (2001, p. 2421), Ferreira (1999, p. 1735), e Larousse (1998, p. 4975), *relacionamento* é o ato ou efeito de relacionar-(se); capacidade em maior ou menor grau de manter relacionamentos, de conviver bem com seus semelhantes. O Larousse cita, na acepção brasileira, os termos ligação afetiva, profissional e de amizade condicionados por uma série de atitudes recíprocas: relação que se estabelece com alguém. E, na acepção geral, diz que relações são o conjunto de vínculos recíprocos entre pessoas que se encontram, freqüentam-se; conjunto de ligações ou associações oficiais entre grupos ou países; relacionar: estabelecer relação ou analogia entre coisas diferentes; ligar-se.

Em acepção típica, Ferreira (1999, p. 1735) diz que relacionamento são as ligações e associações entre grupos ou países no campo dos negócios ou dos assuntos diplomáticos. E classifica relações públicas como os métodos e atividades empregados por um indivíduo ou uma organização a fim de promover relacionamento favorável com o público em geral.

Segue-se que a busca de uma conceituação da atividade de relações públicas que a defina como *atividade de relacionamento* está de acordo com as tendências atuais de reposicionar a atividade pela sua razão de ser: relacionar-se com pessoas em primeiro lugar.

A literatura acadêmica atual nas áreas de *marketing* e de comunicação pauta-se pela divulgação do conceito *marketing de relacionamento* (Nickels e Wood, 1999; Stone e Woodcook, 1998; McKeena, 1993).

Toffler, em *Powershift* (1995), dedica amplas considerações aos relacionamentos das organizações transnacionais globalizadas e às políticas governamentais, o que demonstra a tendência de que o estabelecimento de uma política correta de relacionamento tornou-se urgente postulado para o êxito de governos e empresas em qualquer nível e porte, pois as relações entre as instituições do mundo globalizado estão influenciando e alterando pela base os paradigmas políticos e mercadológicos internacionais. Embora o *marketing de relacionamento* direcione-se aos contatos e ao acompanhamento das transações mercadológicas com os clientes, atuais ou futuros, não se confunde com a atividade de relações públicas. Ambos procuram estabelecer relacionamentos no curto, médio e longo prazo, mas deve-se dizer, porém, que os objetivos a serem atingidos são totalmente diferentes. *Marketing* visa sempre aos clientes. Seu objetivo é satisfazer, de maneira tangível e mensurável, suas necessidades e desejos por meio da troca de bens e serviços, enquanto as relações públicas concentram-se nos aspectos intangíveis do conhecimento, divulgando idéias que possam contribuir para formar um conceito positivo da organização, para consolidar sua marca, sua identidade e sua imagem corporativas. Ferrari (2003, p. 57), ao focalizar esse tema, adverte:

> Nem só da habilidade de tratar a concorrência depende a sobrevivência das organizações. Existem valores intangíveis que implicitamente afetam as relações das empresas no mercado, seja global, seja local. São eles a credibilidade, a reputação e os conceitos que os públicos possuem de uma empresa, hoje um de seus maiores legados.

O próprio Nickels (1999, p. 5) diferencia com clareza as posições do *marketing* de relacionamentos e relações públicas: "*Marketing* [destaque nosso] de relacionamento é o processo de estabelecer e manter relacionamentos de longo prazo mutuamente benéficos entre organizações e seus clientes, empregados e outros grupos de interesse."

Com efeito, relacionamento indica sempre reciprocidade, interdependência, troca e busca de vantagens comuns. É fundamental para qualquer organização, tanto sob o enfoque mercadológico quanto corporativo. Relações públicas atuam de forma mais ampla e profunda do que o *marketing* de relacionamento. É inerente à sua natureza estabelecer a compreensão mútua entre as organizações e sua rede de públicos com o objetivo final de conquistar a sua credibilidade. Nickels (1999, p. 366) reforça o caráter mais amplo da atividade:

> Relações públicas é o processo de avaliar as atitudes dos grupos de interesse, identificar as atividades e os produtos da empresa com os interesses destes grupos e a utilização de comunicação gratuita, de duas vias para atingir estes grupos e construir relacionamentos *mais fortes e mais duráveis* de longo prazo [destaque do autor].
>
> [...] Abre um diálogo que ajuda a companhia a construir relacionamentos mais fortes e mais duráveis [destaque do autor] com os grupos de interesse.

As próprias organizações já assumiram que o relacionamento com grupos de interesse representa, para elas, um importante instrumento de promoção mercadológica e institucional. Preocupam-se muito com o estabelecimento de relações permanentes com os seus clientes, como exemplificamos em artigo publicado, em junho de 2004, na revista *Estudos de Jornalismo e Relações Públicas* (2004, p. 99-100) no qual afirmamos que as organizações tendem a suprir sua demanda por *profissionais de relacionamento* com o mercado pela contratação daqueles que possuam as competências e as habilidades de que precisam, mesmo sem o menor conhecimento da teoria e das práticas de relações públicas. Elas vêm solucionando seus problemas, criando *centrais de relacionamento* com clientes, empregados, fornecedores, investidores, comunidade, oferecendo até cursos de relacionamentos internacionais. Querem também ouvir o mercado e responder suas indagações, contratando *ombudsman* e ouvidores. A procura por esses profissionais torna-se maior e estende-se desde a atuação em setores específicos, como relações com investidores, até a contratação de especialistas na defesa e promoção da imagem pessoal de executivos ou de celebridades como *personal PR*.

O FOCO NO RELACIONAMENTO PARA DEFINIR AS RELAÇÕES PÚBLICAS

As razões apresentadas demonstram que o foco, o "ser" das relações públicas, é o relacionamento, ato ou efeito de relacionar-(se); capacidade de, em maior ou menor grau, conviver bem com seus semelhantes. Deve-se, portanto, insistir nessa nova visão para fazer com que os relacionistas se persuadam de que as relações públicas contemporâneas visam, acima de tudo, *estabelecer relacionamentos com as pessoas*.

O primeiro movimento oficial no Brasil que chamou a atenção para o relacionamento como foco das relações públicas foi o *Parlamento Nacional*, iniciativa que teve por objetivo a busca da *identidade* corporativa da atividade e de sua flexibilização para torná-la capaz de responder às exigências de uma sociedade que começou a valorizar os relacionamentos como um recurso estratégico para o sucesso dos negócios. Na interpretação de seus condutores, liderados pela Dra. Sidinéia Gomes Freitas, na época presidente do Conselho Federal de Relações Públicas:

> O Parlamento Nacional de Relações Públicas foi o esforço nacional realizado organizadamente pela categoria sob o comando do seu Conselho Federal, com o intuito de modernizar a atividade adequando-a às exigências dos novos tempos.

O documento síntese das idéias do Parlamento Nacional, divulgado em agosto de 1998, evidencia a necessidade de se atualizar uma profissão regulamentada há mais de trinta anos, para torná-la capaz de atender a uma sociedade e a uma economia diversas daquelas existentes à época da edição da Lei 5.377, de 11 de dezembro de 1967, quando se criou e regulamentou as atividades das relações públicas no Brasil. Os responsáveis pelo documento reconheceram que essa atividade tem por função precípua orientar para otimizar, de maneira estratégica, a interação dos componentes da sociedade e da economia, devendo ser valorizada para tornar-se competitiva e atuante na sociedade atual.

O caminho encontrado foi propor a alteração de alguns artigos da Lei 5.377, para definir tal atividade com maior propriedade e abrir o seu campo de trabalho a profissionais de outras áreas de conhecimento a fim de que se qualifiquem, de maneira legal, para o seu exercício. Na proposta de explicitar as "funções específicas" das relações públicas, o Parlamento Nacional insiste no relacionamento como foco atual.

A proposta de alterações da lei foi consolidada em um projeto de lei que descreve, de modo mais preciso, as atividades específicas das relações públicas e, ao mesmo tempo, introduz conceitos mais estruturados sobre o seu exercício. Por exemplo, aparece no documento referência clara ao "relacionamento das entidades com seus públicos", à análise da "reação dos públicos", à intenção de formular "políticas e estratégias de comunicação que atendam às necessidades de relacionamento das entidades com seus públicos", enfim, ao propósito da "criação e manutenção do relacionamento das entidades com seus públicos de interesse". Essa nova visão parece ter influenciado o Conselho Federal de Relações Públicas (Conferp), quando delimitou objetivamente o que são assuntos de relações públicas pela edição da Resolução Normativa nº 43, de agosto de 2002.

O Parlamento Nacional arejou a concepção de relações públicas e chamou a atenção para a necessidade de adaptar seu exercício ao mundo atual. Com uma análise além das tradicionais definições descritivas, estabeleceu dois novos pressupostos para se chegar a essa visão mais atualizada da profissão, que passa a ter na relação o ponto de convergência: (a) o foco nos relacionamentos e (b) a determinação de que tais relacionamentos se fazem com os públicos de interesse da organização.

Na literatura corrente, encontramos alusões gerais a essa característica. São recentes as referências diretas à relação como foco ao qual se deve dar maior atenção. Mary Ann Ferguson, em conferência apresentada na Universidade de Maryland (1999), afirma que:

O objeto de estudo de relações públicas não deve ser a organização, nem o público, nem o processo de comunicação. Ao contrário, o foco do estudo deve ser os relacionamentos entre as organizações e seus públicos.

A mesma opinião é expressa por Terrie Willians, quando diz em apostila sobre conferência de Grunig (2003), pronunciada em 1999, na Universidade de Maryland:

> Julgo que a atividade de relações públicas como um todo está caminhando para ser uma atividade baseada no relacionamento e para se tornar uma atividade mais impessoal e fundamentada na tecnologia. Pensamos em arranjos, nos efeitos dos *bytes* [destaque nosso], em estórias enlatadas. Esquecemos de pensar em gente. Mas a base verdadeira do termo "relações públicas" são as *ligações entre pessoas* [destaque do autor].
>
> [...] Lembre-se, as pessoas não nos procuram por causa de nossa tecnologia. Elas comunicam-se conosco para *fazer relacionamentos* [destaque do autor]. Pense nisso. A única razão que nos leva a falar com boa parte das pessoas de nossas famílias é por causa do relacionamento.

Grunig (2003, p. 84-9), pesquisador norte-americano da atualidade no campo das relações públicas, afirma que está convicto de que o novo caminho das relações públicas é o *relacionamento.* À base desse raciocínio, elaborou um referencial apresentado em quatro modelos, relativos ao conceito de fluxo de informação de mão única *versus* fluxo de mão dupla e ao modelo assimétrico *versus* modelo simétrico da relação comunicacional da organização.

O modelo de *assessoria de imprensa* ou de divulgação é de abordagem assimétrica de sentido único. Esse modelo visa fornecer informação sobre a organização, mesmo que essa informação possa ser distorcida ou não completamente verdadeira.

O modelo de *informação pública* é também uma abordagem assimétrica de sentido único. A informação sobre a organização é concedida de forma positiva e verdadeira, porém a organização nada informa sobre aspectos negativos nela existentes.

O modelo de *via dupla assimétrico* pode ser definido como de persuasão, uma vez que a organização utiliza as informações de que dispõe sobre ela ou os públicos a ela ligados com o objetivo de apenas obter apoio.

Afinal, o modelo de *via dupla simétrico* descreve relações públicas como forma de comunicação e de promoção do bom entendimento das partes e da resolução de conflitos, posição dialógica defendida pelo professor Walter Ramos Poyares, no curso pioneiro de relações públicas, criado na PUC do Rio de Janeiro, desde 1964. A conclusão que se impõe é a de que as relações públicas excelentes fundamentam-se em sua essência na reciprocidade, nos relacionamentos simétricos de duas vias, no diálogo.

O "CONHECER"

O estudo do "ser" e do "conhecer" situa-se na linha do campo teórico das relações públicas, dos princípios. Se "a razão de ser" das relações públicas é o relacionamento, deve-se notar que não se trata de qualquer tipo de relação, mas de um relacionamento programado com públicos estratégicos que devem ser atingidos segundo os objetivos predeterminados.

O "conhecer" em relações públicas nos alerta para o fato de que não basta estabelecer a relação. Para ser bem-sucedida, ela dependerá de quatro tipos de conhecimento: (a) da organização e de seus princípios operacionais e éticos; (b) dos seus públicos e de sua interação com a organização; (c) da teoria e das técnicas das relações públicas; (d) da capacidade de traduzir os princípios organizacionais em diretrizes de atuação diante dos públicos.

CONHECIMENTO DA ORGANIZAÇÃO

O bom desempenho do relacionista tem início no conhecimento da organização para a qual trabalha, pois esse conhecimento é que servirá como guia na elaboração de seus projetos de relacionamentos. Por isso, é preciso saber da organização qual a sua história, evolução, estrutura administrativa, oferta de produtos e serviços, inovações introduzidas, participação no mercado, mas, em especial, a compreensão de sua cultura e dos princípios que regem seus negócios e seu comportamento ético.

É também imprescindível conhecer a declaração de missão da organização, sua perspectiva quanto ao futuro, seu planejamento a longo, médio e curto prazo e, ainda, as estratégias corporativas e de negócios.

Essa avaliação pode ser feita pelas políticas estratégicas que guiam as decisões e as ações da organização, e pelos valores e objetivos a serem alcançados.

Para fazer a análise geral, pode-se utilizar a conhecida fórmula SWOT[1], na qual se verificam o cenário interno em pontos fortes e fracos e o cenário externo mediante o levantamento das oportunidades que podem contribuir para o melhor desempenho da organização e também das ameaças, representadas por potenciais problemas que podem afetar o seu desempenho. Esse estudo deve ser completado, na visão de Nickels (1999, p. 23), pela análise das *competências essenciais* e das *competências distintivas* "que podem ser definidas como o conhecimento e o uso, por parte da organização, de tecnologias, processos e habilidades de especialistas que sejam superiores do ponto de vista competitivo" e pela verificação das *alianças estratégicas* que "são relacionamentos de longo prazo com outras organizações nas quais os parceiros reúnem seus recursos para desenvolver ou compartilhar competências".

O relacionista deve dar atenção especial aos princípios operacionais e éticos que comandam o comportamento da organização, geralmente expressos nas diretrizes gerais e nos objetivos anuais ou plurianuais, na declaração de missão e nos códigos de ética, pois será a partir desses documentos que planejará todos os programas de relacionamentos com os diversos públicos. Essa declaração de valores é objetiva e de caráter geral e define qual deverá ser o comportamento da organização nos relacionamentos com empregados, fornecedores, governo, concorrência, imprensa e com os demais públicos que considera estratégicos.

Esse posicionamento indica a tendência de que as organizações contemporâneas querem se guiar nos seus relacionamentos com as pessoas não mais por meio de normas, limitadoras do comportamento, mas por diretrizes que iluminem as ações das pessoas e as levem a agir livres das pressões sempre voltadas para o mesmo foco.

MAPEAMENTO DOS PÚBLICOS

Dois pólos de concentração dos relacionamentos devem ser considerados: a organização e os públicos, que são pessoas. A organização depende de diferentes públicos para manter sua produtividade e lucratividade e os públicos dependem ou podem depender dela de maneira essencial ou não-essencial.

Esses públicos são a razão de ser da relação. Determinam, pela sua natureza múltipla, quais os diferentes modos de percepção da organização e dos próprios públicos na sua interação.

1. SWOT: *strengths* (pontos fortes), *weaknesses* (pontos fracos), *opportunities* (oportunidades) e *threats* (ameaças).

Diante das numerosas definições existentes sobre o conceito de público, optou-se pelo uso de uma conceituação lógica, na linha do "conhecer", aplicada em todas as formas de relacionamento e na identificação precisa de cada público, para que se possa conhecê-lo, bem como a forma correta de se relacionar com ele. Três critérios podem ajudar a distinguir as categorias de públicos e a sua relação com a organização.

O primeiro é o **grau de dependência** jurídica e situacional da organização e de seus públicos para sua constituição, existência e permanência no mercado. Essa característica determina se o público é essencial ou não e, além disso, permite que se faça a distinção de dois tipos de públicos fundamentais para a empresa: os constitutivos e os não-constitutivos, que podem ainda ser subdivididos em grupos primários (alto envolvimento) e secundários (médio envolvimento).

O segundo critério situa-se no **grau de participação**, maior ou menor, dos públicos nos empreendimentos empresariais, na defesa de seus interesses ou na sua promoção institucional ou mercadológica. São públicos de relação não essencial, que compõem a rede prestadora de serviços de interesse específico da organização e com os quais mantém relações legais e qualificadas nos níveis setoriais, associativos e comunitários.

Como terceiro critério da relação, temos o **grau de interferência** dos públicos sobre a organização e os seus negócios. Nesse caso, eles não participam nem da constituição, nem da manutenção da empresa. São representados pela rede da concorrência em suas diversas modalidades e pela rede de comunicação de massa, impressa e eletrônica.

A aplicação desses critérios permite identificar todos os detalhes da inter-relação que pode existir entre organização/públicos, tais como: tipo, perfil, função e expectativas do público, tipo de relacionamento, nível de dependência e de envolvimento, duração da relação e objetivos da organização.

A determinação dessas características é fundamental para se poder estabelecer quais as diretrizes que devem orientar a relação organização/públicos e como se deve estruturar a rede de comunicação entre esses dois pólos. O paradigma proposto é inovador. Representa pela sua constituição lógica uma metodologia precisa, não só para mapear os públicos, mas para estabelecer e avaliar os relacionamentos, bem como medir a sua importância e eficácia para as organizações e para os próprios públicos, geralmente esquecidos como o outro pólo importante da relação[2].

2. O paradigma de conceituação lógica de públicos pode ser conferido em Fábio França, *Públicos: como identificá-los em uma nova visão estratégica — Business relationship*. São Paulo: Difusão, 2004.

CONHECIMENTO DA TEORIA E DAS TÉCNICAS DAS RELAÇÕES PÚBLICAS

Pode parecer supérfluo insistir na necessidade que têm os relacionistas de conhecer, de maneira profunda, a teoria das relações públicas contemporâneas. Contudo, sem esse domínio teórico-prático, não terão argumentos para persuadir os principais executivos sobre a importância estratégica de sua profissão para as organizações. Como poderão competir, de modo eficaz, dentro de uma organização gerenciada pelo conhecimento, pela governança corporativa?

Para "conhecer" a atividade de relações públicas, é necessária uma permanente atualização profissional. O "fazer" relações públicas de maneira eficaz depende do domínio teórico do *que são* e do *que fazem*. O caminho para o auto-aperfeiçoamento é a dedicação ao estudo dos autores que são referência em relações públicas, dos *cases* ganhadores do Prêmio Opinião Pública, da criação de grupos de estudos para a troca de conhecimento e da participação em cursos de especialização nas diferentes áreas em que podem atuar os relacionistas.

ELABORAÇÃO DAS DIRETRIZES DE ATUAÇÃO DIANTE DOS PÚBLICOS

Estabelecidos de maneira geral, sob uma visão de futuro, os princípios (políticas) operacionais são, a cada ano, aplicados a uma linha de objetivos que devem ser perseguidos por todos na organização, devendo cada setor atingi-los em seu contexto, para se atender ao objetivo corporativo único previsto para o exercício.

Esses princípios contemplam todos os grupos de interesse representados por públicos que influenciam ou podem ser influenciados por aquilo que a organização faz, como acionistas, empregados, fornecedores, organizações, comunidade, ambientalistas e mídia, entre outros.

Constata-se, mais uma vez, que a razão de ser das relações públicas concentra-se no relacionamento com as pessoas que compõem os multipúblicos de uma organização. É por isso que se pode dizer que ação das relações públicas concentra-se no planejamento e no gerenciamento das políticas permanentes da relação organização/públicos de interesse.

E qual é a função do relacionista? Pode-se dizer que é a de elaborar as diretrizes que devem orientar os relacionamentos da organização, estabelecer os objetivos e as estratégias dessa relação e, ainda, as ações que deverão ser executadas para se atingir os objetivos programados.

Outra pergunta se impõe: a partir de que ponto os relacionistas estabelecerão as políticas de relacionamento? Em primeiro lugar, essas políticas devem refletir e reproduzir a declaração de missão da organização, formuladas nesse documento corporativo. Muitas dessas políticas são de caráter permanente, como os valores éticos; outras são elaboradas no sentido de se atingir os objetivos anuais da organização.

Como princípios, são de caráter geral, determinam o que deve ser seguido por todos, sem detalhamento da estratégia a ser utilizada na sua execução. Uma determinada organização estabelece, por exemplo, como princípio orientador de sua relação com a imprensa *manter as portas abertas à mídia.* Outra estabelece como preceito ético *tratar os empregados como cidadãos, sem discriminação de raça, cor, sexo, origem, religião.* Nesses casos, é tarefa maior do relacionista *traduzir* esses princípios em diretrizes práticas a serem seguidas de modo permanente na relação da organização com a *mídia* e com os *empregados*. Realizar tal tarefa só será possível se for fundamentada na linha teórica do "conhecer", nas técnicas de relações públicas, no uso de seus instrumentos e na identificação dos públicos, para se chegar à elaboração do *projeto corporativo de relações públicas*, como se pode analisar no exemplo aqui apresentado.

PROJETO CORPORATIVO DE RELAÇÕES PÚBLICAS

1º passo

Princípios e objetivos operacionais Código de ética Declaração de missão

⬇

2º passo

Esses princípios devem ser traduzidos pelo relacionista na forma de diretrizes permanentes de relacionamento com cada público

⬇

3º passo

A partir dessas diretrizes, elaboram-se os programas específicos de relacionamento com os públicos selecionados. Exemplo: manual de relacionamento com a imprensa, com a comunidade

⬇

4º passo

Uma vez concluídos, os programas devem ser levados ao conhecimento dos dirigentes para que sejam seguidos de maneira permanente na relação com os públicos

↓

5º passo

Esse paradigma leva a organização a agir com coerência, a manter a uniformidade nos seus relacionamentos com cada público e a caminhar para implantar uma comunicação de "uma só voz"

O "FAZER"

Até o momento, nosso objeto de estudo foi o programa de relacionamento com os públicos (pessoas) como específico de relações públicas, sob uma visão estratégica, da análise dos cenários interno e externo, das competências essenciais, das alianças estratégicas e das diretrizes a serem seguidas para a manutenção integrada do discurso corporativo. Esse composto teórico está ligado ao "conhecer" das relações públicas. "O profissional de relações públicas nas organizações contemporâneas precisa ir além das técnicas", afirma Kunsch (2003, p. 318). Simões (1995, p. 107-8) insiste no mesmo ponto quando diz que as relações públicas direcionam-se pelas normas da organização como legitimadoras do seu poder. E, a propósito, afirma que: "[...] a política ou a política das relações públicas é exercida pela filosofia, pelas normas, pelas ações organizacionais que visam legitimar o poder decisório da organização junto aos vários públicos, no trato dos interesses comuns e específicos a fim de melhor trocar com eles os mesmos interesses."

Não se trata, pois, de elaborar um programa de comunicação, limitando-se ao campo parcial da mídia, mas de um projeto de relacionamento integrado, fundamentado em argumentos teóricos capazes de sustentar as propostas feitas e de projetar as relações públicas como atividade corporativa, de grande interesse estratégico para qualquer organização, pois tem como competência essencial planejar e liderar, de maneira permanente e uniforme, a relação e a comunicação da organização com seus diversos públicos.

Ao traduzir os princípios gerais, o relacionista elabora um novo documento, que pode ser consubstanciado na forma de um "projeto corporativo de relações públicas" (e não de comunicação apenas), que inclui a declaração de missão e o posicionamento da organização diante de seus públicos. Esse documento de base é que servirá para a elaboração das diretrizes que todos devem seguir na relação com os públicos e para a escolha dos instrumentos a serem utilizados.

Esse projeto pode ser desdobrado em outros documentos de orientação específica para diferentes públicos, geralmente produzidos na forma de "manuais" ou "guias", como *manual de empregados*, de *atendimento aos clientes*. Um dos exemplos mais comuns é o *manual de relacionamento com a imprensa*, que procura disciplinar a decisão corporativa de *manter as portas abertas à mídia* e que, em geral, vem traduzido em *diretrizes de relacionamento com a imprensa*, como expresso a seguir:

— *Tratar os jornalistas com respeito e consideração pelo seu trabalho.*
— *Manter as portas abertas para receber as solicitações da imprensa e atendê-la com prioridade e sem demora.*
— *Ser a fonte primeira de informação sobre a organização.*
— *Evitar dar informações incorretas quando não se dispõe de dados seguros.*
— *Afirmar com clareza os temas que são confidenciais.*
— *Não falar em* off *com os jornalistas.*
— *Não dar atendimento exclusivo somente a alguns veículos.*

Outras diretrizes podem ser acrescentadas, como procedimentos a serem adotados na remessa de um *press release*, na realização de uma entrevista coletiva, de uma visita à redação, do *media training*, mas o essencial é divulgar e fazer cumprir, por quem for atender a imprensa, o que foi estabelecido como padrão nesse relacionamento. É esse procedimento que leva a organização a agir sempre com coerência e a ter uma voz única na sua comunicação.

Na elaboração de diferentes guias, que visem ao alcance dos objetivos e à aplicação das estratégias de cada setor, pode-se adotar a seguinte configuração: assunto, público, objetivos, estratégias, ações, responsabilidade sobre elas, período de execução, verba a ser empregada, formas de avaliação (*feedback*).

MODELO RESUMIDO PARA O DESENVOLVIMENTO DE ATIVIDADES DE RELACIONAMENTO COM A IMPRENSA

Objetivo corporativo: manter as portas abertas à mídia
Diretrizes: as enumeradas anteriormente
Desenvolvimento do programa:

Público	Objetivos	Estratégias	Ações	Responsabilidades	Período de Execução	Verba	Avaliação
Imprensa	Colocar a organização em evidência na mídia	Manutenção de um relacionamento regular com os veículos selecionados	• Selecionar as editorias de interesse imediato • Desenvolver calendário de visitas aos editores	• Diretoria de comunicação • Setor de relações públicas	1º semestre do ano	• Valores previstos no programa de relacionamento com a imprensa • Verba adicional de dez mil reais	• Nível de aceitação por parte das editorias • Realização das visitas programadas

O modelo pode ser ampliado para se estabelecer e apresentar, em cada objetivo, os elementos que o compõem. Além de ordenar a relação, esse paradigma permite criar o *cronograma das atividades* a partir das datas indicadas no período de execução, o *orçamento*, com base nos valores estabelecidos para cada ação e o *feedback,* que nasce do sistema de avaliação. Essa ordenação lógica pode ser aplicada aos diferentes processos de relacionamento com os públicos e garante o cumprimento eficaz do "projeto corporativo de relações públicas".

Às vezes, levados pela pressa de obtenção de resultados imediatos, há comunicadores que oferecem soluções antes de formularem o diagnóstico do contexto ambiental. Concentram-se na mídia e se esquecem das propostas editoriais que lhes devem dar sentido, suporte e eficácia. Talvez seja por isso que 71% dos empresários ouvidos na Pesquisa Aberje 2002 consideram a comunicação organizacional ineficaz.

A comunicação é, na sua essência, uma atividade de entendimento entre pessoas. Realiza-se de maneira estratégica quando, de fato, estabelece troca de informações dentro de um sistema organizado de inter-relações e atinge seu objetivo maior, contudo, que é o de persuadir. Contudo, é também um processo midiático que engloba o uso de múltiplos meios como forma de sua expressão. Mas os veículos, por si sós, não tornam a comunicação bem-sucedida se não for levada em consideração a necessidade prévia da existência de um projeto editorial que lhes dê sentido.

Muitos fatores interferem na construção do sistema de comunicação — sociais, econômicos, antropológicos, psicológicos, culturais, entre outros —, o que exige pleno conhecimento da interação das pessoas, do planejamento de seu processo e da criação de mensagens próprias para cada audiência. Só há comunicação quando há transmissão e recepção de mensagens, seguidas de resultados. Será estratégica se houver, além do uso do veículo, mensagens pré-programadas que atendam às expectativas dos públicos a que são dirigidas.

Essa distinção nos leva ao posicionamento de que as relações públicas não se reduzem a programas de comunicação para uso na mídia. Sua força reside na visão corporativa da organização e na definição de políticas permanentes de relacionamentos com os seus grupos de interesse. As relações públicas são estratégicas porque emanam dos princípios operacionais e éticos da organização, estabelecem caminhos para a sua aplicação, tendo em vista o êxito organizacional. Essa é a razão de distinguirmos, em três dimensões, o processo sistêmico das relações públicas: a do "ser", a do "conhecer" e a do "fazer".

No exercício da atividade das relações públicas, a comunicação representa, sem dúvida, o maior valor, pois o relacionamento entre pessoas e nas organizações acontece pelo seu uso em todas as suas modalidades e acepções: interpessoal, dirigida, institucional, corporativa, mercadológica, organizacional e aproximativa, por exemplo, não se resumindo a um processo meramente midiático.

No campo da mídia, caracterizam-se como instrumentos de comunicação os da *mass media* em todas as formas de multimídia e sob suas diversas aplicações, incluindo as novas tecnologias. Situam-se também, na linha dos instrumentos de relacionamento, as definições descritivas de relações públicas, que indicam as funções da atividade, e a propaganda institucional. O uso eficaz dos meios exige que se apliquem os princípios do "conhecer", do "por que fazer", que permitirão definir, à luz teórica, qual o sentido e os objetivos do uso estratégico de cada veículo na relação com cada público.

A conclusão que se impõe é a de que a prioridade essencial do sucesso das relações públicas considerada na sua função de manter *relacionamentos com pessoas* é o "saber" e o "por que fazer". O "fazer" só será eficaz se for fundamentado no conhecimento, pois as relações públicas representam, antes de tudo, um conceito filosófico, que norteia e dá sentido aos relacionamentos entre as pessoas, as organizações e seus públicos.

CONCLUSÃO

O "ser", o "conhecer" e o "fazer" representam três dimensões propostas para se entender as relações públicas e a abrangência de seu campo de ação. A expectativa é que tal enfoque contribua para a reflexão sobre a natureza da atividade como específica de relacionamentos, tendo por objetivo estabelecer as diretrizes da interação da organização com seus públicos. Dessa forma, pode-se definir que é competência das relações públicas conduzir e não ser conduzida, por isso lhes cabe, em síntese, planejar e gerenciar as políticas permanentes dos relacionamentos da organização com seus grupos de interesse.

REFERÊNCIAS BIBLIOGRÁFICAS

ABERJE. *Comunicação interna: Pesquisa Aberje 2002*. São Paulo: Instituto Aberje de Pesquisas, 2002.

CONFERP — Conselho Federal de Relações Públicas. *Conclusões do Parlamento Nacional de Relações Públicas*. Brasília, 1997.

CONFERP — Conselho Federal de Relações Públicas. Resolução Normativa n. 43, 24 de agosto de 2002.

DAVENPORT, T. H. *Conhecimento empresarial*. Rio de Janeiro-São Paulo: Campus-Publifolha, 1999.

FERGUSON, M. A. *Building theory in public relations — Interorganizationalship. Paper* apresentado à associação para a educação em jornalismo e em comunicação de massa. Gainsville, Florida, 1999.

FERRARI, M. *Novos aportes das relações públicas para o século XXI. Comunicação e Sociedade*. São Bernardo do Campo: Póscom-Umesp, ano 24, n. 39, p. 53-65, 1º semestre de 2003.

FERREIRA, A. B. de H. *Novo Aurélio: século XXI*. 3. ed. Rio de Janeiro: Nova Fronteira, 1999.

FRANÇA, F. *ABRP 1954-2004: o passado abre caminho para o futuro*. Estudos de jornalismo e relações públicas. Universidade Metodista de São Paulo e Faculdade de Jornalismo e Relações Públicas, 1(3): 99-100. São Bernardo do Campo: Umesp, junho de 2004.

GRUNIG, J. E; HUNT, T. *Managing public relations*. Orlando, Florida: Harcourt Jovanovich College Publishers, 1984.

GRUNIG, J. E. *A função das relações públicas na administração e sua contribuição para a efetividade organizacional e societal. Comunicação e Sociedade*. São Bernardo do Campo: Póscom-Umesp, ano 24, n. 39, p. 67-92, 1º semestre de 2003.

HOUAISS, A. *Dicionário Houaiss da língua portuguesa*. Rio de Janeiro: Objetiva, 2001.

KUNSCH, M. M. K. *Planejamento de relações públicas na comunicação integrada*. 4. ed. São Paulo: Summus, 2003.

LAROUSSE CULTURAL. *Grande Enciclopédia Larousse Cultural*. São Paulo: Nova Cultural, 1998.

McKENNA, R. *Marketing de relacionamento: estratégias bem-sucedidas para a era do cliente*. Rio de Janeiro: Campus, 1993.

MORA, J. F. *Dicionário de filosofia*. São Paulo: Loyola, 2001.

NICKELS, W. G; WOOD, M. B. *Marketing: relacionamentos, qualidade, valor*. Rio de Janeiro: LTC, 1999.

NONAKA, I.; TAKEUCHI, H. *Criação de conhecimento na empresa*. 12. ed. Rio de Janeiro: Elsevier, 1997.

POYARES, W. R. *Comunicação social e relações públicas*. 2. ed. Rio de Janeiro: Agir, 1974.

SIMÕES, R. P. *Relações públicas: função política*. 3. ed. São Paulo: Summus, 1995.

STONE, M.; WOODCOCK, N. *Marketing de relacionamento*. São Paulo: Littera Mundi, 1998.

TOFFLER, A. *Powershift: as mudanças do poder — um perfil das sociedades do século XXI pela análise das transformações da natureza do poder*. 4. ed. Rio de Janeiro: Record, 1995.

CAPÍTULO 2

PESQUISA EM RELAÇÕES PÚBLICAS: AUDITORIA DE OPINIÃO

Carlos Eduardo Mestieri
Presidente da Rede Inform de Comunicação

Waltemir de Melo
Sócio-diretor da CWM Comunicações SC e Presidente do Sinco — Sindicato das Empresas de Comunicação Social

Estamos diante de uma verdadeira revolução nos conceitos de administração e de produção. O mundo do conhecimento e da informação tem provocado transformações e feito surgir uma nova cultura empresarial. Em virtude dessas modificações, o relacionamento entre fornecedores, clientes, governo, imprensa, empregados e comunidade tem sido afetado.

Trata-se de uma evolução que está mudando o grau e a forma de subordinação e o perfil de integração do corpo produtivo e gerencial das organizações. Hoje, os terceirizados vão desde as empresas de faxina até as de processamento de dados. Em maior ou menor grau, todos influenciam a gestão interna e externa da empresa. Esse novo quadro tem aumentado os riscos e dificultado o acompanhamento e controle da evolução da cultura organizacional. É por isso que muitos especialistas têm sugerido mudanças também radicais no relacionamento da organização com os seus principais públicos. Recomendam, por exemplo, que tanto funcionários como fornecedores sejam incluídos no composto mercadológico da empresa. Isso quer dizer que ambos devem ser tratados do mesmo modo que os clientes.

Por outro lado, a mudança também é grande no perfil da sociedade com a ampliação dos conceitos de cidadania. Os consumidores estão mais conscientes e possuem mecanismos mais eficientes de intervenção no corpo social. A sociedade, estimulada pela participação marcante das ONGs e das entidades de defesa do consumidor, ficou mais exigente e está buscando o atendimento individualizado. E as empresas começam a desenvolver meios eficientes para atender a esse anseio.

O marketing *one-to-one* e a comunicação com base na Internet representam a parte visível de um *iceberg* conceitual e logístico que flutua em ambiente totalmente configurado por novas tecnologias — as mesmas tecnologias que hoje, de tão corriqueiras, freqüentam nossos hábitos pessoais e nossas práticas de comercialização e de produção.

Mas essas novas tecnologias, ao mesmo tempo em que tornaram a vida mais fácil e dinâmica, ampliaram os fatores de riscos e criaram novos e poderosos fatores de insegurança e instabilidade.

Na verdade, nunca foi tão fácil ser atingido ou encontrar-se inesperadamente em um processo de crise. Dado ao avanço tecnológico, qualquer um pode gerar notícias verdadeiras ou não sobre qualquer organização ou pessoa. Nemércio Nogueira não erra ao afirmar em seu livro *Media training* que hoje a notícia pode chegar ao público, até mesmo pautando veículos, de qualquer local e a qualquer hora.

O ambiente da terceira revolução industrial, onde prevalecem o conhecimento e a velocidade na transmissão de informações sobre as bases de produção, mudou o conceito e os fatores que podem provocar uma crise empresarial.

Hoje a questão é como criar um cordão de isolamento de forma a proteger as organizações em seus quesitos mais valiosos, que são a confiabilidade, a reputação e a credibilidade. Para isso é preciso conhecer, em profundidade, os impactos das ações das organizações e os seus reflexos, tanto na própria estrutura quanto junto aos seus *stakeholders*. E o caminho para isso é único: a pesquisa e a auditoria.

Os profissionais de relações públicas e de jornalismo, seguindo as pegadas dos de propaganda e *marketing*, já descobriram que a integração e a maximização dos recursos financeiros e humanos de comunicação são imprescindíveis quando o objetivo é a obtenção e a manutenção de vantagens competitivas ou o polimento e reposicionamento da imagem corporativa pública ou privada. Diante desse panorama, não há espaço para erros, não há espaço para meios acertos.

Não importa o tamanho da organização e do segmento a que pertença, conscientemente ou não, ela realiza em diversos níveis a comunicação com diferentes públicos. Quando os índices de conhecimento dessa comunicação não atingem padrões ideais, ela é unilateral, sendo somente detectada quando situações adversas manifestam-se de forma aguda e violenta. Isso exige ações imediatas, nem sempre planejadas ou estrategicamente bem definidas para realizar a reversão dos problemas. Em outras palavras, isso reduz as vantagens competitivas.

Mesmo nas organizações onde haja conhecimento da importância do uso correto e integrado dos recursos de comunicação, há pouca informação sobre o efeito positivo ou negativo gerado pelo inter-relacionamento dos públicos e dos efeitos da influência de uns sobre os outros e de seus reflexos sobre a imagem corporativa. Outra vez a exceção se dá nos momentos de crise, quando vêm à tona os problemas mais emergentes provocados por esse inter-relacionamento.

Embora o pragmatismo operacional conduza ao maniqueísmo e se restrinja à preocupação com os aspectos mercadológicos do negócio (ou da atividade-fim, no caso de entidades), uma organização interage em um universo complexo, formado por vários segmentos de públicos, os *stakeholders*, entre os quais estão os clientes/consumidores, fornecedores, acionistas, associações e entidades de classe (patronais e de trabalhadores), funcionários, imprensa e autoridades, líderes de opinião e membros da comunidade etc. Há ainda que acrescentar o que pode ser chamado de "públicos flutuantes", formados por representantes de vários segmentos agrupados a partir de interesses afins.

A efetividade e o controle da comunicação e de seus resultados, dirigidos isoladamente a cada um desses segmentos, podem não ser tarefa difícil se se contar com o auxílio da boa técnica. Contudo, essa situação é inversamente proporcional quando a influência de um segmento sobre o outro é evidente ou praticada de forma organizada e intencional, como fazem, por exemplo, as entidades ecológicas contra projetos públicos e privados que provoquem impactos ambientais. Essa é uma abordagem negativa da questão. Do lado positivo, uma organização pode ter como objetivo maximizar seus investimentos em comunicação, fazendo das lideranças de seus públicos de interesse possíveis porta-vozes de suas mensagens preferenciais e de seus objetivos (políticos, comerciais, estratégicos etc.).

A maneira ideal de estar à frente nesse processo é por meio do conhecimento profundo de todos esses segmentos e da administração correta do conjunto dos recursos de comunicação. É preciso conhecer os "adversários e aliados", suas armas, suas forças, suas lideranças, suas capacidades de mobilização e suas estratégias. É necessário preparar-se para uma batalha sem vencedores, na qual o principal objetivo sempre deverá ser o ponto de intersecção entre ambos os interesses.

PESQUISA *VERSUS* AUDITORIA

A questão é como medir, como fazer essa avaliação, de que modo, ou ainda, como descobrir esse ponto de intersecção. A resposta mais imediata e não totalmente correta seria mediante a realização de pesquisas.

Na propaganda, o que se convencionou chamar de pesquisa (de mercado, de teste, de penetração etc.) é adotado historicamente como uma arma estratégica da maior importância. Infelizmente, raríssimas vezes as organizações de menor porte tem acesso a elas, principalmente em função do custo. Como a propaganda procura (ainda) atuar de maneira abrangente na comunicação de suas mensagens, as técnicas de pesquisa também buscam cobrir o mais eficientemente possível o universo de público desejado de forma horizontal e quantitativa. Apesar de já começar a ser utilizado como mais um elemento no processo decisório em busca da melhor estratégia de comunicação e gestão, o resultado da tabulação final de uma pesquisa quase sempre elimina a dúvida sobre qual caminho trilhar no momento de definição de uma estratégia.

Sob a ótica das relações públicas, a pesquisa freqüentemente é um processo frio e distanciado. Quando bem realizada, pode representar um corte vertical no conjunto dos integrantes de um segmento para o conhecimento de seus anseios e expectativas sobre determinado tema ou objeto de pesquisa. Não será possível, porém, identificar as raízes desse posicionamento, nem as sutilezas que podem desviar e até mesmo conduzir propositadamente a perfis ou padrões desejados de respostas. Também não será possível identificar, pelas tabulações de uma pesquisa, os aspectos e argumentos consistentes que permitam a alteração da opinião do conjunto dos integrantes de um segmento.

CONCEITUAÇÃO

Se a pesquisa não é o caminho mais adequado, qual será? A resposta é a "auditoria de opinião", entendida como um exame analítico e pericial com o objetivo de se chegar a um balanço das opiniões, após a realização de um levantamento cuidadoso de informações com os públicos de todos os segmentos de interesse de uma organização.

É possível perguntar-se qual a diferença entre pesquisa e auditoria. Pode parecer pequena, se não houver uma análise profunda para se obter a resposta correta. Observados os resultados obtidos e as metodologias empregadas, elas são muito diferentes, prestando-se, com a mesma eficiência, para finalidades específicas. Não vamos nos deter às técnicas de pesquisa (que podem ser utilizadas pelas relações públicas quando se pretendem resultados quantitativos), além da generalização feita anteriormente no que se refere à sua utilização pela área de propaganda. O assunto é auditoria de opinião e sua importância como técnica e metodologia de eficiência comprovada na auscultação dos segmentos de interesse de uma organização. Ela vai muito além da pesquisa, estando capacitada para oferecer, com segurança, as bases sólidas para o monitoramento dos anseios e das expectativas de públicos de interesse e para o desenvolvimento de programas integrados de comunicação.

Embora essa abordagem de monitoramento de públicos e de integração dos recursos de comunicação, para seu uso de forma dirigida e segmentada, possa parecer um conceito novo para a área, esta sempre foi uma recomendação e uma prática de relações públicas.

As relações públicas trabalham na segmentação, no corpo a corpo. Empregam a razão em lugar da emoção, trabalham com lideranças para formar multiplicadores conscientes de opinião. Para conquistar (ou vencer), dividem o universo complexo de inter-relacionamento de uma organização em partes homogêneas e compreensíveis.

A auditoria de opinião nada mais é do que o braço das relações públicas, que busca mapear, identificar, auscultar e monitorar essas partes homogêneas do público.

ESTRUTURA OPERACIONAL

A auditoria de opinião destina-se ao levantamento do perfil real da organização pública ou privada, do nível de conhecimento e aceitação de seus produtos e serviços, do grau de satisfação de seus públicos e ao levantamento de desempenho de gestões administrativas. Também tem por objetivo traçar os conceitos e preconceitos emitidos pelas lideranças dos diversos públicos que possam influenciar, direta ou indiretamente, uma organização, um produto, um projeto ou uma decisão. Com algumas adaptações, também será um instrumento estratégico na implantação de "programas preventivos de administração de crises". Sua função será a de detectar junto aos *stakeholders*, as deficiências operacionais, de gestão e de relacionamento das organizações naquilo que se convencionou chamar de "análise de riscos". Esta determinará as vulnerabilidades e as crises potenciais que a organização poderá enfrentar.

A auditoria de opinião estrutura-se basicamente sobre técnicas de entrevistas abertas, de relatórios e de análises de material coletado junto a representantes ou lideranças previamente identificados dentro do público considerado como preferencial de uma organização. Para a realização da auditoria de opinião é necessário contar com três grupos de profissionais: os entrevistadores, os coordenadores de equipe e o coordenador-geral, responsável pela elaboração das conclusões, do diagnóstico e do relatório final. A experiência tem demonstrado que a preparação correta dos coordenadores e entrevistadores é um dos pontos críticos do trabalho. Um levantamento de informações mal feito ou o desinteresse no desenvolvimento e aprofundamento de uma entrevista podem levar a conclusões imprecisas e, conseqüentemente, a um diagnóstico incorreto.

Para fugir dessas armadilhas, na CWM, há mais de vinte anos, adota-se como padrão a condução de todo o trabalho por meio de parâmetros psicológicos, levando-se em conta os princípios da análise transacional. As equipes de entrevistadores e coordenadores são formadas por profissionais devidamente treinados e preparados para essa sistemática de trabalho, recebendo previamente informações sobre os conceitos desse segmento da psicologia. Assim, partem para o campo instrumentados para conhecer o estado de espírito dos entrevistados e estabelecer os níveis de confiança adequados para a fluência das entrevistas.

Naturalmente, esse é um dos motivos por que a auditoria de opinião é realizada com questionários abertos ao contrário dos questionários fechados das pesquisas destinadas a tabulações. Também se contrapõe às entrevistas ou aos debates em grupo porque, freqüentemente, a maioria dos participantes tende a adotar a opinião do líder espontâneo do grupo.

Nos questionários abertos, dependendo da experiência do coordenador-relator dos trabalhos e de sua compreensão do problema e das necessidades do cliente, uma informação, uma resposta, um conceito emitido por apenas um entrevistado podem adquirir a mesma importância de opinião emitida por várias pessoas. Aqui se estabelece outro importante componente para o sucesso e a agilidade de um trabalho de auditoria da opinião. É necessário haver uma relação de estreita confiança entre a consultoria e o cliente, procurando-se evitar a omissão de informações, compreensível quando se abordam questões de cunho estratégico.

VANTAGENS DO ROTEIRO

Ainda melhor do que o questionário aberto, a adoção da técnica de entrevista por roteiro, como é praticada pela CWM, é ainda mais eficiente quando se realiza a auditoria de opinião dentro dos conceitos estabelecidos acima. Se, de um lado, o questionário permite ao entrevistador cumprir precisamente sua tarefa, de outro pode impedir ou reduzir as possibilidades de utilizar sua criatividade e sensibilidade para estimular o entrevistado a emitir opiniões sobre temas não formalmente questionados. Além disso, o questionário prejudica a informalidade necessária para a obtenção da fluência e até da conquista da confiança do entrevistado. É importante assegurar ao entrevistado a confidencialidade de suas informações e, para salvaguardá-lo, é imprescindível estabelecer esse compromisso com o cliente antes do início dos trabalhos.

Estrategicamente, o entrevistado, por essa técnica, é conduzido a falar aberta e livremente sobre os temas propostos pelo entrevistador. Com isso, além de se observar a seriedade e sinceridade do entrevistado, é possível fazer-lhe supor que é ele quem conduz a entrevista. Ao se atingir esse clímax, freqüentemente, abordam-se assuntos que não faziam parte do escopo inicial dos levantamentos, mas que podem contribuir (e contribuem) para detectar situações novas ou problemas emergentes não avaliados na fase inicial de concepção dos objetivos e temas a serem cobertos pela auditoria de opinião. Esse é um dos pontos que, por exemplo, assegura à auditoria de opinião a supremacia sobre as técnicas tradicionais de pesquisa.

Mediante estímulos proporcionados por um roteiro preestabelecido, o entrevistado deve ser conduzido a colocar suas opiniões sem a limitação determinada por perguntas ordenadas. A recomendação é que, durante a entrevista e após criado o clima de confiança necessário, o entrevistado faça seus comentários à vontade e, à medida que desenvolve o seu próprio raciocínio, venha a se estender sobre os aspectos que conheça em maior profundidade. Essa técnica fornece, ao final de um certo número de entrevistas, a prioridade dos conceitos (e preconceitos) que cercam a organização, além de proporcionar o escopo que justificará a implantação de um projeto.

A realização de entrevistas por roteiro exige melhor qualificação e treinamento dos entrevistadores para, além de registrarem fielmente a opinião dos entrevistados, poderem perceber seu comportamento e seu estado emocional. Esses aspectos não podem ser considerados secundários, principalmente quando se abordam assuntos políticos, sociais, macroeconômicos ou ambientais.

MONITORAMENTO DOS RESULTADOS

Para não se perder o calor das entrevistas, após cada jornada de trabalho os integrantes das equipes devem entrar em contato com o seu coordenador, para informá-lo verbalmente sobre o material coletado (que será registrado em relatório detalhado). O coordenador, com uma visão de conjunto do trabalho que está sendo realizado, estará apto a redirecionar os roteiros. Ele poderá (e deverá), por exemplo, checar ou confrontar opiniões emitidas para evitar as armadilhas que possam ser criadas por entrevistados bem preparados sobre os temas abordados. Nesse momento, é possível perceber se há influência de determinado segmento de público sobre outro e o grau em que se manifesta.

Todas as entrevistas (sem exceção) devem ser registradas em relatórios detalhados e entregues aos coordenadores, que se reunirão e avaliarão o material. Após essa análise, um deles ficará responsável pela elaboração do relatório final. Na CWM, este é sempre realizado pelo diretor que atende o cliente. O relatório final é composto por uma sinopse dos trabalhos desenvolvidos, suas conclusões gerais, que são seguidas de dados mais detalhados e das principais frases extraídas de todas as entrevistas que sustentam as conclusões apresentadas. Embora seja óbvio, é importante destacar que essa sistemática de trabalho, por suas características, não se ajusta a tabulações.

VANTAGENS DO DIAGNÓSTICO

A presença de informações sobre a influência de determinados públicos em relação a outros poderá levar a novas investigações. Assim, a realização planejada da auditoria de opinião reduzirá a complexidade da administração do processo de comunicação. Ao mesmo tempo, proporcionará uma base sólida para a implantação de projetos de comunicação. Isso, além de maximizar recursos humanos e materiais, tornará factível o alcance dos objetivos mais distantes. Em outras palavras, o resultado da auditoria de opinião, praticada com essa abrangência, representará uma fonte inesgotável para o desenvolvimento de campanhas de propaganda (principalmente as institucionais), de projetos de relações públicas, atividades junto à imprensa, campanhas dirigidas de *marketing* e programas preventivos de administração de crises.

A auditoria de opinião proporciona uma abordagem profunda, principalmente quando envolve as estruturas internas das organizações. Isso merece atenção especial, pois muitas vezes vai expor questões desconhecidas da própria área responsável pela sua realização.

É importante reforçar que a auditoria de opinião não permite a análise individual dos posicionamentos emitidos pelos entrevistados, porque ela trabalha com a sua percepção, sendo assim sujeita a interpretações que podem destoar das práticas e das políticas oficiais da organização. Mas, como a auditoria de opinião trabalha com lideranças ou formadores de opinião, a percepção, ainda que não correta sob a ótica da organização, merece atenção especial, pois ela estará sendo multiplicada entre liderados do entrevistado.

Assim, quando comentários, particularmente os negativos, forem feitos sobre áreas, condutas organizacionais, departamentos ou mesmo pessoas em cargo hierárquico elevado, devem ser vistos como alertas que conduzam a uma análise dos motivos que possam ter gerado tais posicionamentos. Em outras palavras, os resultados de uma auditoria de opinião não podem ser levados para o âmbito pessoal ou ser considerados críticas particulares ou individuais. As conclusões de uma auditoria de vulnerabilidades têm de ser avaliadas como um indicativo de que a melhoria contínua nos processos deve ser estimulada e mais bem trabalhada. Elas contribuirão para reforçar as ações positivas, destacar as ações negativas e apontar a eficiência dos processos na visão de quem os executa.

A auditoria de opinião, realizada com técnicas corretas permitirá:

- Conhecer a imagem e a percepção que os públicos definidos como preferenciais têm da organização, de seus produtos, serviços e de sua conduta junto à comunidade.
- Conhecer a imagem e a percepção que os funcionários (principalmente aqueles em cargos de chefia e que possuem liderança informal) têm da empresa, de seu mercado, de sua filosofia de atuação e de seu posicionamento quanto a outras questões estabelecidas no escopo do trabalho.
- Conhecer o grau de expectativa que os funcionários têm da conduta que a empresa deve adotar sobre o tema abordado.
- Mapear o potencial de integração e sinergia das áreas da empresa.
- Gerar subsídios para a tomada de decisões com mais segurança em todas as etapas de uma eventual crise.
- Gerar subsídios para a implantação de um programa de comunicação.
- Unificar a percepção dos gestores da empresa (em seus vários níveis gerenciais) quanto à real dimensão dos problemas e de seus impactos sobre a organização.
- Procurar conhecer, se houver, as vulnerabilidades da organização com relação ao problema abordado, visando buscar respostas para as situações de conflito e suas variáveis.
- Mapear outras vulnerabilidades com base na percepção dos públicos-alvo.

Por outro lado, mediante um Programa Integrado de Comunicação elaborado sobre as bases proporcionadas pela auditoria de opinião, será possível o desenvolvimento de argumentações adequadas para responder corretamente às expectativas e aos posicionamentos encontrados junto a cada segmento de público. Também permitirá identificação de lideranças que, uma vez preparadas e treinadas, poderão ser porta-vozes indiretos das mensagens institucionais da organização perante a sua comunidade.

A auditoria de opinião deve ser avaliada por suas cinco importantes contribuições:

- Oferecer as bases para a administração e o planejamento integrado do processo de comunicação de uma organização.
- Evitar o elemento surpresa, que poderá colocar a organização em posição defensiva frente aos seus públicos de interesse.
- Evitar o desgaste de sua imagem na defesa direta e intensiva de seus objetivos, (os quais, muitas vezes, são fortemente antagônicos aos interesses de alguns de seus públicos).
- Mapear as vulnerabilidades da organização que, em certos momentos, são encobertas pelas metodologias dos programas de certificação e de gestão.
- Fornecer subsídios consistentes para sustentar a tomada de decisões.

A auditoria de opinião pode ser o elemento que maximizará o tempo, o volume de investimentos e os recursos humanos necessários para o sucesso de um Programa Integrado de Comunicação. Acreditamos que qualquer projeto de comunicação que não carregue erros conceituais pode dar certo. Sem a auditoria de opinião, tudo é uma questão de tempo e de fôlego financeiro. Sem ela, o dispêndio de tempo e energia será maior, sem falar na ampliação dos custos.

ASPECTO CIENTÍFICO DA AUDITORIA DE OPINIÃO

Apesar de suas características mais flexíveis e abertas, a auditoria de opinião conta com o mesmo rigor técnico da pesquisa tradicional, considerada científica. Como bem reconhece a professora Margarida Maria Krohling Kunsch, em seu livro *Planejamento de relações públicas na comunicação integrada*, editado pela Summus Editorial (2003), a auditoria de opinião segue todos os procedimentos metodológicos da pesquisa científica, entre os quais estão: o planejamento; a definição de objetivos; definição do problema, embora na auditoria de vulnerabilidades configure-se um erro sua delimitação como ocorre na pesquisa tradicional, sendo a proposta ampliar sua abrangência, sem perder o foco inicial; a construção de hipóteses; a identificação e seleção da amostra (que pode ser ampliada durante o decorrer dos trabalhos); a construção de um questionário que cobre o tema a ser abordado; o pré-teste; a escolha e treinamento dos coordenadores e entrevistadores; a coleta de dados por meio de entrevista; a verificação e supervisão do material coletado; a compilação dos dados (em lugar da tabulação); a análise e interpretação dos dados do relatório final (representado pelas conclusões e diagnóstico); além disso, no relatório final deverão constar todas as respostas que dão sustentação às afirmações ou conclusões, mantendo-se a redação original se isso não permitir a identificação do entrevistado.

QUEM ESTÁ APTO A FAZER UMA AUDITORIA DE OPINIÃO

Normalmente, com o objetivo de redução de custos, muitos clientes questionam a possibilidade ou a viabilidade da realização de uma auditoria de opinião ou mesmo de vulnerabilidades por profissionais internos. Em princípio, esse trabalho deverá ser realizado por profissionais experientes e muito bem treinados, tanto na realização de entrevistas quanto na coordenação e elaboração dos diagnósticos.

Mesmo que profissionais com esse perfil possam ser encontrados dentro das organizações, ainda assim não é recomendado que façam a auditoria de opinião em suas próprias empresas. O motivo é muito simples: um dos pontos principais é a conquista da confiança do entrevistado para que se consiga extrair mais informações do que as inicialmente planejadas. A questão é saber até que ponto um entrevistado interno relatará, com segurança e confiança, suas opiniões e críticas na atuação de sua organização. Além disso, é preciso questionar com que profundidade (se é que o fará) um diretor ou mesmo um presidente relatará questões críticas de sua gestão a um funcionário em nível hierárquico inferior.

Mesmo para auditorias externas e profissionais da empresa, por mais sérios que sejam, não terão como se cobrir com o véu de isenção necessário para conquistar a mesma confiança dos entrevistados. Diante de levantamentos críticos, se forem atendidos, serão massacrados ou vistos com desconfiança, pois representam a parte interessada no assunto em questão.

Assim, a solução ideal é a utilização das consultorias externas, de preferência aquelas com experiência comprovada na realização desse tipo de trabalho.

AÇÕES A SEREM DESENVOLVIDAS

Após a explanação sobre técnicas, metodologia, filosofia e objetivos que norteiam a realização de uma auditoria de opinião pública, relacionam-se a seguir os diversos passos para sua a implantação:

- Reunião de *briefing* com o cliente para a definição dos objetivos preliminares da auditoria de opinião.
- Definição dos públicos preferenciais (interno e externo) e das regiões-alvo com o cliente.
- Levantamento de informações junto ao cliente e em bancos de dados externos.
- Definição da estratégia de ação e das equipes de trabalho.
- Preparação dos temas para o roteiro.
- Teste da eficiência do roteiro (com base em entrevistas feitas pelo coordenador).
- Treinamento das equipes de coordenadores.
- Treinamento das equipes de entrevistadores.
- Levantamento de informações sobre as principais lideranças dos segmentos-alvo.
- Realização das entrevistas.
- Realização de reuniões de avaliação.
- Redação dos relatórios individuais.
- Análise dos relatórios individuais.
- Relatório final.
- Redação das conclusões finais da auditoria de opinião/diagnóstico.
- Reunião de apresentação dos resultados ao cliente.
- Realização de novas auditorias ou preparação de um Programa Integrado de Comunicação.

CAPÍTULO 3

PLANEJAMENTO ESTRATÉGICO PARA A EXCELÊNCIA DA COMUNICAÇÃO

Margarida Maria Krohling Kunsch
Professora titular da ECA/USP

Abordar questões ligadas ao planejamento e à gestão estratégica da comunicação organizacional implica pensar inicialmente em cenários no âmbito das transformações sociais, políticas e econômicas que perpassam e permeiam as organizações em geral. O planejamento estratégico não ocorre do nada. Ele acontece nas organizações num contexto socioambiental e sociocultural amplo e complexo.

Muito já se comentou sobre a complexidade da sociedade contemporânea e os desafios constantes a que estão sujeitas às organizações e todo o contingente humano e profissional que delas faz parte. As mudanças radicais que ocorreram no final do século XX e que continuam presentes neste início do terceiro milênio provocaram e provocam toda espécie de cenários, cujas leituras são objetos de análises justamente do processo de elaboração de um planejamento estratégico.

Para Drucker (1999, p. 189), "nenhum século da história humana passou por tantas transformações sociais radicais como o século XX". As mudanças que ocorreram, sobretudo na última década, foram tão significativas que alteraram completamente a geopolítica internacional, a sociedade, as relações de trabalho, as formas de governo etc., provocando mudanças diferentes. Segundo esse mesmo estudioso, "tudo que existiu em qualquer outro momento da história: em suas configurações, seus processos, seus problemas e suas estruturas" foi demasiadamente modificado.

Nesse contexto, é evidente que estamos vivendo sob novos paradigmas, assunto já bastante trabalhado pelo cientista Octávio Ianni (1996). A sociedade e os estados nacionais já passaram por grandes transformações e continuam enfrentando constantes desafios, dados os efeitos permanentes do fenômeno da globalização, da revolução tecnológica da informação e da situação geopolítica mundial, sobretudo após o ato terrorista de 11 de setembro de 2001, nos Estados Unidos.

São esses fatores, entre muitos outros, que moveram e movem as grandes transformações na sociedade contemporânea, possibilitam as transações mundiais geopolítico-econômicas e criam as condições para a existência de uma sociedade globalizada.

O fenômeno da globalização vigente tem alterado completamente os comportamentos da sociedade e das organizações. Funciona como um novo paradigma para entender o mundo na atualidade. A globalização é algo amplo e abrangente, que envolve aspectos como desregulamentação dos mercados financeiros, privatização das empresas públicas, novas tecnologias da informação e da comunicação, desregulamentação jurídica e redução do poder do Estado-nação, além da confrontação dos blocos de integração com os centros de poder no mundo (organizações transnacionais, consórcios, blocos, alianças etc.). Esses blocos supranacionais têm uma função ativa e desterritorializada, ditando regras e ajustes aos Estados nacionais. Conseqüentemente diminuem a capacidade de poder de decisão dos Estados, que ficam muito mais sujeitos ao poder do capital volátil dos grupos financeiros e do mercado. Com isso, impera o neoliberalismo.

No processo de globalização, as organizações privadas exercem um papel preponderante. Segundo Armand Mattelart (1994, p. 246-7),

> não somente a empresa se converteu em um ator social de pleno direito, exprimindo-se cada vez mais em público e agindo politicamente sobre o conjunto dos problemas da sociedade, mas, também, suas regras de funcionamento, sua escala de valores e suas maneiras de comunicar foram, progressivamente, impregnando todo o corpo social. A lógica "gerencial" instituiu-se como norma de gestão das relações sociais. Estado, coletividades territoriais e associações foram penetrados pelos esquemas de comunicação já experimentados por esse protagonista do mercado. A carteira das ofertas de serviços de comunicação profissional enriqueceu-se com novos clientes e novas competências. E a própria definição de comunicação ganhou um novo segmento de problemáticas.

Manuel Castells (1998, p. 27), ao tratar da "sociedade-rede", chama a atenção para a força da revolução tecnológica, que, centrada em torno das tecnologias da informação, está modificando a base material da sociedade em ritmo acelerado. Milton Santos (1996), ao abordar o sistema técnico atual no contexto da sociedade e do espaço geográfico, também enfatiza que a era da informação é a matéria-prima da revolução tecnológica.

O avanço tecnológico por que passam telecomunicações, imprensa, rádio, televisão, computadores, fac-símiles, Internet e transmissões via satélite impele a sociedade a um novo comportamento e, conseqüentemente, a um novo processo comunicativo social com inúmeras implicações técnicas, éticas e morais.

As tecnologias apontadas pela telemática estão definitivamente revolucionando as comunicações. Os exemplos são evidentes nas indústrias culturais, na multimídia, na televisão (interativa, por cabo e de alta definição) e na convergência das telecomunicações com televisão, cinema, fotografia, editoração eletrônica, imprensa etc. O processo de globalização mundial delineia um novo perfil da agência de publicidade e da empresa de comunicação corporativa do presente e do futuro. Todos esses fatos impactantes estão provocando novas formas de sociabilidade e novas posturas dos agentes comunicacionais, de segmentos da sociedade civil e com fortes conseqüências sobre todas as organizações complexas ou não.

Ainda de acordo com Manuel Castells (2003, p. 287), estamos vivendo numa sociedade em rede e dominada pelo poder da Internet:

> esta sociedade em rede é a sociedade que eu analiso como uma sociedade cuja estrutura social foi construída em torno de redes de informação microeletrônica estruturada na Internet. Neste sentido, a Internet não é simplesmente uma tecnologia; é um meio de comunicação que constitui a forma organizativa de nossas sociedades; é o eqüivalente ao que foi a fábrica ou a grande corporação na era industrial. A Internet é o coração de um novo paradigma sociotécnico, que constitui na realidade a base material de nossas vidas e de nossas formas de relação, de trabalho e de comunicação. O que a Internet faz é processar a virtualidade e transformá-la em nossa realidade, constituindo a sociedade em rede, que é a sociedade em que vivemos.

É exatamente no âmbito dessa nova sociedade e de cenários mutantes e complexos que as organizações operam, lutam para se manter e para cumprir sua missão e visão e para cultivar seus valores. Cabe à comunicação um papel relevante nesse contexto.

Para Robert Srour (1998, p. 27), "as organizações não mais ocupam lugares específicos e tendem a tornar-se virtuais, porque é mais fácil e mais barato transportar a informação do que as pessoas, através das tecnologias do teleprocessamento e da computação". A comunicação *on line*, por meio das redes de computadores e de satélites, passa a fazer parte do cotidiano das pessoas e da vida das organizações.

As organizações, mais do que nunca, não poderão prescindir de uma comunicação viva e permanente sob a ótica de uma política de relações públicas. Uma filosofia empresarial restrita ao *marketing* certamente não dará conta do enfrentamento dos grandes desafios da atualidade. Terá de se valer de serviços integrados nessa área, pautando-se por políticas que privilegiem o estabelecimento de canais efetivos de diálogos com os segmentos a elas vinculados e, principalmente, a abertura das fontes e a transparência de suas ações. Ser transparente passou a ser um imperativo para as organizações contemporâneas. Don Tapscott e David Ticoll, em *A empresa transparente* (2005, p. 23), chamam a atenção para essa força que é a transparência. Trata-se de disponibilizar "a acessibilidade, para os *stakeholders*, às informações institucionais referentes a assuntos que afetem seus interesses". Essa vai, portanto, muito além da obrigação de fornecer informações financeiras em balanços contábeis. Tudo isso implicará a necessidade de se planejar, pensar e administrar estrategicamente a comunicação organizacional com todos os públicos e a opinião pública.

O planejamento de relações públicas no composto da comunicação das organizações na sociedade globalizada assume novas formas e características. Daquele caráter meramente tático e técnico do passado passa a ter uma característica muito mais estratégica. Os programas de comunicação levados a efeito por um setor ou pelo departamento de comunicação de uma organização devem ser decorrentes de todo um planejamento e agregar valor aos negócios, ajudando as organizações a cumprirem sua missão, atingirem seus objetivos e a se posicionarem institucionalmente perante a sociedade e os públicos com os quais se relacionam. Quais seriam as saídas? Quais os caminhos mais viáveis a utilizar para se buscar a excelência da comunicação organizacional na contemporaneidade? Acreditamos que um dos caminhos possíveis é, justamente, valer-se dos ensinamentos dos conceitos e aplicações do planejamento, pensamento estratégico e da gestão estratégica.

PLANEJAMENTO, GESTÃO E PENSAMENTO ESTRATÉGICO

O planejamento estratégico normalmente realizado pelas organizações é, em geral, a melhor fonte e o melhor ponto de partida para um planejamento de relações públicas com vistas à excelência e à eficácia da comunicação nas organizações. É exatamente por ser um instrumento que permite fazer um raio X da real situação da organização diante do ambiente e do mercado competitivo, no contexto da sociedade onde está inserida, que é considerado uma função relevante que precede às demais funções administrativas.

Com o planejamento estratégico é possível fazer uma análise ambiental externa, setorial ou de tarefa e interna, chegando-se a um diagnóstico organizacional capaz de indicar as ameaças e as oportunidades, os pontos fracos e os fortes, ou seja, traçar um perfil da organização no contexto econômico, político e social. Com base no mapeamento desse estudo do ambiente é que uma organização poderá reavaliar a situação e definir a sua missão e visão, rever seus valores corporativos, redefinir o negócio, elaborar filosofias e políticas, traçar objetivos, formular as macroestratégias, metas e planos emergenciais, elaborar o orçamento e implantar as ações. Essas são, em síntese, as etapas principais para se estabelecer e realizar um planejamento estratégico[1].

Como se pode deduzir, o planejamento estratégico está muito mais voltado para o ambiente, ao contrário de antigamente, quando ele se caracterizava mais como um planejamento financeiro e a longo prazo. Visa reduzir a ocorrência de riscos para o entorno e a incerteza no processo de formulação de decisões estratégicas a partir da análise de cenários e das oportunidades e ameaças advindas do macroambiente.

A concepção evolutiva do planejamento estratégico remete-nos à administração estratégica e ao pensamento estratégico. Foi o caminho encontrado sobretudo por Igor Ansoff (1981, 1993) e Henry Mintzberg (2000, 2004) e muitos outros estudiosos para explicar a necessidade de incentivar e envolver a participação de todos os integrantes da organização no processo de implementação do planejamento estratégico. A administração estratégica alia o planejamento estratégico com a tomada de decisão operacional em todos os níveis. Implica a mudança de atitudes na cúpula, nas consultorias externas e nos participantes do processo. Desenvolve o espírito crítico nas pessoas, visando a novas soluções estratégicas, administrativas ou operacionais, voltadas para melhor adaptação ao ambiente e objetivando uma postura empreendedora.

Em outras palavras, a administração estratégica, como defende Gaj (1987), parte para a ação, isto é, ela permite que o planejamento estratégico não termine

1. Existem inúmeras obras específicas sobre planejamento estratégico. Sugere-se, por exemplo: Oliveira (2002); Tavares (2000); Valeriano (2001), entre muitos outros. Consultar também a bibliografia de Kunsch (2003), na qual há muitas obras relacionadas.

com um plano, feito por consultores e pela alta direção. Ao contrário, faz com que todos sejam envolvidos em todo o processo, pensando estrategicamente e gerindo as ações necessárias. Há um comprometimento comum com as decisões tomadas e uma busca permanente para superar as fraquezas do ambiente interno e agir perante as ameaças e as oportunidades do ambiente.

PLANEJAMENTO E GESTÃO ESTRATÉGICA DA COMUNICAÇÃO ORGANIZACIONAL: DA VERTICALIZAÇÃO À PARTICIPAÇÃO

As organizações modernas, para se posicionar diante da sociedade e fazer frente a todos os desafios da complexidade contemporânea, necessitam planejar, administrar e pensar estrategicamente a sua comunicação. Não basta pautar-se por ações isoladas de comunicação, centradas no planejamento tático para resolver questões, gerenciar crises e gerir produtos sem uma conexão com a análise ambiental e as necessidades do público de forma permanente e pensada estrategicamente.

A nosso ver, nunca se usaram tanto como nos dias de hoje, no meio organizacional, as palavras estratégia e gestão estratégica, quer no âmbito geral, quer vinculadas à comunicação. É comum a afirmação de que a comunicação tem uma função estratégica de resultados. Isto é, ela tem de agregar valores e ajudar as organizações a cumprirem sua missão e concretizarem sua visão. A gestão estratégica, segundo Richardsom e Richardsom (1992, p. 26-27), é

> um processo, em última análise, de adaptação organizacional aos ambientes através do tempo: uma tarefa para o estrategista de gestão, que é totalmente responsável pela forma como a organização se adapta ao seu ambiente e satisfaz as pessoas; uma tarefa para cada um na organização, porque seus planos, decisões e ações criam coletivamente o nível de sucesso alcançado pela organização como a estratégia; um conjunto de trabalhos de planejamento crítico sustentado pelas necessidades, impactos e de adaptação ao meio ambiente, que os estrategistas podem reunir para manter ou melhorar o sucesso organizacional.

A gestão estratégica não pode se limitar à análise e à estrutura de mercados, como foi enfatizado nos anos de 1980. Há de se considerar o "impacto da cultura organizacional e das atividades da política interna da formulação e implementação das estratégias" (Stacey, 1993, p. 22). Daí a necessidade não só de fazer o planejamento estratégico, mas de se valer da administração estratégica e não prescindir da incorporação do pensamento estratégico.

Citando Noel Zabriskie e Alan Huellmantel, Stacey (1993, p. 22) reproduz o que pensam esses dois estudiosos sobre o pensamento estratégico:

> Os quadros executivos pensam de forma estratégica especificamente quando: visualizam aquilo em que querem que a sua organização se transforme; são capazes de reposicionar os seus recursos para competirem nos mercados futuros; avaliam os riscos, os proventos e os custos que as alternativas estratégicas disponíveis implicam; refletem sobre e identificam as questões às quais pretendem que o plano estratégico responda; refletem de forma lógica e sistemática sobre as etapas de planejamento e sobre o modelo que irão utilizar para implementar o seu pensamento estratégico na operação da empresa.

Ao pensar na gestão da comunicação organizacional, muito se tem para aprender. Na prática, diversas vezes ela é gerida muito mais com ênfase nas tarefas do que nos processos. Sua função terá de ser muito mais abrangente e proativa. Como parte integrante da gestão estratégica, ela deverá auxiliar a organização a fazer a leitura de cenários e das ameaças e das oportunidades presentes na dinâmica do ambiente global, avaliando a cultura organizacional, e pensar estrategicamente as ações comunicativas. Essas ações deverão atingir principalmente aqueles públicos estratégicos (*stakeholders*) que transcendem o âmbito local, atingindo mesmo dimensões interculturais com organizações de outros países, em face da realidade da sociedade global.

Pensar e administrar estrategicamente a comunicação organizacional pressupõe: revisão e avaliação dos paradigmas organizacionais vigentes e da comunicação; reconhecimento e auditoria da cultura organizacional e identificação e avaliação da importância do capital intelectual integral das organizações, que nem sempre é levado em conta.

Como a área de comunicação organizacional poderá valer-se de todo esse suporte do planejamento, pensamento estratégico e da administração estratégica? Evidentemente, planejar a comunicação para uma empresa ou uma organização pública que disponha de um planejamento desse tipo será muito mais fácil. Por outro lado, para cumprir a missão e todos os propósitos de ação do planejamento estratégico realizado, qualquer organização não poderá prescindir da comunicação.

Administrar estrategicamente, nas organizações, a comunicação com os diferentes públicos envolvidos (empregados, consumidores, imprensa, poderes públicos, investidores, fornecedores), por meio de um projeto global e com definição de políticas, é tarefa da área de relações públicas em parceria com a área de *marketing*. A realização dessa incumbência só é possível com o planejamento, que resultará em instrumentos materiais tangíveis na forma de projetos, planos e programas de ação.

O planejamento de relações públicas tem de estar aliado ao planejamento estratégico, corroborando a missão, os valores, os objetivos, as metas e as políticas organizacionais traçadas. Não pode ser algo isolado, fora do conjunto das diretrizes e ações delineadas por todos os setores.

As relações públicas devem gerenciar a comunicação nas organizações e têm de ser vistas como uma função estratégica, como valor econômico, não periférico, cosmético e dispensável. Infelizmente, criou-se uma visão muito distorcida do potencial dessa área no Brasil. Faltou trabalhar conceitualmente o lado pragmático de sua utilidade nos negócios. Pela natureza de suas atividades e pelo seu objeto de estudo (público/organização), as relações públicas devem, por obrigação, pensar e agir estrategicamente em busca da excelência e da comunicação simétrica. O que significa comunicação excelente e como se caracteriza a comunicação simétrica? Como planejá-la? É o que veremos a seguir.

RELAÇÕES PÚBLICAS E A COMUNICAÇÃO EXCELENTE

A origem dos estudos sobre a comunicação simétrica e a comunicação excelente vem dos Estados Unidos. O protagonista das pressuposições teóricas dessa concepção foi James E. Grunig, professor da Universidade de Maryland, considerado o maior teórico no campo das relações públicas da atualidade. Em 1984, ele apresentou com Todd Hunt quatro modelos para estudar e caracterizar a prática das relações públicas. A proposição teórica desses modelos tem merecido diversos estudos e é amplamente citada na literatura internacional da área.

O primeiro, chamado de modelo de *imprensa/propaganda*, de *divulgação jornalística*, a *publicity* sob a visão norte-americana, é considerado o mais antigo e dominante e visa publicar notícias sobre a organização e despertar a atenção da mídia. É uma comunicação de mão única, não havendo troca de informações. Este modelo utiliza técnicas propagandísticas.

O segundo modelo é o de *informação pública* ou de *difusão da informação,* que se caracteriza como modelo jornalístico, disseminando informações relativamente objetivas por meio da mídia em geral e de meios específicos. A abordagem das relações públicas segue os parâmetros das escolas de jornalismo.

O terceiro modelo é o assimétrico de duas mãos, que inclui o uso da pesquisa, persuasão científica e de outros métodos de comunicação. Utiliza esses instrumentos para desenvolver mensagens persuasivas e manipular os públicos. A expectativa de mudanças beneficia a organização e não os públicos. É uma visão mais egoísta, pois visa aos interesses somente da organização, não se importando com os dos públicos.

O quarto modelo é o *simétrico de duas mãos*, que é o da visão mais moderna e o ideal de relações públicas. Nele há uma busca de equilíbrio entre os interesses da organização e dos públicos envolvidos. Baseia-se em pesquisas e na simetria e utiliza a comunicação para administrar conflitos e melhorar o entendimento com os públicos estratégicos. Portanto, a ênfase está mais nos públicos prioritários do que na mídia. As organizações têm de ouvir e levar em conta os interesses dos públicos.

Estudos posteriores chegaram a sugerir um quinto modelo, chamado de *motivos mistos*, cuja base está na negociação e na teoria dos jogos. O propósito central era buscar formas para se alcançar de fato a comunicação simétrica e excelente, considerada a mais difícil e ideal. Tendo por base o entendimento negociável entre as partes (organização e públicos), ambas precisam ceder até alcançar um ponto comum dos interesses em jogo. Nesse modelo combinado (assimétrico e simétrico), *motivo misto,* busca-se, por meio da negociação, colaboração e mediação relacionar as práticas simétricas e assimétricas. O conhecimento dessas práticas ajuda os departamentos de comunicação a conseguirem uma comunicação excelente. Considera-se que esse modelo é a melhor forma para se chegar a uma comunicação simétrica.

Com o propósito de prosseguir os estudos do que seria uma comunicação excelente que resultasse de fato em benefícios para a efetividade organizacional, a Research Foundation da International Association of Business Communications (IABC), nos Estados Unidos, patrocinou com o montante de 400 mil dólares o projeto de pesquisa sobre "A excelência das relações públicas e a administração da comunicação", coordenado por James E. Grunig, no período de 1985 a 1995, e contou com a participação de mais professores de universidades norte-americanas e do Reino Unido.

Os pesquisadores do estudo *Excellence in public relations and communications management* se valeram de teorias de outras áreas como: administração, sociologia, filosofia, feminismo, antropologia, e ciências políticas para desenvolver a pesquisa teórica e a pesquisa empírica de campo nas 321 organizações dos Estados Unidos, do Canadá e do Reino Unido, onde foram entrevistados o executivo principal (CEO — *chief executive officer*), o gerente/diretor de relações públicas e doze empregados de cada organização.

Esse projeto teve como objetivo responder a algumas questões básicas: como, por que e em que extensão as relações públicas fazem uma organização ser mais eficaz e quanto vale, em termos monetários, essa contribuição. Quais são as características da função de relações públicas que contribuem para aumentar a efetividade organizacional? Ou seja, visava, sobretudo, saber como identificar as características dos departamentos de comunicação "excelente" e determinar o impacto da excelência em gestão da comunicação e relações públicas no tocante à efetividade organizacional.

A premissa básica que norteou os estudos foi *as relações públicas agregam valor para a organização.* Essa premissa serviu de ponto de referência para identificar e relacionar atributos ou qualidades de função de relações públicas e da organização que mais se aproximariam de uma organização eficaz. Isto é, quais eram os resultados obtidos com os programas de comunicação implantados pelas organizações pesquisadas.

O primeiro resultado concreto desse estudo foi a publicação do livro *Excellence in public relations and communication management,* organizado por Grunig et al. (1992)[2]. Richard Lindeborg (1994, p. 23), ao descrever a importância da pesquisa que foi realizada e a respectiva produção desse livro, afirma que "os autores do estudo da excelência acreditam que produziram a primeira teoria geral de relações públicas e da administração da comunicação". Realmente trata-se de uma obra fundamental para o arcabouço teórico das relações públicas.

Esse estudo teórico e prático identificou três esferas ou núcleos de excelência da comunicação: a primeira, chamada *núcleo de conhecimento*, que lida com as capacidades da administração estratégica e trata dos dois modelos de mão dupla de relações públicas: comunicação assimétrica (baseada na persuasão) e simétrica (baseada no entendimento). Vale-se, portanto, de bases científicas, enfatizando o papel do administrador da comunicação e não de um técnico. A segunda, *intermediária*, refere-se às expectativas compartilhadas no que diz respeito às interações do departamento de comunicação/relações públicas com os demais participantes do poder na organização. Isto é, em organizações excelentes, a alta administração tanto aprecia o papel da comunicação como se apóia nos insumos da direção geral (CEO) de comunicação. A alta administração compreende que os processos de

2. Livro sobre conceitos fundamentais de relações públicas e administração da comunicação, obra considerada uma das maiores contribuições teóricas já produzidas até o momento.

comunicação estratégica são importantes para os resultados globais da organização. E a terceira, *cultura participativa* ou *cultura corporativa*, baseia-se no trabalho em equipe e na participação dos seus integrantes nas tomadas de decisões, ou seja, a cultura corporativa da organização em oposição a uma cultura organizacional autoritária favorece uma comunicação excelente. Esta tem como características a descentralização.

Dozier, Grunig e Grunig (1995, p. 17) concluíram que:

> As organizações com culturas predominantemente participativas infundem em seus funcionários valores compartilhados, fazendo com que eles se unam em equipe para alcançar uma missão comum. Abertas a idéias de fora, essas organizações são a favor da inovação e da adaptação ao invés da tradição e dominação.

Esse estudo possibilitou caracterizar quando um departamento de comunicação era excelente e o que eram relações públicas excelentes e comunicação organizacional ou simplesmente comunicação excelente. Os autores do estudo da comunicação excelente acreditam que o valor de um programa de comunicação deve ser avaliado exatamente por sua eficácia ao procurar conciliar os objetivos organizacionais e as expectativas dos públicos-alvos. Só isso permitirá fazer uma análise de custo *versus* benefício de cada ação comunicacional e não um mero relatório contábil.

Em síntese, os atributos da comunicação excelente são o valor que o executivo principal e os membros da alta administração de organizações destina à comunicação; o papel e o comportamento do executivo responsável pela comunicação: toma decisões e não funciona como técnico, participa do planejamento estratégico, realiza pesquisas para fundamentar seu trabalho e leva em conta a cultura corporativa, na qual o poder e a tomada de decisão são compartilhados, havendo a valorização da cooperação e da igualdade dos membros envolvidos, privilegiando as idéias e inovações acima de tudo.

Os resultados do estudo apontaram que nas organizações com excelentes departamentos de comunicação os dirigentes (CEOs) valorizam a comunicação como fonte de informação antes da tomada de decisão e os profissionais atuam como assessores da alta administração e pensam estrategicamente. Os estudiosos fizeram comparações e concluíram que os departamentos de relações públicas contribuem para a efetividade organizacional quando ajudam as organizações a construírem relacionamentos, resolvendo os conflitos entre a organização e seus públicos.

Todos esses estudos contribuíram também para a construção de uma teoria geral de relações públicas que, de acordo com Dejan Vercic, Larissa Grunig e James Grunig (1996), pode ser consolidada nos Dez Princípios Genéricos de Relações Públicas. Esses princípios são considerados universais nos diferentes países:

1. Envolvimento de relações públicas na administração estratégica.
2. Participação total de relações públicas com a alta administração ou tomando parte nas decisões estratégicas da organização.
3. Função integrada de relações públicas.
4. Relações públicas como função administrativa, separada de outras funções.
5. Unidade de relações públicas, coordenada mais por um "administrador" do que por um "técnico".
6. Uso do modelo simétrico de duas mãos.
7. Uso de um sistema simétrico de comunicação interna.
8. Profundo conhecimento do papel de administrador e de relações públicas simétricas.
9. Diversidade em todos os papéis desempenhados pelo profissional de relações públicas.
10. Contexto organizacional para a excelência.

Os pesquisadores do estudo de excelência chamaram a atenção para a necessidade de se levar em conta as variáveis de contexto de cada país quando forem aplicados esses dez princípios genéricos.

Todos esses estudos realizados demonstram que, para se alcançar uma comunicação excelente, os profissionais responsáveis pela comunicação organizacional terão de desempenhar uma função muito mais estratégica do que tática. Precisam se valer de pesquisas científicas e contribuir para os objetivos globais das organizações. Acreditamos que um dos caminhos para se alcançar tudo isso seja exatamente o planejamento estratégico da comunicação.

COMO PLANEJAR A COMUNICAÇÃO EXCELENTE

O planejamento, o pensamento estratégico e a gestão estratégica podem, sem dúvida alguma, ser considerados o melhor caminho para se buscar a comunicação excelente.

Para Richard Lindeborg (1994, p. 5-11), "a comunicação excelente é a comunicação que é administrada estrategicamente, que alcança seus objetivos e equilibra as necessidades da organização com a dos principais públicos, mediante uma comunicação simétrica de duas mãos", como destacamos anteriormente. Portanto, é a comunicação que é pensada e discutida, que se vale dos estudos de cenários e de análises dos ambientes externo, setorial e interno. Ela se baseia na pesquisa para construir diagnósticos e determina resultados a alcançar, levando em conta não só os interesses da organização, mas também os dos públicos envolvidos. É planejada, ouve o outro lado e é atenta para a comunicação simétrica.

A elaboração de um plano estratégico de comunicação[3] deve ser pensada com base em um conjunto mais amplo do planejamento estratégico de uma organização. Evidentemente sua concretização ocorrerá a partir da tomada de decisões da alta direção, após ouvir especialistas no assunto, tanto profissionais de comunicação que atuam internamente como aqueles oriundos das empresas e agências de comunicação que prestam serviços externos ou, melhor ainda, as duas fontes juntas. Para que um plano dessa natureza obtenha os resultados desejados, muitas etapas precisam ser consideradas para o seu desenvolvimento como destacaremos a seguir.

IDENTIFICAÇÃO DA ORGANIZAÇÃO

É preciso conhecer e identificar a organização com a qual vamos trabalhar, sua real situação, ramo de atuação, os *stakeholders* (públicos estratégicos), seus produtos e serviços, sua cultura organizacional e seus problemas e necessidades de comunicação, em linhas gerais, e como se processa sua inserção na sociedade e no mercado.

COMPROMISSO E COMPROMETIMENTO DA ALTA DIREÇÃO

Faz-se necessário sensibilizar a alta administração da empresa ou a organização e conseguir seu comprometimento com a comunicação. Conceber a comunicação como fator estratégico na divulgação da missão e dos valores da organização perante todos os seus membros também é muito importante. Outro ponto é considerar a comunicação como um setor integrado nos processos internos de gestão estratégica, demonstrando seu papel eficaz nas relações interpessoais, interdepartamentais e interorganizacionais, na busca da sinergia organizacional para a consecução dos objetivos globais, criação de valores, cumprimento da missão, melhoria de desempenho etc. A vontade política e a concordância da cúpula dire-

3. Para mais detalhes sobre como elaborar o planejamento de um plano estratégico, consultar o capítulo 6 do livro *Planejamento de relações públicas na comunicação integrada* (2003, p. 231-74).

tiva para se desenvolver um determinado plano são fatores decisivos para o sucesso de qualquer planejamento.

PESQUISAS, AUDITORIAS, IDENTIFICAÇÃO DOS PÚBLICOS E ANÁLISE ESTRATÉGICA

Realizar a pesquisa institucional e auditorias como de imagem e de opinião para conhecer a real situação da organização, usando todas as técnicas e os instrumentos possíveis (entrevistas pessoais, reuniões com dirigentes e líderes de opinião, questionários etc.), e avaliar o nível de relacionamento e de satisfação dos públicos com a organização. Fazer um levantamento de todos os produtos comunicacionais e descrever o sistema e as práticas de comunicação interna e externa por meio de uma auditoria da comunicação organizacional e de opinião[4]. Tendo em vista o mapeamento dos estudos realizados, por meio do planejamento estratégico e com a análise ambiental externa e interna, descrever os aspectos mais relevantes e avaliar o posicionamento institucional e mercadológico da organização frente ao ambiente. Como a organização está inserida na sociedade? Como é vista e considerada? Como as variáveis políticas, econômicas, sociais, tecnológicas, demográficas, ecológicas ou as forças sociais interferem na vida das organizações?

Com base na técnica e na análise de *SWOT*[5], deve-se verificar quais são as oportunidades e as ameaças para a organização presentes nesse macroambiente. As oportunidades significam para a organização aspectos favoráveis para o seu desempenho estratégico e as ameaças representam aspectos desfavoráveis. Ambas são variáveis externas incontroláveis por parte da organização. Essa análise das oportunidades (potencialidades) e das ameaças (fragilidades) depende, para uma correta percepção, da capacidade dos estrategistas de comunicação e de *marketing* captarem os subsídios para um posterior planejamento de ações.

Outro aspecto importante nessa análise estratégica está relacionado com a investigação do ambiente interno. Uma das técnicas para se fazer a análise ambiental interna é, novamente, a técnica *SWOT*. Ela estuda quais são os pontos fortes e os pontos fracos do ambiente interno diante das oportunidades e das ameaças do ambiente externo. O posicionamento institucional e mercadológico e a capa-

4. Para mais detalhes sobre como realizar as pesquisas e auditorias em comunicação, ver o capítulo 7 do livro *Planejamento de relações públicas na comunicação integrada* (2003, p. 277-325).
5. Técnica *SWOT*: *strenghts* (ameaças), *weaknesses* (pontos fracos), *opportunities* (oportunidades) e *threats* (ameaças).

cidade competitiva de uma organização são justamente equacionados nesse processo, isto é, como fazer para testar ou certificar nossas práticas comunicacionais ou experiências em curso para saber se estão no caminho certo e dando resultados?; o que fazer para melhorar nossos métodos de gestão, diminuir os pontos fracos e aperfeiçoar os pontos fortes.

Uma das soluções encontradas pelas empresas para responder parte dessas questões foi fazer uso do *benchmarking*. Trata-se de uma técnica ou um instrumento que permite às organizações pesquisarem os melhores processos e as melhores práticas de outras organizações similares, concorrentes ou não, para fins de comparação com suas próprias práticas e processos, e seu aperfeiçoamento. Portanto, as organizações buscam referências bem-sucedidas como parâmetros.

ELABORAÇÃO DO *BRIEFING*

Com base nas pesquisas, nos estudos, na análise estratégica e em todos os levantamentos de dados realizados, parte-se para a elaboração do *briefing*. O *briefing*, em síntese, é a ordenação de um resumo de todas as informações coletadas mais relevantes, compreendendo: dados gerais sobre a organização, características estruturais, abrangência territorial, âmbito de atuação, negócios, missão, visão, valores, produtos ou serviços, políticas globais de recursos humanos, comunicação, *marketing*, produção etc., principalmente pontos fortes e fracos, públicos *(stakeholders)*, definindo-os e caracterizando-os para eleger os mais prioritários para ações imediatas. Outro dado importante é a descrição do funcionamento vigente da comunicação administrativa, interna, institucional, mercadológica e dos meios utilizados.

ANÁLISE E CONSTRUÇÃO DO DIAGNÓSTICO

A partir do *briefing* de todos os dados obtidos com a pesquisa institucional e com as auditorias de comunicação organizacional e de opinião, identificar os problemas existentes, as situações indesejáveis do desempenho da relação da organização com os diferentes públicos e pontos fortes e fracos da comunicação vigente. Analisar e avaliar o funcionamento da comunicação integrada (administrativa, mercadológica, institucional e interna) e dos seus veículos impressos, audiovisuais, eletrônicos e digitais, bem como os meios interpessoais ("face a face"), descrever as principais alternativas para a solução dos problemas levantados e, além disso, avaliar e analisar a viabilidade das principais possibilidades de ações para solução.

O diagnóstico é um juízo de valor, um julgamento que se faz com dados e referências que possibilitem uma análise comparativa. Como podemos concluir que uma organização X possui uma comunicação excelente sem ter estabelecido quais seriam os parâmetros ou indicadores dessa excelência? Como fazer para testar ou certificar nossas práticas comunicacionais ou experiências em curso para saber se estão no caminho certo e dando resultados? O que fazer para melhorar nossos métodos de gestão, diminuir os pontos fracos e aperfeiçoar os pontos fortes?

DEFINIÇÃO DA MISSÃO, VISÃO E DOS VALORES DA COMUNICAÇÃO

Como a comunicação poderá ajudar a organização a desempenhar o seu papel, sua razão de ser na sociedade? Os programas de comunicação a serem implantados irão colaborar para a satisfação dos públicos e para atender às necessidades do ambiente externo por meio da qualidade dos produtos e dos serviços oferecidos? É preciso definir a missão da comunicação e estabelecer seus valores. Como projetaremos a área de comunicação com vistas ao futuro?

ESTABELECIMENTO DE FILOSOFIAS E POLÍTICAS

A filosofia da organização servirá como ponto de referência para orientar seu trabalho em todos os níveis. Representa o conjunto de crenças, valores e maneiras de pensar e agir, enquanto as políticas são as grandes orientações que servirão de base de sustentação para as decisões. Definir uma política global de comunicação é algo fundamental, pois é ela que deverá direcionar toda a comunicação da empresa ou da organização. Há de se estabelecer uma filosofia de comunicação organizacional integrada capaz de nortear todas as ações comunicacionais de forma coerente.

DETERMINAÇÃO DE OBJETIVOS E METAS

Estabelecer os objetivos de comunicação significa determinar quais os resultados a serem alcançados como tudo o que foi gerado nessa área e quantificá-los por meio das metas. Buscar formas, por exemplo, para tornar a comunicação muito mais simétrica do que o estágio atual em que se encontra.

ESTRATÉGIAS GERAIS

As estratégias devem ser delineadas de forma global e nos planos e programas específicos. Consistem em definir como fazer para tornar a comunicação organizacional o mais eficiente, eficaz e efetiva possível, isto é, excelente. Em outras palavras, é pensar estrategicamente na melhor maneira de se realizar uma ação e o que vai e deve ser divulgado (mensagem), o melhor canal e o meio mais adequado (veículo), o público a que se destina (receptor) e quando e onde deve acontecer, qual o momento mais oportuno, detectando as ameaças e oportunidades do ambiente organizacional.

ELENCAR POSSÍVEIS PROJETOS E PROGRAMAS ESPECÍFICOS DE COMUNICAÇÃO

Inserir todos os possíveis projetos e programas específicos que deverão ser desenvolvidos para atender às necessidades detectadas no diagnóstico. O planejamento de um projeto deve seguir uma metodologia adequada de acordo com a proposta em si. O mesmo se diz de um programa específico que deve seguir aqueles passos já comumente conhecidos pelos profissionais que atuam na área de comunicação, tais como: público-alvo, objetivo, justificativas, estratégias, descrição das linhas gerais, *check-list* das providências gerais, determinação dos recursos financeiros, humanos e materiais, estimativa de custos, cronograma de execução, logística de implantação e avaliação dos resultados.

MONTAGEM DO ORÇAMENTO GERAL

O orçamento é um plano expresso em moeda e consiste numa previsão detalhada de todos os custos diretos e indiretos envolvidos na realização do projeto. É uma etapa crucial que deve ser muito bem administrada em relação ao custo-benefício, para possibilitar a aplicação das receitas disponíveis de forma adequada e racional tendo em vista o alcance de resultados.

DIVULGAÇÃO DO PLANO

Tornar público o projeto global de comunicação para todos os públicos internos, envolvendo-os em todo o processo de implementação do que foi planejado estrategicamente em relação à missão, à visão e aos valores. Na perspectiva da administração estratégica, "vender" a idéia e conseguir a assimilação (*by in*) e o engajamento de todos os membros da organização. É preciso treinar os gerentes e supervisores como facilitadores da comunicação, para ajudar no processo de incentivo e motivação com vistas a uma participação efetiva de todos os colaboradores nas diferentes unidades e setores.

IMPLANTAÇÃO

A implementação nada mais é do que converter o plano global de comunicação em realidade. É descer da estratosfera das idéias e intenções para o terreno firme das realizações. É a execução propriamente dita.

CONTROLE E MONITORAMENTO DAS AÇÕES

O processo do controle é contínuo e exige o estabelecimento de parâmetros e instrumentos para a sua aplicação. Esses parâmetros são indicadores que permitem a medição e o julgamento das ações em face dos objetivos e das metas estipuladas. E os instrumentos são os cronogramas, *check-lists*, fluxogramas, quadros de controle e outros meios selecionados. As ações decorrentes do controle podem ser reativas, que visam corrigir os desvios detectados, e proativas, que têm o intuito de evitar que elas ocorram.

AVALIAÇÃO DOS RESULTADOS

A avaliação faz parte de todo o processo de planejamento, pois permite uma visão crítica do que está sendo planejado e, posteriormente, do que foi realizado e dos resultados obtidos. Analisar e verificar, por exemplo, se as estratégias usadas foram corretas e eficazes, se os objetivos foram alcançados, listar quais os pontos positivos e negativos dos programas de comunicação levados a efeito e avaliar se a comunicação ocorreu de forma simétrica entre a fonte (organização) e os receptores (públicos envolvidos) são algumas formas de avaliar. No entanto, mais do que nunca é necessário que se busquem indicadores ou parâmetros para avaliar e mensurar os resultados alcançados, apesar de lidarmos com o intangível.

Podemos elencar parâmetros gerais de avaliação para os programas de relações públicas, como também estabelecer critérios específicos para cada ação planejada. Para que uma avaliação ocorra de forma eficaz, é preciso definir parâmetros de avaliação, elegendo indicadores de desempenho de maneira a avaliar a eficácia da estratégia ante os objetivos previamente delineados, analisar e verificar quais foram os resultados alcançados e se as estratégias foram corretas e eficazes, listar os pontos positivos e negativos dos programas de comunicação levados a efeito, avaliar se a comunicação ocorreu de forma simétrica entre a fonte (organização) e os receptores *(publics)* e registrar o *feedback* obtido.

O planejamento estratégico de relações públicas para a comunicação excelente, conforme já destacamos, deve ser orientado por princípios ou atributos dessa comunicação, que prioriza a visão estratégica, a competência do executivo responsável pela comunicação e valoriza a cultura corporativa no âmbito das organizações. Os programas de ação propostos devem ser coerentes com a definição da missão, dos valores, dos negócios, dos objetivos e das metas estabelecidas pela organização. Esses são delineados por meio de um planejamento estratégico da organização como um todo e, numa sinergia com a área de comunicação, hão de convergir para uma comunicação excelente e simétrica.

REFERÊNCIAS BIBLIOGRÁFICAS

ANSOFF, I. et al. *Do planejamento estratégico à administração estratégica.* São Paulo: Atlas, 1981.

________________. *Implantando a administração estratégica.* São Paulo: Atlas, 1993.

CASTELLS, Manuel. *La era de la información: economía, sociedad y cultura.* v. I. La sociedad. Madri: Alianza Editorial, 1998.

________________. Internet e sociedade em rede. In: MORAES, Dênis de (org.) *Por uma outra comunicação.* Rio de Janeiro: Record, 2003, p. 255-87.

DOZIER, D. M.; GRUNIG, L. A.; GRUNIG, J. E. *Manager's guide to excellence in public relations and communication management.* Mahwah: Lawrence Erlbaum Associates, 1995.

DRUCKER, P. *Administração em tempos de grandes mudanças.* São Paulo: Pioneira-Publifolha, 1999.

GAJ, L. *Administração estratégica.* São Paulo: Ática, 1987.

GRUNIG, J. E.; HUNT, T. *Managing public relations.* Nova York: Holt Rinehart & Winston, 1984.

GRUNIG, J. E. et al. *Excelence in public relations and communication management.* Nova Jersey: Erlbaum, 1992.

IANNI, O. *Teorias da globalização.* 2. ed. Rio de Janeiro: Civilização Brasileira, 1996.

KUNSCH, M. M. K. *Planejamento de relações públicas na comunicação integrada.* 4. ed. São Paulo: Summus, 2003.

LINDEBORG, R. Excellent communication. *Public relations quarterly.* Nova York: *Precis Syndicate*, v. 39, n. 1, 1994.

MATTELART, A. *Comunicação-mundo: história das idéias e estratégias.* Petrópolis: Vozes, 1994.

MINTZBERG, H.; AHLSTRAND, B.; LAMPEL, J. *Safári de estratégia: um roteiro pela selva do planejamento estratégico.* Tradução de Nivaldo Montingelli Jr. Porto Alegre: Bookman, 2000.

MINTZBERG, H. *Ascensão e queda do planejamento estratégico.* Porto Alegre: Bookman, 2004.

OLIVEIRA, D. de P. R. *Planejamento estratégico: conceitos, metodologias e práticas.* 17. ed. São Paulo: Atlas, 2002.

RICHARDSOM, B.; RICHARDSOM, R. *A gestão estratégica.* Lisboa: Presença, 1992.

STACEY, R. *Pensamento estratégico e gestão de mudanças.* Lisboa: Publicações Dom Quixote, 1993.

SANTOS, M. *A natureza do espaço: técnica e tempo, razão e emoção.* São Paulo: Hucitec, 1996.

SROUR, R. H. *Poder, cultura e ética nas organizações.* São Paulo: Campus, 1998.

TAPSCOTT, D.; TICOLL, D. *A empresa transparente.* São Paulo: M. Books do Brasil, 2005.

TAVARES, M. C. *Gestão estratégica.* São Paulo: Atlas, 2000.

VALERIANO, D. L. *Gerenciamento estratégico e administração por projetos.* São Paulo: Makron Books, 2001.

VERCIC, D.; GRUNIG, L.; GRUNIG, J. Global and specific principles of public relations: evidence from Slovenia. In: CULBERTSON, H.; CHEN, N. (orgs.). *International public relations: a comparative analysis.* Mahwah: Erlbaum, 1996, p. 31-65.

CAPÍTULO 4

CULTURA ORGANIZACIONAL E COMUNICAÇÃO

Sidinéia Gomes Freitas
Professora titular da ECA/USP

No século XIX, a sociedade foi palco de inúmeras transformações econômicas, políticas, sociais e culturais. Evidentemente, as transformações tiveram origem mais antiga e resultaram no que Walberstein (1985 apud Chanlat, 1992) denominou capitalismo histórico, que determinou a ascensão da racionalização (Weber), a acumulação do capital, a obsessão pelo progresso (Rostow, 1968 apud Chanlat, 1992), a urbanização e a explosão tecnológica. Uma espécie de nova ordem social viu nascer e proliferar grande número de organizações como força propulsora de estruturações individuais e coletivas. Assim, as organizações passaram a ser estudadas pela Economia, Sociologia, Psicologia, Ciências Políticas, Ciências Administrativas, Psicanálise e Antropologia. O comportamento humano nas organizações tornou-se objeto de estudo científico específico e foi orientado para a busca de sua melhor compreensão com a finalidade de tornar as pessoas mais produtivas e mais satisfeitas no ambiente de trabalho.

Perseguindo esses objetivos, os estudiosos das organizações passaram a dedicar-se a temas como motivação, liderança, papel exercido pelas estruturas, pela tecnologia, e, mais recentemente, eles têm se dedicado ao estudo do estresse e da cultura organizacional. Existem afirmações de profissionais gabaritados que recomendam métodos nada ortodoxos para a eliminação do estresse, como a hipnose.

De fato, os estudos do comportamento organizacional têm se qualificado como campo heterogêneo aberto à inclusão de modismos e não atendendo a objetivos lícitos, ou seja, o de tornar as pessoas mais produtivas e mais satisfeitas nas organizações. Orientados por um pseudo-ecumenismo, negligenciaram a abordagem de certas dimensões humanas: a cognitiva e da linguagem, a de espaço temporal, a psíquica e afetiva, a simbólica, a da alteridade e a psicopatológica. Portanto, em nome de uma economização (Gorz, 1988 apud Chanlat, 1992) e na vontade de assegurar um controle de inspiração taylorista ou burocrática, produziram efeitos perversos nas diretrizes dadas ao mundo gerencial.

É o campo da antropologia aplicado à administração (Chanlat, 1992) que nos permite questionar o discurso da racionalidade administrativa, que aponta para a obsessão pela eficácia, pelo desempenho, pela produtividade e pelo rendimento a curto prazo. Caminha-se para a ISO 150 000.

Nos Estados Unidos, na França, no Canadá e, mais particularmente, na cultura latina, questionam-se o elevado grau de especialização, a rigidez, o etnocentrismo, o economismo, a falta de capacidade para comunicar ou interagir, a ausência de sensibilidade na implantação de modelos e/ou até mesmo de programas de gestores. Aponta-se para a falta de cultura, para o antiintelectualismo e nenhuma consciência histórica. O discurso da racionalidade administrativa precisa mudar.

Concordando com essa visão crítica, serão apresentados a seguir alguns pontos para reflexão.

A FORMAÇÃO DO ADMINISTRADOR

A subordinação de homens e mulheres ao universo dos objetos-mercadorias e à racionalidade econômica fez com que as relações entre pessoas e coisas fossem mais importantes que as relações entre pessoas-pessoas (Dumont, 1997 apud Chanlat, 1992). A nostalgia dos operários, o desconforto existencial dos executivos e o grande sofrimento no trabalho fizeram com que numerosos trabalhadores, principalmente os mais jovens, procurassem a realização profissional fora dos moldes tradicionais, porque a imagem da sociedade atual (crise ecológica, desemprego, endividamento, precariedade dos empregos, dualização da sociedade) permite ao indivíduo perceber o vazio em que se encontra e procure "cuidar de si mesmo" (Foucault, 1979). Constituem as novas exigências: a solidariedade, os imperativos éticos, a revolução tecnológica e, conseqüentemente, as novas modalidades de gestão que passam pela antropologia da administração. Por exemplo, o executivo passa dois terços de seu tempo falando, comunicando, e não se dá conta de que a *palavra* é uma importante ferramenta de seu trabalho. A imagem da sociedade pós-industrial também está exigindo novas relações de poder (Toffler, 1990) e o gestor deveria ter formação adequada para entender que a verdadeira expressão do indivíduo está nas *networks*, nas redes informais, porque é nesse espaço que ele adquire sua verdadeira expressão. Enfim, o quadro atual exige profunda transformação nas universidades no que tange à formação dos futuros gestores, porque o discurso da racionalidade não tem mais ressonância.

O INDIVÍDUO NAS ORGANIZAÇÕES

As concepções simplistas, mecânicas, instrumentais, elitistas, universalistas e utilitárias das organizações levaram os indivíduos a um comportamento de traças. O silêncio tumular se faz presente (Gorz, 1988 apud Chanlat, 1992). Mas o ser humano é mais complexo, genérico e singular ao mesmo tempo, exigindo visão pouco ortodoxa nos conhecimentos adquiridos junto às disciplinas que se ocupam do comportamento organizacional.

O ser humano pensa e age construindo, por meio de seus atos, a sua própria realidade social, com autonomia relativa e sabendo que preço está disposto a pagar no plano social. Como forma de expressão básica recorre à *linguagem* para expressar sua realidade interior e exterior. Portanto, é na análise de todo documento escrito e de toda palavra pronunciada que vamos encontrar o agir, o pensar e o sentimento dos indivíduos nas organizações. O tema da comunicação deve merecer prioridade entre os especialistas do comportamento organizacional se partirmos de constatações óbvias de que o ser humano é um ser de desejo e pulsão, um ser simbólico e um ser espaço-temporal que, pelas relações mantidas com o outro, realiza o *jogo de identificações:* introspecção, projeção, transferência. Com Freud e seus sucessores reconhecemos que o outro é, ao mesmo tempo, modelo, objeto, sustentação, adversário.

É na nossa relação com o outro que nos constituímos, reconhecemo-nos, sentimos prazer e sofrimento, satisfação ou não de nossas pulsões e desejos.

Somos racionais e irracionais e nossa vida psíquica adquire papel fundamental em nossas atitudes e ações. Não dar importância à nossa *saúde mental* nas estruturas do poder significa ter uma visão incompleta do humano e conduzir as organizações a conseqüências patológicas catastróficas da vida organizacional, posto que o indivíduo reflete muito de sua formação, de sua história de vida e de sua relação com o outro em suas atitudes e ações. O simbólico que traz em si a história da humanidade e do universo humano é repleto de signos, imagens, metáforas, emblemas, mitos, rituais, cerimônias que nos transmitem mensagens.

O ser humano é espaço-temporal, tanto que a seqüência dos dias não é percebida da mesma forma em diferentes países e o universo organizacional não escapa à questão da temporalidade.

Quando nos referimos ao indivíduo nas organizações, vários níveis de análise podem estar contidos, correlacionados. Assim, é possível estabelecermos: o *nível individual*, o *nível da integração*, que implica a comunicação, a ritualização e os processos psíquicos, o *nível da organização*, o *nível da sociedade* e o *nível mundial*.

Em nível individual o ser biopsicossocial explica, em certa medida, porque em situações organizacionais similares observamos respostas diferentes: conformismo, revolta, aceitação, crítica, resistência, autodestruição. O nível individual depende de outros níveis e toda identidade requer a existência de um outro (interação) "*self*-outro" e remonta à relação ego-massa que, nas organizações, é visível nas greves, desfiles, assembléias, ocupações de fábricas, manifestações esportivas ou religiosas. São as identidades coletivas que nessas organizações criam relações e clivagens: nós/eles, executivos/operários, masculino/feminino, velhos/jovens, nacionais/estrangeiros, qualificando e classificando a ordem organizacional impregnada de relações de poder. O poder é, até mesmo, uma forma de comunicação orientada por códigos (Luhmam apud Chanlat, 1992).

Na interação e no modo de comunicação transparecem as relações de poder, em que texto e contexto complementam-se em harmonia. Os elementos vocais, os espaços, o vestuário, os móveis, os rituais, enfim, o *savoir vivre* exprime o *savoir faire*.

O que podemos observar são dois subsistemas: o primeiro remete aos meios materiais para assegurar a função de produção e o segundo nos possibilita analisar o universo das representações individuais e coletivas. A interação entre os dois subsistemas passa pelas relações de poder e estabelece a ordem organizacional. É o nível da organização que determina as exigências econômicas do ambiente, os modos de dominação empregados, a história da organização, os universos culturais que se mesclam, as características sociodemográficas do pessoal, com configurações que influenciam o comportamento individual e coletivo. Existem organizações similares, mas não iguais.

Por outro lado, as organizações transformaram-se em elementos-chave das sociedades, edificando uma ordem social mundial, funcionando como *vetores* da altura de seus países de origem. Em contato com outras culturas, podem ser vistas como modelos ou inimigos poderosos. Criaram um espaço particular onde, de um lado, estão os níveis do indivíduo e, de outro, a sociedade e o mundo. As organizações são o fundamento mais importante da sociedade moderna. E é a sociedade que interage com as organizações e, conseqüentemente, com os indivíduos.

Todo ser humano é o socializado de determinado meio e não há qualquer possibilidade de nos referirmos a uma dinâmica humana nas organizações sem conhecer a cultura e a sociedade em que a organização se encontra. A ordem organizacional perpassa a ordem social na construção da ordem societal. Mas, no mundo moderno, o nível mundial adquiriu proeminência em virtude, principalmente, da globalização de mercados.

As fronteiras nacionais desaparecem (Europa 1992, Livre-Comércio Canadense-Americano, GATT, Mercosul), enfatizando globalizações, desigualdades, rivalidades, cooperação e outra lógica econômico-financeira. A mundialização das trocas a que assistimos contribui, via multinacionalização das organizações e movimentos migratórios, para a desestabilização das identidades coletivas, redefinindo universos culturais, imaginários e indicando o surgimento de nova configuração da dinâmica humana nas organizações.

NOVAS EXIGÊNCIAS

O panorama até agora apresentado exige cada vez mais dos indivíduos nas organizações: mais flexibilidade e pouca resistência às mudanças, novas relações de poder, mais e mais conhecimento. O indivíduo atônito diante do novo contexto também se questiona na relação investimento individual e retorno no investimento feito. As organizações também reagem procurando tudo e aceitando ou descartando rapidamente novas propostas, novos modelos. Apelam para a religião, mapa astral, enfim, há uma situação singular. De um lado, o indivíduo voltando à empresa familiar, trabalhando na economia informal e estabelecendo outras relações de poder em sociedade. Avança na prestação de serviços e, antes que a empresa parta para a terceirização, "autoterceiriza-se". De outro, observamos organizações exigindo do indivíduo e ao mesmo tempo perdendo recursos humanos qualificados, porque a competitividade também determinou novos perfis do mercado consumidor. É saudável passarmos a analisar as organizações em face das novas exigências dos indivíduos, caso as organizações não queiram perder o que têm de valor incomensurável: o seu *recurso humano*.

O PAPEL DA COMUNICAÇÃO

Dada sua amplitude e abrangência, a comunicação estabelece o diálogo da organização em âmbito interno e externo.

Em âmbito interno, o diálogo se estabelece em consonância com a cultura organizacional. Nesse sentido, a comunicação é apontada como poder para facilitar a cooperação, a credibilidade e o comprometimento com valores, pois são as pessoas — a base da organização — que se comunicam (Chappel e Read, 1973 apud Freitas, 1995). E para legitimar o estudo da comunicação com base na cultura organizacional, Pacanowsky e O'Donnell–Trujillo (1990) nos lembram que é preciso liberar os conceitos sobre organização e comportamento organizacional redefinindo o papel da comunicação e possibilitando uma multiplicidade de tipos de questionamentos que podem ser feitos, posto que a satisfação dos funcionários, via comunicação, está diretamente relacionada com a satisfação no trabalho. Para os autores, o comportamento comunicativo em qualquer organização investigada define a cultura organizacional que se transmite nas imagens de pessoas, objetos, nas *linguagens utilizadas*, enfim, na cultura que é comunicação e na comunicação que é cultura.

O relacionamento da organização no âmbito externo será o reflexo do tratamento da comunicação em âmbito interno, facilitando os negócios da organização. Assim, a comunicação adquire papel estratégico e as relações públicas podem ajudar as organizações no seu processo de comunicação estratégica, fazendo com que as organizações conheçam primeiro a si próprias, para, a seguir, melhor se comunicarem com seus públicos externos.

Grande parte das organizações sequer conhece a si mesma. Tome-se como exemplo, no Brasil, os bancos com os quais convivemos. A título de ilustração, recordo-me do comportamento de um funcionário que exercia o cargo de caixa diante de uma interminável fila de pessoas. Seu comportamento comunicava, na medida em que seu atendimento era extremamente moroso, contava duas ou três vezes as poucas notas que retirava do caixa, conversava com a colega a seu lado a ponto de atrapalhá-la no desempenho da função, isto é, só faltava dizer publicamente: não suporto trabalhar aqui; vocês não devem acreditar nessa organização; não tenho a mínima vontade de atendê-los. A fila crescia e a gerência, durante 47 minutos, sequer dirigiu seu olhar para qualquer um deles, muito menos para os clientes. As pessoas aguardavam reclamando e olhando para o relógio. Diante da cena, assaz corriqueira no Brasil, não é difícil concluir que o poder decisório passa ao largo dessas questões de menor importância, enquanto o Citybank não permite que seus clientes aguardem mais de dois minutos para que sejam atendidos. Portanto, não é só literatura afirmar que o relacionamento da organização em âmbito externo reflete o tratamento da comunicação em âmbito interno.

Para o exemplo acima citado, Blake e Mouton (apud Freitas, 1991) bem caracterizam a cultura apática como possuidora de lideranças ineptas ou alienadas, na qual a indiferença, a desmoralização e o cinismo manifestam-se, alertando para o fato de que as organizações com cultura apática podem sobreviver por ter posições fortes no mercado.

O fato é que o papel da comunicação e a obtenção de resultados eficazes perante a organização que investe crescerão, mormente no que tange à qualidade do serviço prestado, se as auditorias de cultura contarem com profissionais de comunicação habilitados em relações públicas. Esses, por formação, dedicam-se ao relacionamento das organizações com seus públicos, notadamente com os empregados.

Marchiori (1995) desenvolveu exaustivo trabalho que aponta para a análise da organização, da cultura e da comunicação, como elementos para o estabelecimento de novas relações com o público interno. Veja a seguir o arcabouço do paradigma proposto a título de discussão.

A defesa dos estudos da cultura organizacional como fenômeno de comunicação foi apontada por Maryan Schall (1983), que afirma ser a organização um fenômeno de comunicação. Sua cultura estabelece-se, modifica-se e cristaliza-se por meio da comunicação; portanto, a cultura deve ser tratada como comunicação.

Dinâmica organizacional	Ambiente externo →	Posicionamento no mercado
↓	Ambiente interno	
Interação entre os indivíduos	← →	Nível de conscientização
	↓	↓
	Relações internas	Ambientes de culturas
	↓	↓
	Comunicação	
	↓	
	Forma de as pessoas se relacionarem	Processo de aprendizado (formal e informal)
	↓	↓
	Relações públicas	
	↓	
	Abordagem estratégica	Cultura organizacional
	↓	↓
		Maryan Schall
	↓	↓
	Atividades empresariais solidificando o conceito da organização	Cultura tratada como comunicação

Fonte: MARCHIORI, Marlene Regina. *Organização, cultura e comunicação: elementos para novas relações com o público interno.* São Paulo: ECA/USP, 1995, p. 206 (dissertação de mestrado).

De fato a interação social se dá via transmissão de mensagens, que resulta nas negociações das organizações com os seus diferentes públicos. Obviamente outras áreas do conhecimento auxiliarão na obtenção das auditorias de comunicação, a exemplo da psicologia, da lingüística, da ciência política entre outras.

O ponto básico para a análise crítica do paradigma será a questão da criação de valores, possível com maior freqüência dependendo do estágio de desenvolvimento da organização. Seguramente, valores não são criados aleatoriamente. Eles já existem na cultura organizacional e são substituídos em determinados estágios; têm extrema relação com as tendências naturais de uma organização que está nascendo e incorporando novos membros. Nesse caso, a tendência é a mudança como evolução natural. Já a organização de meia-idade, que está buscando novos produtos e novos mercados, é a que possibilita boa oportunidade de gerenciar a mudança nos valores, posto que, decorrente da própria expansão, provoca uma crise de identidade e necessidade de autodiscernimento cultural.

COMUNICAÇÃO VIA RELAÇÕES PÚBLICAS

As grandes mudanças empresariais implicam a manutenção da sua sobrevivência, e a redefinição da sua missão, visando à competitividade. Obviamente a reestruturação interna tem sido inevitável, eliminando-se cargos e funções (*downsizing* — redimensionamento, enxugamento de pessoal). Enfim, a nova empresa com a qual convivemos permite maior absorção da visão da comunicação via relações públicas. França (1994) propõe uma nova forma de reengenharia da comunicação, alertando ainda para as mudanças do público interno que hoje conhece os objetivos da empresa, sabe da importância do seu trabalho e produz com responsabilidade e qualidade. Assim, o autor nos alerta para a visão global da comunicação, ao repensá-la, visando à missão e ao negócio da organização. Propõe a saudável aliança entre a comunicação e o negócio, na medida em que recomenda:

• Inserir a comunicação no planejamento estratégico da empresa, estudando em profundidade todos os públicos (internos externos) que devem ser atingidos.

• Criar o "Manual de Qualidade da Comunicação", que deve ser sempre planejado, dirigido e avaliado.

O que se espera é que a nova comunicação possibilite, aos profissionais de relações públicas, auxiliar na diminuição da dor e da ansiedade provocadas pela incerteza perante as crises de sobrevivência e o panorama que temos à nossa frente.

CONSIDERAÇÕES OPORTUNAS

As organizações no Brasil apresentam claros sinais de mudanças. São fusões, incorporações, falências, ou seja, um cenário de nítidas mudanças que colocam a questão do *emprego* acima das análises do clima, do ambiente ou da cultura organizacional. Observe que estão sendo levantadas as questões do emprego e não dos conceitos de trabalho e sua possível contrapartida: o ócio.

Estabeleceu-se um clima de terror: "Como, você está desempregado?". É a desgraça coletiva. Você precisa de um emprego. Não interessa exatamente como, para fazer o quê. Emprego e sobrevivência são sinônimos. Tanto é fato que cresce no mundo toda uma economia informal. Mais do que emprego e trabalho, é preciso sobreviver.

É o que tem acontecido no cenário de mudanças ocorridas no Brasil. O medo da perda do emprego e do salário que sustenta a sobrevivência possibilita a total dominação dos donos do capital para os que estão empregados.

Diante da realidade fica ilusória a discussão teórica das questões da comunicação e da cultura organizacional. Por outro ângulo, de nada adianta autores festejados no mundo acadêmico apresentarem críticas e mais críticas contra os atuais modelos de gestão, ou de organizações, sem propostas consistentes que indiquem caminhos para minimização dos problemas que os humanos vêm enfrentando.

Mais uma vez, para que possamos avançar, é preciso que se criem mecanismos de investimento de capital em equipes multidisciplinares de especialistas a fim de que a *pesquisa* possa mensurar e analisar caminhos que auxiliem as organizações e seus gestores a diminuir a dor e o sofrimento causados pela manutenção do emprego e da sanidade mental necessária ao mundo do trabalho. Analisar casos, permitir a busca e coleta de dados sem barreiras e com transparência é um bom começo.

É preciso também enfrentar claramente a psicopatologia estabelecida. Quem, em sã consciência, não sabe que a inveja mal administrada, o ciúme, o assédio moral, a busca desenfreada pelo poder, os distúrbios sexuais, as discriminações, as drogas, o tráfico de influência, enfim, as doenças individuais e portanto sociais, não assumidas com a clareza necessária, muitas vezes são os critérios que prevalecem nos ditos organogramas e na hierarquia estabelecida. São os mecanismos de decisão não declarados que todos nós sabemos que contam, e muito.

É a natureza humana que deve merecer a atenção nos estudos da comunicação e da cultura organizacional. Trata-se de um trabalho de especialistas em comunicação, lingüística, sociologia, psicologia, administração, isto é, de profissionais que reconheçam a necessidade dessa interação para que a tal responsabilidade social das organizações supere seus falsos discursos "marqueteiros" que não enganam todos durante o tempo inteiro.

A responsabilidade social certamente começa na busca da sanidade mental dos gestores e dos donos do capital.

REFERÊNCIAS BIBLIOGRÁFICAS

CHANLAT, J. F. (coord.). *O indivíduo nas organizações.* vols. I e II. São Paulo: Atlas, 1992.

FOUCAULT, M. *Microfísica do poder.* Rio de Janeiro: Zahar, 1979.

FRANÇA, F. *Comunicação empresarial na era da qualidade.* São Paulo: ECA/USP, 1994 (artigo).

FREITAS, M. E. de. *Cultura organizacional: formação, tipologia e impacto.* São Paulo: McGraw-Hill, 1991.

FREITAS, S. G. Gestão comercial: um enfoque de relações públicas. In: CORRÊA, T. G. (org.). *Comunicação para o mercado.* São Paulo: Edicon, 1995.

HAMMER, M.; CHAMPY, J. *Reengenharia.* Rio de Janeiro: Campus, 1994.

LODI, J. B. *A nova empresa para os anos 90. Lições da década perdida.* São Paulo: Pioneira, 1993.

LUTTMANN, N. *Poder.* Col. Pensamento Político 73. Tradução de Martire Creusot R. Martins. Brasília: Editora da UnB, 1985.

MARCHIORI, M. R. *Organização, cultura e comunicação: elementos para novas relações com o público interno.* São Paulo: ECA/USP, 1995 (dissertação de mestrado).

MARTIN, J. *Culture in organizations: three perspectives.* Nova York: Oxford, 1992.

PACANOWSKY, M. E., O'DONNELL - TRUJILLO, N. Communication and organizational cultures. In: CORMAN, S. R.; BANKS, S. P.; BANTZ, C. R.; MAYER, M. E. *Foundation of organizational communication: a reader.* Nova York: Longman, 1990.

SCHALL, N. S. A communication — rules approach to organizational culture. *Administrative Science Quartely,* v. 28, n. 4, p. 557-81, dez. 1983.

TOFFLER, A. *Powershift. As mudanças do poder.* Rio de Janeiro: Record, 1990.

THUROW, L. *O futuro do capitalismo.* Rio de Janeiro: Rocco, 1997.

CAPÍTULO 5

RELAÇÕES PÚBLICAS E O *MARKETING*

Mitsuru Higuchi Yanaze
Professor livre-docente da ECA/USP

Marketing é, nas sociedades modernas, uma realidade cada vez mais importante e abrangente no gerenciamento das atividades humanas. Envolto em mistificações, por vezes grosseiras, ele é definido de diversas formas, criando confusões e propiciando um sentimento misto de desconfiança e de curiosidade nas pessoas em geral.

Antes de prosseguirmos na justificativa dessa afirmação, é imprescindível registrarmos que, neste texto, o termo *marketing* será utilizado em sua acepção original, dando nome a uma disciplina, surgida na primeira metade do século XX, para resolver alguns dos grandes problemas gerados pela Revolução Industrial e agravados pelo comércio massificado.

Ao falarmos de *marketing*, não nos referiremos aos novos significados do termo, inventados posteriormente. Essas novas versões da palavra *marketing* — isoladas ou combinadas a outras — apareceram para dar nomes mais exclusivos e pomposos às ferramentas ou atividades que a teoria do *marketing* vem preconizando como essenciais, dentro de uma estratégia ampla que objetive a melhor adequação de uma empresa à dinâmica do mercado de consumo.

O *MARKETING* COMO ESTRATÉGIA OPERACIONAL AMPLA

Com a evolução das relações de troca entre os indivíduos e de todo um processo de desenvolvimento dos mecanismos e sistemas comerciais, chegamos ao que hoje se denomina "sociedade afluente": uma sociedade com uma parcela importante de sua população (seja em representatividade econômica ou em importância numérica) detendo um poder de consumo relevante, um poder aquisitivo maior que o necessário para a sua sobrevivência. Essa situação provoca, nos empresários que produzem ou prestam serviços, um real interesse em conhecer tudo o que se refere a essa parcela da população e que pode auxiliá-los a "vender" seus produtos ou serviços.

Nesse sentido, podemos definir *marketing* como o "composto de todas as atividades planejadas e estruturadas que visam ao mercado". Esta definição engloba todos os esforços empresariais de estudar, conhecer, planejar, estruturar e operacionalizar ações dentro do mercado.

Isso se constitui numa visão diferente de uma época anterior, sobretudo na Revolução Industrial, quando o empresário tinha o foco de suas atenções voltado à produção. Mas, com o passar do tempo, o que era considerado um simples ato de vendas tornava-se cada vez mais complexo. E o empresário começou a perceber que de nada adiantava esmerar-se em produzir se isso não se traduzia em satisfação do seu comprador. Nenhuma venda era semelhante à outra. Reações advindas do uso de um mesmo produto eram diferentes de consumidor para consumidor. Em muitos casos, produtos testados e aprovados pelos empresários, seus amigos e familiares eram recebidos negativamente pelos consumidores em geral. Preços baixos, em vez de atrair, afastavam os compradores mais desconfiados etc.

Enfim, criava-se na mente dos empresários uma sensação de que suas convicções pessoais sobre seus produtos e seus esforços de vendas deveriam ser reestudados e modificados. A partir daí tornou-se uma necessidade empresarial basear todas as decisões estratégicas nas informações de mercado. O foco passou então da produção para o mercado.

Hoje é possível, mesmo no Brasil, definir uma parcela da população dita afluente, em condições de consumir produtos não propriamente essenciais à sua sobrevivência. É uma parcela pequena, se comparada numericamente ao todo, mas economicamente importante, que precisa ser desvendada. É imprescindível conhecer suas necessidades, seus desejos e suas motivações, a fim de permitir a definição de formas eficazes para conquistá-la com produtos e serviços.

De acordo com a evolução dos mercados e das demandas empresariais, podemos considerar *marketing* não apenas como um conjunto de atividades que visam ao mercado, mas, essencialmente, como uma "filosofia empresarial" que, uma vez implementada em todos os níveis hierárquicos da empresa, grande ou pequena, atua como fator diferencial, tanto de sucesso mercadológico como de máxima rentabilização dos investimentos em atividades direcionadas ao mercado, como: pesquisa, propaganda, promoção de vendas, relações públicas e *merchandising*, entre outras.

O marketing *nas empresas*

Apesar dos avanços evidentes quanto à compreensão do que seja *marketing*, o grande dilema das empresas constitui-se em como inseri-lo no contexto administrativo. Há mais de quatro décadas os dirigentes das empresas — multinacionais ou pequenas empresas familiares — procuram formas adequadas para implementar atividades mercadológicas dentro de suas organizações. Examinemos alguns desses esforços.

Contratação de estagiários

A contratação de estudantes de comunicação social ou administração de empresas para trabalhar nos seus departamentos de vendas é uma prática considerada "barata" e muito comum em empresas de pequeno porte que estão em expansão. Esses estagiários, geralmente sem nenhum tipo de orientação, acabam realizando trabalhos corriqueiros, como redação de cartas comerciais, elaboração de rótulos e embalagens, criação de pequenas peças promocionais, organização das recepções a visitantes ilustres, elaboração de relatórios de vendas e outras tarefas que o "patrão" julgar relacionadas a *marketing*. Sem nenhuma experiência, seja no trabalho, ou no trato com as pessoas, tais estagiários, na maioria das vezes, não têm oportunidade para emitir suas opiniões; mas quando o fazem, de forma insistente e ingênua, acabam sendo discriminados e "queimados" por outros colegas, funcionários efetivos da empresa. Para que tal iniciativa resulte em sucesso, é necessário que a empresa mantenha um programa de estágio com objetivos e planejamento de atividades bem definidos e com acompanhamento de profissionais escolhidos por seu conhecimento adequado dos conceitos e das estratégias de *marketing*.

Consultoria externa de marketing

A contratação de consultoria externa de *marketing* vem sendo uma prática cada vez mais freqüente em empresas de médio e grande porte. Um fato que impulsiona tal prática é a proliferação de empresas de consultoria de *marketing*, cujos titulares, em sua maioria, são ex-executivos de grandes empresas. No afã de contratar um serviço cujo custo mensal por vezes é menor que o salário de um executivo, com todos os encargos e *fringe benefits*, as empresas não se preparam para absorver os benefícios que uma consultoria competente e séria poderia lhes proporcionar. Se não houver objetivos e metas bem definidos, assim como atribuições e responsabilidades claras entre empresa e consultores, as estratégias serão inócuas e ineficazes. Cronogramas de atividades e prazos realistas para se alcançar as metas traçadas devem ser também considerados, a fim de se evitarem decepções de ambos os lados.

Contratação de uma agência de propaganda

A contratação de uma agência de propaganda, pequena ou grande, seja para criar um logotipo ou um simples folheto, é a forma preferida pelo empresário ou executivo para começar sua aventura no "fantástico mundo do *marketing*". Mas eles se esquecem de que a propaganda é apenas um dos serviços de *marketing* e que só haverá resultados satisfatórios quando ela estiver enquadrada numa "estratégia" que leve em consideração todas as variáveis mercadológicas que afetam as ações da empresa no mercado.

Essa postura de que a propaganda e tão-somente a propaganda é "a alma do negócio" acaba sendo responsável pelo alto *turn-over* das agências de propaganda em certas empresas. É comum ouvir: "Contratamos uma daquelas agências badaladas e premiadas; fizeram uma campanha belíssima e cara; gastamos muito na veiculação; a nossa empresa e os nossos produtos ficaram muito conhecidos, mas as vendas não cresceram como esperávamos...".

É de suma importância que a propaganda seja inserida dentro de uma estratégia de *marketing*, norteada por objetivos bem definidos, que se preocupe em adequar produtos e serviços, custos e preços, logística de distribuição, além de outras atividades de comunicação persuasiva, como: promoção de vendas, *merchandising* e, principalmente, relações públicas.

Criação de um departamento de marketing

Quando uma empresa cresce e começa a obter resultados consideráveis por meio da utilização das ferramentas de *marketing*, é comum a criação de um setor com o nome pomposo de "departamento de *marketing*". Mas, na maioria das vezes, essa medida não é precedida por um estudo criterioso da viabilidade da idéia, bem como das funções específicas do setor dentro da estrutura organizacional da empresa. Quando a criação desse departamento é imposta de cima para baixo, sem ser previamente discutida com outros setores da empresa, surge a rejeição de outros setores de linha (como os departamentos de produção, suprimentos e vendas) e o novo departamento torna-se um acessório caro e discriminado dentro da organização. Nesse caso, ele gasta mais tempo e recursos tentando "fazer *marketing*" de si mesmo para outros setores da mesma empresa do que estabelecendo estratégias adequadas para implementar as vendas dos produtos da empresa no mercado. É preciso não esquecer que *marketing* é, antes de tudo, uma consciência da validade de um comportamento empresarial estratégico em relação ao mercado, o que é função da empresa, como um todo, e não se limita a apenas um de seus departamentos. Mesmo assim, criar tal departamento é aceitável quando a empresa consegue conscientizar todos os setores já consolidados dentro de sua estrutura organizacional de que há necessidade de se constituir um novo setor que se incumbirá de executar o planejamento e as ações da empresa mais diretamente voltadas para o mercado, tarefa que vem a se somar e não a conflitar com as atribuições dos demais setores.

Criação de estrutura de gerência de produto

A criação de uma estrutura de gerência de produto é considerada uma das formas mais modernas de se introduzir *marketing* em uma empresa. Mas essa formatação exige que a empresa mude seu organograma tradicional para uma organização matricial, em que a análise e o planejamento mercadológicos de um produto ou grupo de produtos fiquem sob a responsabilidade da gerência de produto e a execução efetiva de todas as atividades pertinentes — como desenvolvimento e adequação do produto, administração de preços e custos, estruturação logística e administração de vendas — fiquem a cargo dos setores afins. Mesmo a realização prática das atividades comunicacionais — campanhas publicitárias, eventos de relações públicas, atividades de promoção de vendas e *merchandising* — não deve ser atribuição da gerência de produto, que é responsável unicamente pela análise, planejamento e controle mercadológicos. A interação com as agências de propaganda e de relações públicas e a execução prática das tarefas de comunicação devem ser de responsabilidade de um setor de serviços de comunicações de *marketing*, a ser inserido na nova estrutura. Nessa aparente complexidade, o gerente de produto acaba mergulhado na contradição de um cargo de muita responsabilidade (análise, planejamento e controle), mas com pouca autoridade (não tem autonomia executiva). Isso, somado ao seu pouco preparo (o cargo exige conhecimento relativo de todas as atividades executivas da empresa, bem como dos códigos que regem suas relações, faz que a gerência de produto dentro da maioria das empresas acabe sendo limitada à realização de trabalhos práticos de pesquisa de mercado e de interface com as agências de propaganda e de relações públicas. Nada comparável com as tarefas e os desafios listados nos modernos livros de *marketing* em seus capítulos sobre gerência de produto.

O marketing *por vias indiretas*

Apesar da aparente abordagem pessimista em relação aos esforços das empresas em implementar *marketing* dentro de suas estruturas, é importante ressaltar que nem sempre os resultados são desfavoráveis. Há empresas que conseguem maximizar seus objetivos mercadológicos utilizando qualquer uma dessas modalidades listadas.

Nesses casos de sucesso, o que está em questão não é como o *marketing* se apresenta — sua *forma* dentro da empresa — mas sim como ele está presente, em *conteúdo,* em todas as ações (absolutamente todas) da empresa.

O desafio da empresa moderna está não só em criar e administrar estruturas internas ou externas para "pensar" sobre o mercado de seus produtos ou serviços, mas, principalmente, em fazer com que todos os setores e pessoas que compõem sua estrutura total "pensem" no mercado-alvo ou nos mercados específicos que cercam a empresa e com ela interagem.

Marketing *como palavra mágica*

E inegável que o *marketing* — como filosofia e como estratégia de administração — é bom tanto para as organizações que o adotam quanto para os profissionais que o pesquisam, aperfeiçoam e divulgam sua teoria e prática, como os autores de livros, consultores e palestrantes sérios e competentes.

Por outro lado, a disseminação de sua utilidade e principalmente de sua importância econômica tem atraído os oportunistas de sempre, ávidos por obterem lucro certo, com a oferta de soluções de sucesso, prontas e infalíveis.

A criação de neologismos, derivados da palavra *marketing,* em revistas, cursos e capas de livros, transformou-se em um excelente negócio.

Fazer "*marketing*" do *marketing* tem proporcionado a seus idealizadores proventos de causar inveja até mesmo aos mais graduados executivos de grandes empresas mundiais.

Expressões como *maximarketing, endomarketing, marketing direto, demarketing, marketing de guerra, telemarketing, marketing reverso, marketing relacional, marketing cultural,* entre muitas outras, são cada vez mais repetidas por estudantes, curiosos e até por profissionais.

A maioria desses neologismos e expressões, como já dissemos na abertura deste capítulo, não passa de um malabarismo criativo, para valorizar uma ou outra das ações estratégicas preconizadas pela teoria do *marketing*. Outras são absolutamente impróprias e acabam por esquecer a importância original do *marketing* como filosofia e como administração estratégica, específica para garantir a máxima adequação de uma organização ao seu mercado.

Mas, apesar de tudo, o uso dessas *neodenominações* acabou por generalizar-se, premiando seus enunciadores com a admiração dos leigos e um charmoso *status* de modernidade e sofisticação. Tais generalizações só vêm comprovar a universalidade do *marketing* e ressaltar a eficácia de sua aplicação, em face das inúmeras variáveis que compõem a dinâmica de uma organização, seja ela industrial, comercial ou prestadora de serviços, seja uma entidade sem fins lucrativos, como clubes, associações, igrejas, facções políticas, ONGs e sociedades altruístas de beneмerência. Ressaltam também sua eficácia até no trato de problemas pessoais, desde o planejamento de uma carreira, o relacionamento familiar ou uma conquista amorosa.

O importante é estarmos sempre alertas para "separar o joio do trigo", reconhecendo o verdadeiro *marketing* — estratégico e amplo — entre tantas e tão variadas deturpações e mistificações, entre os muitos "*marketing*" parciais ou irresistivelmente miraculosos, verdadeiros catecismos de auto-ajuda ou, mais propriamente, de auto-engano.

A filosofia de marketing *na empresa*

Como vimos, o *marketing* não pode ser uma atitude isolada dentro da empresa, nem se limitar à esfera de atuação de um de seus departamentos. Menos ainda, não pode ficar restrito às atribuições de um simples funcionário subalterno.

Além disso, a eficácia do *marketing* está na razão direta de dois fatores fundamentais. O primeiro deles é o que se convencionou chamar de *filosofia,* ou seja, o reconhecimento consciente da validade dos princípios de *marketing* e sua adoção pela alta liderança da organização. Essa consciência deve ser transmitida a todos os escalões, impregnando-os e constituindo uma verdadeira *cultura de marketing,* um comportamento metódico e habitual, sempre voltado para os objetivos vitais da empresa. O segundo fator fundamental do *marketing* — cuja implantação, desenvolvimento e sustentação é também responsabilidade da alta liderança — materializa-se na busca de uma visão lúcida e realista do papel da empresa no universo econômico em que opera e na formulação de uma estratégia de atuação que otimize e rentabilize ao máximo sua inserção no mercado. Isso quer dizer que todas as suas ações, tanto as corporativas como as de cada um de seus departamentos e funcionários, devem estar conformes aos objetivos maiores da empresa: sua sobrevivência, rentabilidade e possibilidade de crescimento sustentado.

Daí se conclui que a presença do *marketing* numa organização não se materializa na *forma,* mas sim no *conteúdo.* Não depende da simples criação de diretorias, divisões e departamentos, mas da implantação efetiva de uma *cultura* corporativa e da prática constante e coordenada de uma administração marcada pela informação e pela estratégia de suas decisões.

Uma missão de todos e de cada um

Se assumirmos que o produto final de uma empresa é a soma de tudo o que ela tem a oferecer ao mercado, é evidente que simples detalhes — o modo como a telefonista atende a uma ligação ou a maneira como o porteiro trata um desconhecido — podem contribuir para reforçar a boa imagem que seu principal produto tem no mercado. Por outro lado, esses pequenos detalhes, quando negligenciados — o telefone atendido por uma demorada, ineficiente e irritante gravação ou o porteiro sem preparo para atender as pessoas — podem desencadear uma onda crescente de antipatia, que acabará por manchar a própria imagem da empresa, suas marcas e produtos.

Dessa forma, torna-se imperativo para as empresas que todos os seus setores adotem uma atitude que preserve e até melhore seu conceito ainda perante o mercado e seus segmentos específicos.

Além disso, os preceitos do *marketing* devem também estar presentes particularmente em cada setor da empresa. Podemos citar alguns exemplos práticos de *marketing* nos diferentes setores.

Departamento de recursos humanos

Deve buscar conhecer o mercado de recursos humanos e suas disponibilidades, examinar o que há de melhor nesse mercado, formular e operacionalizar uma estratégia adequada para conseguir contratar aqueles recursos humanos de que a empresa necessita. Deve também conhecer melhor os funcionários, seus anseios e suas necessidades e tentar propiciar a eles condições adequadas para manter e incrementar sua motivação e satisfação. Uma empresa conhecida como boa empregadora atrai o interesse de bons profissionais.

Departamento financeiro

Deve buscar no mercado financeiro as melhores opções para trazer recursos a custos e condições mais adequados para a empresa e também conhecer o mercado de investimentos para aplicar os recursos disponíveis de modo a maximizar os ganhos financeiros. Ao mesmo tempo, deve estar sensível às condições do comprador (cliente), adotando formas de pagamento que facilitem a aquisição dos produtos e serviços sem prejudicar o fluxo de caixa da empresa.

Departamento de suprimentos

Os conceitos de *marketing reverso* abordam de forma eficiente este mercado "às avessas", ou seja, o mercado fornecedor de produtos e serviços. O departamento de suprimentos deve conhecer profundamente esse mercado para conseguir adquirir para a empresa as melhores matérias-primas e insumos a preços mais baixos, propiciando a diminuição dos preços de seus produtos para o consumidor final, sem prejuízo da qualidade. Uma empresa conhecida por ser boa compradora invariavelmente atrai boas ofertas.

Departamento de produção

Deve estar atento ao mercado dinâmico das opções tecnológicas, procurando incorporar à produção fatores que enriqueçam e valorizem o produto, sem que isso necessariamente signifique incremento de preços para o consumidor final. Deve estar atento também aos anseios do comprador em relação aos atributos tangíveis, como modelos, cores, sabores, tamanhos, *design* e embalagens. O correto dimensionamento entre o que a empresa pode produzir e aquilo que os clientes desejam é o grande desafio desse setor.

A empresa que consegue implementar em todos os setores a filosofia de *marketing* comprova que *marketing* não é, simplesmente, uma agressiva investida "empurrando" produtos para o consumidor incauto, e sim uma planejada e bem coordenada postura racional de administração global, que resulta num posicionamento diferenciado no mercado.

A filosofia de marketing *e o planejamento estratégico*

O fato de existir uma unidade de objetivos e de pensamentos, impulsionada pela filosofia de *marketing* dentro de uma empresa, faz com que a definição de um plano estratégico ocorra nas melhores condições em direção ao bom êxito e evitando erros e insucessos na concorrência acirrada do mercado. É senso comum que os diferenciais positivos de uma empresa se evidenciam quando ela é colocada em uma situação extrema de concorrência selvagem. Uma empresa que conta com a atuação bem ajustada de todos os setores que a compõem, necessariamente irá sobrepujar no mercado aquelas que têm no esforço isolado sua marca registrada. Uma filosofia de atuação bem implantada e solidificada dentro de uma empresa propicia uma força extra, fundamental e determinante do sucesso.

Na prática, podemos identificar os *benefícios* decorrentes de uma postura coesa de uma empresa em direção ao mercado.

A FILOSOFIA DE *MARKETING* NA EMPRESA E A CONSOLIDAÇÃO DE UM SISTEMA DE INFORMAÇÃO DE *MARKETING* EFICAZ

- Benefícios na definição clara e abrangente do *produto* da empresa — atributos tangíveis e intangíveis — e da responsabilidade de cada setor na formatação do *produto,* bem como na percepção desse produto pelos clientes.
- Benefícios na definição e descrição do *mercado* dos produtos da empresa: mercado principal, mercados secundários e específicos.
- Benefícios na formatação de um subsistema de levantamento de pontos fortes e fracos, dos potenciais e limitações da empresa diante de seus concorrentes. A atuação coesa dos diferentes setores da empresa geralmente reforça os pontos fortes.
- Benefícios na formatação do subsistema de prospecção de oportunidades e ameaças de mercado, com a inclusão da análise dos mercados de matéria-prima, mão-de-obra, recursos financeiros etc.
- Benefícios na formatação do subsistema de levantamento de possíveis soluções para os problemas mercadológicos, levando em consideração os esforços de todos os setores da empresa.

A filosofia de marketing *na empresa e a formulação de estratégias*

- Benefícios na definição de objetivos mercadológicos e das responsabilidades em relação ao esforço de alcançá-los, contando com a colaboração de todos os setores envolvidos.
- Benefícios no desenvolvimento de novos produtos, aproveitando também as recomendações dos setores técnicos e operacionais.
- Benefícios no esforço de se adequar os produtos existentes às exigências do mercado.
- Benefícios na determinação adequada e coerente dos custos fixos e variáveis, diretos e indiretos da empresa, coerentemente atribuídos de acordo com o impacto efetivo de cada setor no produto final da empresa.
- Benefícios na determinação de margens de contribuição e de lucro, levando em consideração todas as necessidades e expectativas da empresa.
- Benefícios na definição de uma logística adequada e eficiente tanto de produção quanto de distribuição, aproveitando todos os conhecimentos técnicos e mercadológicos dos setores envolvidos.
- Benefícios na formulação de uma estratégia de comunicação competente e integrada, aproveitando ao máximo todas as capacidades e todos os potenciais de investimento da empresa em atividades de comunicação persuasiva, como promoção de vendas, *merchandising*, propaganda, relações públicas e comunicação institucional.

A filosofia de marketing *na empresa e o controle e acompanhamento da operacionalização do plano mercadológico*

- Benefícios na apuração dos resultados, com a possibilidade efetiva de aferir as responsabilidades de cada setor.
- Benefícios na análise e interpretação dos resultados, detectando erros e acertos no trabalho dos setores envolvidos.
- Benefícios na visão de curto, médio e longo prazos em relação aos resultados, pois toda empresa estará consciente do cronograma geral a ser seguido.
- Benefícios na definição de medidas corretivas a serem adotadas em cada área da empresa.
- Benefícios na redefinição de objetivos.
- Benefícios no engajamento geral de todos os envolvidos.

RELAÇÕES PÚBLICAS NAS EMPRESAS

Nas perspectivas empresariais discutidas, podemos facilmente localizar a importância das atividades de relações públicas na implantação, na manutenção e no desenvolvimento da filosofia de *marketing* dentro das empresas contemporâneas. A Associação Brasileira de Relações Públicas (ABRP) apresenta as relações públicas como o "esforço deliberado, planificado, coeso e contínuo da alta administração para estabelecer e manter uma compreensão mútua entre uma organização pública ou privada e seu pessoal, assim como entre a organização e todos os grupos aos quais está ligada, direta ou indiretamente". Se aceitarmos como verdadeira essa definição, podemos claramente perceber a total correlação entre *marketing* e relações públicas. Enquanto o *marketing* propicia à empresa localizar seus mercados e definir objetivos e estratégias para alcançá-los, as relações públicas planejam e executam ações que visam melhorar as relações da empresa com seus públicos (mercados).

Como vimos anteriormente, os produtos e serviços de uma empresa são o resultado do somatório de todos os seus esforços administrativos, técnicos, operacionais, financeiros, *logísticos,* de vendas etc. A percepção que o mercado (o público-alvo) tem do produto ou serviço de uma empresa está diretamente relacionada com a percepção da empresa como uma instituição em um contexto social que dela exige o desempenho de funções construtivas e positivas para a comunidade a que pertence.

Assim, o apoio que as relações públicas pode oferecer à empresa para que ela alcance seus objetivos mercadológicos será efetivo na medida em que, por meio das atividades planejadas, suas relações com os públicos (veja Tabela 1) sejam caracterizadas pelo mútuo entendimento e pela colaboração ao mesmo tempo que os possíveis conflitos gerados nessas relações sejam minimizados e até resolvidos de forma adequada para ambos os lados.

Tabela 1 — Empresa e públicos: possíveis situações de conflitos

Públicos	Possíveis motivos de conflitos
Acionistas, sócios minoritários, sócios sem direito a voto	• Falta de informações • Comunicação falha entre ambos os lados • Desconfiança em relação aos relatórios de desempenho (balanço, demonstrativo de lucros e perdas) • Distribuição de dividendos • Dificuldade de acesso às informações operacionais e mercadológicas
Funcionários	• Insatisfação salarial • Ambiente de trabalho deficiente

Tabela 1 — Empresa e públicos: possíveis situações de conflitos *(continuação)*

Públicos	Possíveis motivos de conflitos
	• Falta de benefícios extra-salariais • Falta de política de cargos e salários • Falta de organização de trabalho e de práticas operacionais • Desentrosamento entre os setores da empresa • Falta de atividades culturais, sociais e esportivas • Falta de comprometimento • Comunicação falha
Fornecedores/Prestadores de serviço	• Falta de projeções de necessidades e de programações de compra • Atrasos nos pagamentos • Falta de fidelidade • Comunicação falha
Distribuidores/ Representantes de venda	• Problemas na definição de preços ou de comissões • Problemas com as entregas e devoluções de produtos • Falta de apoio promocional • Falta de compromissos mútuos • Comunicação falha
Bancos e instituições financeiras	• Erros no serviço de cobranças • Juros altos dos empréstimos de curto prazo (papagaios) • Atraso no pagamento dos empréstimos • Falta de apoio e de condições para se obter grandes financiamentos • Comunicação falha
Sindicatos e associações	• Falta de participação • Desconfiança recíproca • Falta de comunicação
Imprensa	• Notícias com conteúdos desfavoráveis • Falta de informações ou informações distorcidas • Falta de acesso de ambos os lados
Governo	• Medidas desfavoráveis • *Lobby* que não funciona • "Caixinhas" e propinas para conseguir privilégios • Falta de diálogo e de negociações efetivas • Comunicação falha
Universidades	• Academicismo *versus* profissionalismo • Falta de um contato mais produtivo de ambas as partes • Pesquisas demoradas ou com rigor teórico que não leva à solução dos problemas das empresas
Clientes	• Falta de conhecimento da empresa • Falta de mecanismos para conhecer anseios, necessidades e opiniões • Qualidade duvidosa de produtos e serviços • Distribuição deficiente • Comunicação falha

No planejamento de atividades para melhorar a relação da empresa com os seus públicos e minimizar os conflitos existentes, constituem funções das relações públicas as seguintes tarefas:

- Entrosamento com os setores da empresa que atuam direta e indiretamente com os públicos em questão, a fim de se conhecer todos os pormenores e variáveis relevantes para levantar as causas e os pontos de conflito.
- Quando possível, consultar pessoas-chave dos públicos envolvidos, para conhecer a versão dos conflitos sob a ótica externa da empresa.
- Debater com todos os envolvidos — da empresa e dos públicos — possíveis soluções, definitivas ou provisórias, para se restabelecer o bom relacionamento ou minimizar os efeitos das controvérsias.
- Direcionar e motivar os envolvidos no conflito, tanto da empresa quanto dos públicos, a buscar as soluções cabíveis.
- Acompanhar a implementação das soluções registrando todos os passos, os responsáveis, o cronograma de implantação e os resultados obtidos com tais esforços.
- Uma vez solucionado o problema ou minimizado o conflito, comunicar esse resultado a todos — empresa e públicos — com os meios de comunicação dirigida disponíveis, capitalizando, assim, os efeitos positivos dos esforços realizados.

Obviamente, o papel das relações públicas não se restringe apenas a administrar os conflitos entre a empresa e seus públicos. O planejamento e a consolidação de atividades que venham a promover a aproximação e a interação entre as partes são também seus objetivos.

Na Tabela 2 a seguir, relacionamos algumas atividades que podem ajudar na solução ou minimização dos conflitos com os públicos anteriormente citados.

Tabela 2 — Atividades para minimizar conflitos

Públicos	Atividades
Acionistas	• Criação de uma central de atendimento ao acionista (por telefone, Internet, pessoalmente) • Boletim periódico com informações técnicas, operacionais e mercadológicas • *Site* de relacionamento • Abertura da empresa para visitações e reuniões
Fornecedores/ Prestadores de serviços	• O estreitamento das relações por meio do envio constante de informações propicia a formação de um "clima de parceria" essencial na interação da empresa com esses segmentos • *Site* de relacionamento

Tabela 2 — Atividades para minimizar conflitos *(continuação)*

Públicos	**Atividades**
Distribuidores e outros intermediários	• Atividades sociais, esportivas e culturais podem ser implementadas, visando aproximação mútua • A participação desses segmentos nos resultados operacionais da empresa é um assunto a ser considerado, para se estabelecer um comprometimento mais efetivo
Bancos/ Instituições	• O envio periódico de informações que retratam a situação mercadológica da empresa tende a facilitar as negociações de financiamento de alongamento de dívidas ou de obtenção de financiamentos • Tais instituições bem informadas sobre os principais esforços mercadológicos da empresa e seus resultados facilitam um maior envolvimento nos negócios da empresa
Sindicatos/Associações	• A promoção de eventos que facilitem a discussão dos principais temas que dizem respeito tanto à empresa quanto a esses segmentos minimiza o clima hostil e de desconfiança, comum na relação de ambos
Governo	• Qualquer governo sério tende a adotar medidas que favoreçam o desenvolvimento econômico responsável das empresas. A apresentação efetiva de propostas bem fundamentadas e que comprovadamente beneficiem a sociedade deve ser objeto de análise de qualquer governante de boa-fé. Na maioria das vezes, a empresa tem bons projetos e propostas, mas não sabe a quem e como apresentá-los. O conhecimento adequado da estrutura da máquina governamental, bem como dos trâmites inerentes à aprovação das propostas e medidas, é fundamental para que a empresa possa saber lidar com essa instituição, que se constitui no seu maior sócio, devido à alta carga tributária
Imprensa	• O estabelecimento de um sistema de fornecimento de informações via correio eletrônico agiliza o processo de comunicação empresa-imprensa. O hábito tradicional de enviar *press releases* apenas nas ocasiões de conveniência da empresa deve ser substituído por uma postura de compartilhamento constante com a imprensa das informações de interesse da opinião pública, sejam elas relacionadas a produtos, políticas administrativas, inovações, atividades beneficentes, patrocínios esportivos e culturais
Universidades	• O suporte financeiro para pesquisas e estudos realizados dentro das universidades tende a propiciar à empresa não só o usufruto de seus resultados, mas também um retorno institucional importante, pois o público envolvido — professores e alunos universitários — forma a elite intelectual da sociedade e, portanto, grupos de referência dos mais significativos. A Escola de Administração de Empresas da Fundação Getúlio Vargas tem obtido apoio financeiro da iniciativa privada para a manutenção de suas instalações e para a concessão de bolsas de estudo. Essa relação tem oferecido vantagens substanciais para ambos os lados

Editora Thomson

Tabela 2 — Atividades para minimizar conflitos *(continuação)*

Públicos	Atividades
Clientes	• Além das tradicionais atividades que objetivam estreitar a relação das empresas com seus clientes, o setor de relações públicas deve estar constantemente em busca de novas formas de relacionamentos que levem em consideração mudanças de expectativas de seus clientes em relação a seus produtos e serviços bem como ao papel da empresa na comunidade. Investir em atividades culturais, sociais, esportivas, filantrópicas, de defesa do meio ambiente e de lazer traduz uma atitude "socialmente responsável", que resulta no incremento do seu valor perante a opinião pública

Outras atividades poderiam ser citadas, mas estas já são suficientes para demonstrar e fundamentar a importância e a potencialidade das relações públicas dentro da estratégia mercadológica das empresas.

A questão essencial não está em discutir e confrontar os papéis de mercadólogos, publicitários e relações públicas nos organogramas empresariais, mas sim em aceitar que o objetivo maior das empresas, mesmo daquelas sem fins lucrativos, é conquistar seu mercado e que, nesta tarefa, os planejamentos e as ações de comunicação assumem igual importância.

Devemos entender que *marketing* é a filosofia empresarial que norteia a ação da empresa no mercado e que relações públicas, assim como propaganda e promoção de vendas, são atividades de comunicação que aproximam a empresa de seu público, informando, persuadindo e convencendo-o a adotar uma atitude positiva em relação a ela.

Quando nós, profissionais e professores das diferentes disciplinas que compõem o essencial universo das comunicações empresariais, deixarmos de lado o inócuo debate das comparações e colocarmos em prática o valor da complementaridade das diversas ações comunicacionais, certamente provocaremos uma mudança substancial na imagem que boa parte do empresariado tem de nossas profissões, o que só poderá valorizá-las.

BIBLIOGRAFIA

BERRIGAN, J. *Marketing de segmentação*. São Paulo: Makron Books, 1994.

DAVIDOW, W. H. *Marketing de alta tecnologia: uma visão de dentro*. Rio de Janeiro: Campus, 1991.

KOTLER, P. *Administração de marketing: análise, planejamento, implementação e controle*. São Paulo: Prentice Hall, 2000.

KUNSCH, M. M. K. *Planejamento de relações públicas na comunicação integrada*. São Paulo: Summus, 2003.

PORTER, M. E. *Vantagem competitiva: criando e sustentando um desempenho superior*. Rio de Janeiro: Campus, 1991.

SCHULTZ, D. E. *O novo paradigma do marketing*. São Paulo: Makron Books, 1994.

WESTWOOD, J. *O plano de marketing*. São Paulo: Makron Books, 1996.

CAPÍTULO 6

O PROFISSIONAL E A ÉTICA EMPRESARIAL

Mario Ernesto Humberg

Presidente da CL-A Comunicações e do Instituto PNBE de Desenvolvimento Social

A exigência de ética pela sociedade vem ocorrendo em todos os países, de forma crescente, a partir da década de 1970. Provocada inicialmente por fatos isolados, essa exigência vem se generalizando para o comportamento pessoal, empresarial e profissional. No início do novo milênio, a cobrança de ética tornou-se uma força ainda mais significativa, similar ao que as pressões ambientalistas chegaram a representar nas décadas de 1980 e 1990. Mesmo porque o respeito ao ambiente passou a ser apenas um dos múltiplos itens de uma postura ética mais abrangente.

Embora o fenômeno seja mundial, pode-se apontar como sua origem os Estados Unidos, com a cobrança de ética empresarial na década de 1970, quando empresas foram apanhadas subornando autoridades do país e do exterior. O movimento expandiu-se com grande velocidade para a área política e particularmente para a interface político-empresarial, sendo exemplos significativos, já na década de 1990, a "Operação Mãos Limpas" na Itália, o afastamento e o processo contra altas autoridades e grandes empresários no Japão, na Coréia do Sul, no Brasil, na França e nos Estados Unidos.

No Brasil, como na maior parte dos países latinos, uma certa flexibilidade ética sempre foi admitida como natural. Essa aceitação tácita pela sociedade cresceu após a década de 1930, com a Primeira Ditadura (Getúlio Vargas) e praticamente se institucionalizou durante a Segunda Ditadura (Regime Militar). Apesar disso, as pressões por um comportamento ético também chegaram ao País, inicialmente na área política, com afastamento de governantes e repúdio eleitoral a candidatos com comportamentos duvidosos.

ÉTICA EMPRESARIAL OU ORGANIZACIONAL

Toda empresa ou organização já nasce com determinadas definições éticas, provenientes do seu fundador (ou fundadores). Entretanto, a introdução de ética empresarial como disciplina organizada, envolvendo conceitos e sistemáticas de ação, desenvolveu-se a partir da década de 1970, nos Estados Unidos, como reação a casos de suborno de autoridades pelos fornecedores de aviões, armas e equipamentos militares. Operando num país em que a exigência de valores éticos individuais é muito forte, essas empresas viram-se forçadas a adotar iniciativas mais amplas na área ética, para evitar ações na justiça e retomar a confiança de clientes e investidores.

A ética empresarial (ou organizacional, num sentido mais amplo) envolve a definição clara de posturas adotadas pela empresa e por seus colaboradores, a partir dos dirigentes e, embora baseada em conceitos morais, distingue-se destes pela sua característica mais utilitária. Trata-se de estabelecer os procedimentos para o dia-a-dia da empresa e não conceitos filosóficos ideais.

O crescimento inicial dos programas de ética empresarial foi muito mais forte nos Estados Unidos do que em outros países e, no início da década de 1990, a quase totalidade das maiores empresas americanas já dispunha de um código de ética, complementado por mecanismos adequados para sua percepção, divulgação e acompanhamento. Curiosamente, essa situação de vantagem foi muitas vezes objeto de reclamações de grandes empresas norte-americanas ao perderem concorrências de grandes fornecimentos internacionais para competidores de outros países, desobrigados do mesmo tipo de restrições comportamentais.

Porém, o crescimento das exigências éticas da sociedade foi transformando a situação das grandes empresas de outros países, como aconteceu na Itália e na França após os escândalos das conexões político-empresariais. O resultado foi, na Itália, a adoção de programas de ética abrangentes pelas principais empresas e, na França, uma decisão das grandes empreiteiras de não mais pagarem comissões.

Não resta dúvida de que a pressão da sociedade vai fazer com que toda grande empresa internacional seja obrigada a desenvolver seus programas de ética empresarial, de forma semelhante ao que ocorreu com os programas ambientais, de qualidade total e de atendimento ao consumidor.

A IMPLANTAÇÃO DE PROGRAMAS DE ÉTICA EMPRESARIAL

Ao iniciar a implantação de seus programas, a partir da década de 1970, as empresas americanas verificaram rapidamente que não bastava a definição de um código de ética baseado no de outras empresas e formulado como cópia ou adaptação dos dez mandamentos, com uma linguagem negativa: você (o empregado) não deve fazer isso ou aquilo. A própria linguagem desses manuais ou códigos era um desestímulo à sua aplicação e encarava o empregado como inimigo e não como parceiro.

A adoção de programas de ética envolve um amplo trabalho de busca de valores realmente praticados na empresa, sua discussão em vários escalões, a definição do que deve permanecer e o firme engajamento da alta direção, na prática e na defesa dos valores tomados como base. Sem esses passos, a definição de uma série de princípios ou itens acaba sendo apenas uma ação promocional, que não ganha a necessária credibilidade externa e muito menos a interna.

Assim, a decisão de estabelecer um programa de ética empresarial deve ser vista como um projeto estratégico de alta significação para os negócios, mas de maturação lenta. Há uma série de passos a serem executados em seqüência, de modo a envolver toda a equipe a partir da direção: definir parâmetros para novas contratações, punições em caso de infringência da ética, formas de obter apoio ou efetuar reclamações etc. Os procedimentos e a ética empresarial precisam ter uma definição ampla, envolvendo de órgãos do governo a clientes/consumidores, colaboradores internos, comunidade, ambiente. E, além da definição, é preciso que haja consenso e aplicabilidade, vigilância e punição.

POSTURA ÉTICA E OS PROFISSIONAIS DE RELAÇÕES PÚBLICAS

Uma vez que a ética na atividade profissional, empresarial e política será uma exigência crescente neste milênio, cria-se a necessidade de discutir o posicionamento pessoal e profissional de diversas categorias, especialmente daquelas que lidam com a opinião pública. Há um grande número de questões a serem respondidas. Como nós, profissionais de relações públicas e comunicação, devemos nos posicionar em face dos inevitáveis conflitos éticos que a atividade impõe? É lícito a quem trabalha na imprensa jogar pessoas e empresas à execração pública sem a devida comprovação das suspeitas e sem dar o mesmo destaque à sua defesa? Como deve se posicionar o profissional que faz o trabalho de relações públicas/comunicação para empresas, entidades ou pessoas que sabidamente infringem a lei e a ética? Ou daquelas que, sem infringi-las, são acusadas? Que nível de transparência deve ser adotado no caso de problemas sérios, como acidentes, vazamentos, envenenamentos, entre outros? De que maneira podemos ajudar as organizações para as quais trabalhamos a se adaptarem às novas exigências éticas da sociedade? É possível aproveitar a experiência dos países desenvolvidos? Adotar códigos de ética é uma solução ou somente uma formalidade?

As respostas não são necessariamente simples, uma vez que a autonomia dos profissionais é certamente limitada. Mas é preciso ter claro, e transmitir essa visão a quem nos contrata, que cada vez mais, também no Brasil, consumidores, investidores, entidades ambientalistas, sociais, sindicais e outras vão cobrar das empresas e organizações transparência nos seus procedimentos éticos.

Portanto, é natural que os profissionais de relações públicas e comunicação coloquem como uma das prioridades de seu trabalho um esforço para antecipar essa exigência da sociedade. Assim, passa a ser parte de seu desempenho profissional ajudar a criar, nas organizações a que prestam sua colaboração, mecanismos de definição e adoção de práticas éticas, que depois sejam consolidadas em códigos.

Tudo começa pelo próprio profissional, pois ele precisa na sua atitude pessoal adotar procedimentos adequados e acreditar que a ética organizacional é um fator fundamental para o sucesso nos próximos anos. Só assim torna-se possível convencer aqueles com quem se trabalha de que esse é o caminho a ser seguido. Convencido o profissional, seu primeiro passo é desenvolver programas que tornem viável a implantação da ética organizacional, de forma coerente e consistente. Vale a pena lembrar que, no futuro, este será cada vez mais um promissor campo de trabalho para os profissionais de relações públicas e comunicação.

DEFINIÇÃO DA ÉTICA ORGANIZACIONAL

Quando se fala em ética empresarial ou organizacional, a primeira dúvida é sobre o que se está falando. Uma pesquisa realizada pela Fundação Fides em 1992, entre dirigentes de empresas, mostrou que a quase totalidade considerava como preocupações éticas centrais apenas o cumprimento das obrigações legais, tributárias e salariais. As preocupações adicionais existentes na área empresarial envolvem geralmente o cumprimento da legislação referente ao consumidor, ao ambiente, ao mercado de capitais (para as empresas de capital aberto). Além disso, boa parte das empresas estabelece normas e punições, muitas vezes rigorosas, sobre a relação empregado-empresa-fornecedor-cliente, envolvendo questões como correção nas compras, conflito de interesses, utilização de recursos da empresa para fins pessoais etc.

A definição de ética organizacional ou empresarial adotada pelas empresas que têm programas abrangentes nessa área e pelos vários institutos que lidam com ela inclui:

- Leis, regulamentos e normas a que as organizações estão sujeitas pelos governos dos países em que elas atuam.
- Procedimentos internos e externos dos funcionários e dirigentes dessas empresas em relação aos diversos públicos com que elas se relacionam.

Enquanto as leis são definidas de acordo com processos estabelecidos pelos Estados e suas organizações, os procedimentos muitas vezes carecem de enunciados claros ou explícitos. Assim, uma organização ou seu funcionário podem e devem ter clareza quanto ao procedimento ético em relação aos aspectos legais, mas muitas vezes ficam em dúvida sobre como proceder em determinadas situações que não têm um quadro referencial explícito.

Para o estabelecimento da ética organizacional é, portanto, fundamental definir que a organização cumpre as leis, o que não a impede de contestar na justiça determinados itens quando são abusivos. E, além disso, estabelecer suas próprias normas, que devem igualmente ser cumpridas por meio de um programa de ética organizacional.

O QUE CARACTERIZA UMA EMPRESA ÉTICA

Podem-se usar como referenciais alguns valores que internacionalmente caracterizam o comportamento ético da organização/empresa e de seus dirigentes.

Embora a curto prazo as empresas éticas pareçam, ao menos no Brasil, ter um diferencial competitivo negativo em relação às não éticas, a situação vem mudando rapidamente. Quem analisa as empresas de maior sucesso a partir da década de 1990 verifica que elas são, em sua maior parte, organizações em que a ética empresarial tem um papel significativo, mesmo quando não claramente expresso em programas, documentos e manuais.

A revolução tecnológica obriga as empresas a serem cada vez mais inteligentes. E, como diz o consultor de empresas norte-americano Gifford Pinchot III:

Organizações inteligentes exigem objetivos que valham a pena e essa tendência aponta para um sistema mais colaborativo, menos egoísta e independente. As organizações não podem alcançar inteligência sem uma cultura ética sólida, porque a inteligência não é estável sem a ética.

Podemos caracterizar uma empresa ética conforme o quadro a seguir:

Quadro 1 — Características de uma empresa ética

Dirigente/Empresário	Empresa
Visão da empresa como organização voltada ao desenvolvimento	Respeito às leis
Responsabilidade social	Transparência nos procedimentos e em relação à sociedade
Busca do bem comum	Administração participativa
Atuação no nível associativo	Diálogo e negociação
Visão de futuro	Destinação social do lucro (reinvestimento) Respeito ao funcionário, ao consumidor e ao acionista Cuidados ambientais

Organizações éticas são, portanto, capazes de competir com sucesso, trazer satisfação pessoal aos colaboradores, conquistar consumidores e acionistas e projetar um futuro promissor. Mas nem sempre a situação é tão clara quanto seria desejável: é possível definir determinados padrões éticos por iniciativa da empresa/organização, mas outros dependem, em grande parte, do mercado em que ela atua. É por isso que no Brasil, por exemplo, predominam as empresas "semi-éticas" (que podem ser comparadas às mulheres "meio grávidas"): existem procedimentos e normas éticas em determinadas áreas, mas não em outras. Quem fornece ao governo, ou mesmo a certas empresas privadas, pode ter um comportamento ético se o seu cliente não o adota? Se determinados negócios só se concretizam com o pagamento de comissões ilícitas, deve-se perder o negócio ou é permitido "em Roma fazer como os romanos"?

Nesses casos em que o padrão é antiético, as mudanças só ocorrem por pressão da sociedade, e o que o empresário e o profissional de relações públicas podem fazer é atuar colaborando para que isso ocorra o mais depressa possível.

PROGRAMAS DE ÉTICA EMPRESARIAL

A criação, o desenvolvimento, a implantação e o gerenciamento de programas de ética são um desafio fascinante para profissionais de todas as áreas, particularmente para os de relações públicas, porque envolvem praticamente todas as técnicas e ferramentas do setor.

O trabalho, que só deve ser iniciado se contar com total apoio e suporte da direção, abrange cinco etapas principais:

- Determinação da cultura e dos valores efetivamente praticados na empresa, sua discussão nos níveis diretivos e determinação daqueles que devem ser aprimorados, dos que devem ser mantidos e daqueles que é necessário descartar. Nessa fase, é possível identificar com maior clareza se a empresa/organização tem condições efetivas de definir um programa de ética empresarial ou se não é o momento.
- Estabelecer um pré-código de ética da empresa a partir dos valores identificados e selecionados e discutir ponto a ponto com os vários níveis dos empregados (colaboradores), de modo a envolvê-los na definição e, portanto, na prática. Com base nessas reuniões/discussões, estabelecer o código de ética, que deve ser simples para ser entendido, absorvido e praticado. Sua adequada divulgação é fundamental daqui em diante, fortalecendo a convicção dos empregados, estimulando o diálogo e a consulta e estabelecendo normas e critérios para admissão de novos funcionários. Para isso são necessários manuais, comunicados, reuniões, palestras, materiais explicativos e motivacionais, impressos e audiovisuais.
- Deixar explícito todo o universo de relações da empresa para o qual o código de ética deve trazer respostas (os públicos da empresa) — clientes, consumidores (quando o cliente é intermediário no processo), instaladores ou consertadores, funcionários terceirizados, acionistas, fornecedores, comunidade próxima, governos etc. — e orientar claramente as relações com cada um desses públicos.
- Estabelecer um programa de treinamento e reciclagem permanente, com a preparação dos necessários materiais e métodos que permitam respostas às dúvidas sobre a ética empresarial.
- Criar sistemáticas de acompanhamento da ética empresarial por meio de um coordenador, com formas simples de consulta e acesso a ele, de punições explícitas e eventualmente de prêmios e elogios. De modo geral, o melhor coordenador é um funcionário antigo da empresa, respeitado por todos, de nível hierárquico alto, que tenha interesse por conduzir o programa. Quando isso não é viável, a maior parte das empresas tem buscado contratar ou desenvolver um *ombudsman* interno. O nome do cargo varia de empresa para empresa, desde coordenador de

ética até vice-presidente de ética. Os sistemas de comunicação para esclarecer dúvidas não cobertas pelo treinamento e pelos materiais podem ser simplesmente a porta aberta ou uma linha especial ("linha vermelha") de acesso direto ao coordenador. Numa etapa seguinte, além do coordenador, é geralmente necessário definir outros conselheiros, criar um comitê de ética, e ainda desenvolver sistemas de auditoria que possibilitem um acompanhamento eficaz.

Cada empresa ou organização é diferente da outra e deve criar sua própria mecânica para definir, implantar e gerenciar seu programa de ética organizacional. De uma forma ou de outra, este é um desafio que precisará ser enfrentado por todas as organizações que queiram garantir seu futuro. Os profissionais de relações públicas podem dar significativa colaboração ao processo, além de encontrar na aplicação dos programas de ética organizacional novas oportunidades de trabalho e, principalmente, uma grande satisfação pessoal.

SEGUNDA PARTE

RELAÇÕES PÚBLICAS: TÉCNICAS E INSTRUMENTOS

CAPÍTULO 7

COMUNICAÇÃO DIRIGIDA: INSTRUMENTO DE RELAÇÕES PÚBLICAS

Waldir Ferreira
Professor da Universidade Anhembi Morumbi

RETROSPECTIVA

Apesar de existirem, hoje, muitos ensaios, estudos, publicações e pesquisas sobre a Revolução Industrial e suas conseqüências, envolvendo, até mesmo, a origem e a evolução da *administração* como ciência, nunca é demasiadamente tarde para tecer considerações históricas relativas ao desenvolvimento da estrutura organizacional das empresas — cada vez mais complexas, graças ao avanço científico-tecnológico que constrói o mundo atual.

Desde que as primeiras máquinas da Revolução Industrial substituíram os músculos humanos e animais na produção de bens, também a mente humana jamais deixou de voltar-se para as necessárias adaptações do homem às novas exigências sociais, visando sempre a um mínimo de condições básicas para assegurar sua própria sobrevivência e de sua família.

A verdade é que profissionais de todos os níveis — trabalhadores em geral, técnicos, especialistas e toda a gama de pessoal habilitado, ou mesmo a mão-de-obra não-qualificada — nunca se conformaram em permanecer à margem dos benefícios gerados pela ciência e pela tecnologia, afinal patrimônio comum de todos os homens.

As dificuldades e os obstáculos dos primeiros tempos da Revolução Industrial foram, aos poucos, sendo vencidos e paulatinamente amenizados com a adoção de medidas compatíveis com a dignidade humana.

Por oportuno, ainda que superficialmente e em homenagem aos precursores da administração científica, é justo relembrar a atuação e os estudos desenvolvidos por Frederic W. Taylor na organização e padronização do trabalho, cujo método foi completado por Henri Fayol, porém com o sentido mais de ordem administrativa.

Essa rapidíssima pincelada histórica só se justifica como demonstração de que, diante do avanço tecnológico e da própria evolução das empresas, outra alternativa não resta senão a constante revisão da organização e métodos, com novas estruturas que melhor se adaptem às atuais conquistas sociais.

Não há, portanto, como negar que o mundo moderno experimenta profundas e aceleradas transformações em todos os campos da atividade humana resultantes do progresso científico e do inevitável desenvolvimento de novas tecnologias.

A propósito, são sempre oportunas as previsões do conhecido Alvin Toffler, que, na sua obra *A terceira onda*, deixa patente os aspectos socioeconômicos de diferentes épocas, afirmando que, durante milênios, vivemos a "primeira onda ou sociedade agrícola", em que a "fazenda" aparecia como unidade geradora de empregos e de recursos financeiros, foi a fase de predomínio da agricultura.

Com a Revolução Industrial, tem início a "segunda onda ou sociedade industrial", deslocando-se para as "fábricas" todo o interesse econômico e a principal fonte geradora de empregos.

Já na "terceira onda ou sociedade da informação", o trabalho físico e intelectual do homem começa a ser substituído pela velocidade dos computadores e por inúmeras inovações técnicas, como conseqüência do avanço tecnológico, da evolução da informática, da robótica e da telecomunicação.

Essas conquistas, contudo, não afastam a possibilidade de aproveitamento de técnicos e especialistas para o desempenho dessas funções sofisticadas. Ao contrário, independentemente de considerações psicossociais, o homem de hoje já se prepara para uma reformulação profissional à altura das novas realizações científicas e tecnológicas capazes de lhe proporcionar uma perspectiva de futuro compatível com a sua dignidade humana.

É na "terceira onda" que os veículos de massa passam por um processo de desmassificação, cedendo espaço à "comunicação dirigida".

Na verdade, não há massificação da comunicação dirigida, mas os jornais, as revistas, o rádio e a televisão — principais meios de comunicação de massa da "segunda onda" — estão, cada vez mais, especializando-se e utilizando-se da "comunicação dirigida" para atingir determinados públicos ou parte de seus públicos.

COMUNICAÇÃO DIRIGIDA

Comunicação, em síntese, é o processo de transferir uma informação selecionada (mensagem) de uma fonte de informação a um destinatário, ou seja, transferir significados. Segundo o professor Cândido Teobaldo de Souza Andrade, podemos dizer que "comunicação dirigida é o processo que tem por finalidade transmitir ou conduzir informações para estabelecer comunicação limitada, orientada e freqüente com determinado número de pessoas homogêneas e identificadas".

À comunicação dirigida cabe a elaboração da mensagem eficiente, eficaz e apta a produzir os efeitos desejados no público receptor. Evidentemente, sob esse enfoque, enquadram-se todos os requisitos e elementos essenciais que integram e caracterizam a comunicação dirigida. A fonte produtora da mensagem é o órgão, o setor, o profissional, enfim, a unidade administrativa de relações públicas; o receptor é o público que se pretende constituir e estimular por via do "veículo" escolhido.

Essa mensagem, bem planejada e estruturada, e a escolha adequada do veículo de comunicação dirigida proporcionarão um *feedback* mais rápido, que, por sua vez, permite uma análise imediata dos efeitos produzidos.

Esse aspecto representa uma das grandes vantagens oferecidas pela comunicação dirigida em detrimento da comunicação de massa. Sem cogitar do exame conceitual de "massa", é oportuno lembrar que o primeiro passo do setor de relações públicas é caracterizado pela determinação dos grupos e identificação dos públicos. Nessas condições, a comunicação dirigida dispõe de mecanismos mais aptos, mais diretos e mais econômicos para alcançar os públicos identificados.

Os veículos de comunicação dirigida são instrumentos por meio dos quais são transmitidas as mensagens com a finalidade de atingir o público receptor.

Em que pese a despreocupação deste trabalho em classificar os diferentes veículos ou entrar no mérito da natureza e do conteúdo das expressões utilizadas, é conveniente dar destaque à sua validade, na medida em que possa corresponder às expectativas de quem planeja e coordena a execução.

Todo esse instrumental resume-se em veículos escritos, orais, aproximativos e auxiliares.

Veículos escritos

- Correspondência (interna e externa), mala-direta.
- Manuais de empregados, de organização, de identidade visual e outros.
- Publicações que se destinem a um público determinado ou parte dele.
- Relatórios, periódicos de empresa etc.

Veículos orais

- Telefone.
- Intercomunicador.
- Radiocomunicação.
- Alto-falante.

Veículos aproximativos

Entende-se por veículos aproximativos aqueles que permitem qualquer aproximação física ou virtual entre os públicos e a instituição.

- Congressos, convenções, reuniões de informação ou discussão.
- Conferências, palestras, conversas, discursos, entrevistas, treinamentos.
- Visitas, feiras, exposições.
- Eventos: culturais, esportivos, musicais, lançamentos de produtos.
- Acontecimentos especiais, inaugurações, *shows*, datas cívicas, comemorações.
- Praça de esportes, auditório, biblioteca, museu, ambulatório, estacionamento e demais dependências usadas pelos públicos.
- Serviços prestados à comunidade, donativos, bolsas de estudos, patrocínio, concursos, brindes.

Veículos auxiliares

Os veículos auxiliares da comunicação dirigida, como a própria adjetivação indica, permitem ao profissional o seu aproveitamento imediato ocupando lugar de suma importância e tendo inúmeras aplicações nas suas comunicações escrita, oral e aproximativa.

Ao enumerá-los, estabelece-se uma distinção entre os recursos visuais, auditivos e audiovisuais.

- **Recursos visuais**

Álbum seriado, bandeiras, cartazes, diafilmes, diapositivos, diagramas, desenho animado, exposição, filmes, flanelógrafo, fotografias, gravuras, gráficos, imantógrafo, logotipo, marca, mapas, mural, modelos em escala, pinturas, quadro-de-giz, quadro de velcro, sinalização, transparências.

• **Recursos auditivos**
Alarmes, apitos, discos, fita magnética, sirene, sino.

• **Recursos audiovisuais**
Filme sonorizado, fita de vídeo, diafilme sonorizado, seqüência sonorizada de diapositivos, multimídia em computador.

A "comunicação dirigida", então, com objeto próprio e peculiar, vai alcançar o seu "público-alvo". Não se trata de uma área nova que começa a ser estudada agora, mas de um campo da comunicação cuja importância só agora está sendo reconhecida. Afinal, a "comunicação dirigida" é um meio ou instrumental que o profissional de relações públicas sempre empregou para a formação e orientação de seus diferentes públicos — objeto da sua atividade.

É nessa visão panorâmica que entram as relações públicas como unidade administrativa autônoma, integrando-se e incorporando-se à estrutura organizacional de qualquer atividade, pública ou privada, para cumprir a sua finalidade de intermediar os interesses da instituição e dos públicos a ela vinculados.

• **Relações públicas**
Entre as inúmeras definições que, certamente, não serão as últimas, também emprestamos a nossa contribuição, sem qualquer outra pretensão, elaborando conceito próprio.

Para nós, relações públicas são os procedimentos da administração, sistematicamente estruturados, que se destinam a manter, promover, orientar e estimular a formação de públicos, "por meio da informação e da comunicação dirigida", a fim de tornar possível a coexistência dos interesses visados.

A definição pode ser desdobrada a partir de uma visão sistêmica, compreendendo os componentes básicos de quaisquer atividades ou empreendimentos, a saber: natureza (administrativa), finalidade (reciprocidade de interesses), objeto (formação de públicos) e meios (informação e comunicação).

Adaptando-se a nossa definição a esses componentes, ela se completa com a análise conceitual e exame crítico dos elementos que a compõem.

Natureza — Administrativa: "... procedimentos da administração, sistematicamente estruturados..."

A ciência da administração, após a elaboração teórica dos fenômenos observados, deverá adotar as providências que lhe são peculiares, ou seja, planejar, organizar, dirigir e controlar, para que sejam alcançados os fins desejados.

Os procedimentos devem adequar-se às circunstâncias de cada caso e se distribuir pelas diferentes unidades administrativas, que compõem a organização, na qual se incluem as "relações públicas".

Trata-se aqui de um sistema, quer dizer, de um conjunto de partes que se ligam de forma harmônica e coerente para alcançar uma meta preestabelecida.

Em relações públicas, essas partes são os procedimentos da administração, isto é, o modo próprio de praticar esses atos administrativos e de desenvolver-se o processo, conforme as exigências de cada caso. Em outras palavras, é a forma material com que o processo de relações públicas se realiza.

São os procedimentos que dão exterioridade ao processo, revelando-lhe o *modus faciendi* com que se vai atingir o objeto de relações públicas — os públicos. Nenhum desses procedimentos pode estar em desarmonia com o sistema, para não quebrar a coerência do conjunto e não ofender a sistemática de relações públicas.

A análise de qualquer parte ou procedimento do sistema, se feita isoladamente, pode conduzir a erros graves ou à imperfeição do processo.

Processo e procedimento são conceitos diversos, não se confundem. Processo é o método — o caminho a seguir para compor os elementos que formarão um conjunto coerente. As relações públicas, como procedimento, são a forma material com que o processo se realiza ou atinge suas finalidades e objetivos. A estrutura sugere construção, edificação, arquitetura. Os sistemas formam os conjuntos e a corporificação dos conjuntos forma a estrutura.

Um sistema, portanto, tomando corpo adquire uma estrutura, ou seja, as partes componentes (procedimentos) terão, umas em relação às outras, tal ou qual importância, esta ou aquela proporção. Enquanto o sistema é um conjunto ligado, definindo-se no abstrato, a estrutura caracteriza-se pelas proporções recíprocas e concretas das partes de um todo, que mantêm entre si relações recíprocas.

Todas as fases ou procedimentos do sistema formam a estrutura de relações públicas, isto é: determinação dos grupos e identificação dos públicos, apreciação do comportamento dos públicos, levantamento das condições internas da organização, revisão e ajustamento da política administrativa, amplo programa de informação e avaliação e controle dos resultados, que, no seu conjunto, constituem o "processo de relações públicas".

Finalidade — Reciprocidade de interesses: "... a fim de tornar possível a coexistência dos interesses visados..."

A coexistência dos interesses visados exprime, de pronto, a correlação dos interesses comuns, a conciliação dos interesses recíprocos, a compreensão mútua; infere, de um lado, o interesse do público, caracterizado pelas considerações racionais, traduzidas em opiniões e, de outro lado, o interesse particular dos patrocinadores da atividade, traduzido nos objetivos que procuram alcançar.

Objeto — Formação de públicos : "... que se destinam a manter, promover, orientar e estimular a formação de públicos..."

"Público" é o envolvimento de pessoas, com opiniões diferentes, na discussão de qualquer assunto, por meio da interação pessoal ou dos veículos de comunicação.

A discussão, por si só, sugere de imediato a existência de uma questão controvertida, em que o interesse material ou intelectual das pessoas envolvidas se faz presente na solução da controvérsia.

Às relações públicas cabe promover a constituição desse público, levantando a questão e/ou colhendo dados sobre pontos controvertidos, no sentido de atingir as suas finalidades, ou seja, a conciliação do interesse público com o interesse da instituição.

Meio — Comunicação: "... por meio da comunicação dirigida..."

Fixados os interesses da instituição, a unidade de relações públicas, entre outras da estrutura organizacional, é acionada para cumprir o seu objetivo.

Assim, previstas as possibilidades, estabelecido o plano de ação e coordenados todos os dados coletados e disponíveis, há que se pôr em prática os elementos teóricos idealizados pelo profissional ou pelo setor.

A viabilidade de concretização das hipóteses levantadas e previstas fica na dependência direta do instrumental que compõe a comunicação dirigida. Aliás, a corporificação de qualquer idéia só se torna possível e se aperfeiçoa mediante o emprego de instrumentos específicos e adequados fornecidos pela comunicação. Aí reside a importância desse ramo do conhecimento — a comunicação e, em particular, a comunicação dirigida: a servir de sustentáculo das relações públicas.

Assim, se as técnicas constituem subsídios bastante e de grande valia para a aplicação prática, não menos importante é a atuação do profissional no manuseio das informações, para que as relações delas decorrentes possam satisfazer, a contento, as pessoas nelas envolvidas.

COORDENAÇÃO DA COMUNICAÇÃO

O homem, desde os primeiros tempos da vida em comum com os seus semelhantes, sentiu a grande necessidade de se ligar e se organizar, conferindo a um ente qualquer autoridade ou poder para regular a conduta humana. Essas imposições, certamente, estariam sujeitas a uma escala de comando, impondo-se a fixação das diferentes atribuições em cada setor da sociedade.

Simultaneamente e dadas as exigências cada vez maiores do progresso social, as funções foram subdivididas e atribuídas a pessoas diferentes, com o objetivo de viabilizar o trabalho coletivo. Em conseqüência, surgiu um conjunto de atividades interligadas, com a denominação de "administração", que, posteriormente, passou a ser um ramo do extenso sistema do conhecimento humano.

A fim de abrir caminho para um maior entendimento e melhor compreensão do conteúdo e alcance das relações públicas e da comunicação dirigida no que diz respeito às organizações, é necessária a apresentação de certos conceitos.

A administração tem como finalidade fundamental a *coordenação* de um esforço em grupo das funções de planejar, organizar, dirigir e controlar. Nesse caso, coordenação nada mais é do que ligar, unir e harmonizar todos os atos a serem praticados de forma coerente e ordenada.

- *Planejar* é determinar antecipadamente o que se deve fazer e como os objetivos serão atingidos.
- *Organizar* é congregar os diversos recursos e fatores necessários para a execução do que foi planejado.
- *Dirigir* é adotar decisões corretas, procurando converter o organizado em resultados concretos.
- *Controlar* é acompanhar a execução do plano, corrigindo os erros e desvios observados.

A coordenação é, por excelência, um problema de organização. A partir dos princípios fundamentais da administração é que a habilidade do profissional de relações públicas se faz presente, não só sob o aspecto de economia e eficiência do seu trabalho, como também sob o prisma de desenvolvimento, controle e atuação de toda a equipe necessária à respectiva execução da comunicação.

A comunicação dirigida nas organizações compreende o desempenho de funções das mais variadas, distribuídas a pessoal técnico e especializado, mas a responsabilidade de todo o desenvolvimento do processo de execução está inteiramente concentrada nas mãos do coordenador. Para alcançar os objetivos últimos do seu trabalho, a ele cabe, necessariamente, realizar e promover a harmonia e interdependência dos especialistas, considerados individualmente ou em conjunto.

Quaisquer que sejam essas funções específicas, ao coordenador compete a supervisão geral e a adaptação, umas às outras, das diferentes atividades que compõem a comunicação dirigida.

A coordenação ou supervisão geral, todavia, não chega ao ponto de se atribuir responsabilidade direta e total ao profissional de relações públicas pela elaboração e realização dos trabalhos programados. Compete-lhe, apenas, o controle e a avaliação dos resultados obtidos. Evidentemente, embora não tenha a obrigação de conhecer todos os aspectos técnicos de cada atividade de comunicação dirigida, a rigor, deve dispor de noções básicas daquelas funções, para que todos os elementos funcionem recíproca e harmonicamente.

Nesse sentido, o profissional de relações públicas passa a ter responsabilidade indireta, a despeito de ser o responsável direto perante a organização.

O coordenador pode e deve dividir as funções e, independentemente da assistência de terceiros, a ele estão afeitos os resultados finais. Por isso, o sucesso ou fracasso das diferentes atividades depende da habilidade de bem coordenar.

Pondere-se que a organização, ao confiar a execução de um trabalho de comunicação, pressupõe a existência do senso de responsabilidade daquele a quem está sendo atribuída a respectiva tarefa. A coordenação apresenta-se como um simples elemento necessário às relações profissionais, caracterizada por propósitos honestos, dignidade e respeito mútuo.

Contudo, para o profissional de relações públicas encarregado da apresentação do trabalho final e particularmente dos contatos preliminares e complementares, a coordenação ocupa posição de realce e de suma importância. Eis que, em relação à equipe de trabalho, o coordenador deverá conciliar todos os serviços, a fim de que se concretizem e se tornem realidade as intenções e os aspectos subjetivos dos interessados.

Para tanto, ao coordenador impõem-se certos atributos de personalidade e aptidão, como talento, arte, cultura geral, alto senso de comunicação, trabalho em equipe e, especialmente, imediatismo na tomada de decisões. Em outras palavras, o coordenador deve ser "inteligente" e ter discernimento para ir ao encontro daquilo que o interessado deseja.

A despeito dessas qualidades vinculadas à atividade, o coordenador deve também ser firme, enérgico e intransigente em relação à sua autoridade e ter conhecimentos específicos. A sua orientação e as sugestões do pessoal envolvido não podem ser desvirtuadas em favor da eventual criatividade dos interessados.

Se as relações públicas estão situadas no campo da comunicação, atuando na área da administração, infere-se que o profissional daquela atividade é um administrador da comunicação e, conseqüentemente, deve cumprir e observar os princípios fundamentais das duas áreas.

Damos ênfase à coordenação como função imprescindível da administração; porém, nem sempre ela é incluída na classificação de suas funções específicas.

Segundo Koontz e O'Donnel:

> Muitas autoridades consideram a coordenação como uma função separada do administrador. Parece mais certo, entretanto, considerar a coordenação como essência de administrar, pois a realização da harmonia do esforço individual no sentido da obtenção dos objetivos de grupo é o propósito da administração. Cada função do administrador é um exercício de coordenação.

CONSIDERAÇÕES GERAIS

A função administrativa de relações públicas não se sobrepõe ao igual caráter relevante que lhe emprestam os veículos de comunicação, mediante os quais é atingida a meta perseguida por essa atividade profissional. Se a estruturação sistemática da organização ocupa posição doutrinária de realce, não menos importante é todo instrumental fornecido pela comunicação dirigida.

Ora, se nas relações públicas os procedimentos específicos da administração compreendem as diferentes fases do processo de realização da atividade profissional, as quais estão diretamente relacionadas à troca de informações entre a instituição e seus públicos, aí está "a mão dupla de direção" peculiar e privativa da *comunicação dirigida.*

Nessa linha de pensamento, a *comunicação dirigida* apresenta-se visível e inconteste na ida e volta das informações, como o mecanismo ou instrumental a ser acionado para estabelecer e manter compreensão mútua entre os interessados: de um lado, o público formado e, de outro, a organização pública ou privada.

Naturalmente, a coordenação se faz essencial e necessária, devendo ser estimulada em qualquer instituição, porque é o ordenamento sincronizado de todas as unidades administrativas.

Fixados esses parâmetros, a correlação "administração-comunicação" encontra justificativa nas fases que compreendem o processo de relações públicas, entre as quais se enfatiza o emprego dos meios e de todo o instrumental fornecido pela comunicação, ou seja, o amplo programa de informação.

Convém lembrar que o profissional de relações públicas não é um mero executante da comunicação, mas um administrador da comunicação que emprega os instrumentos fornecidos pela comunicação dirigida para atingir os fins que se propõem as relações públicas. Ele é parte integrante e peça fundamental da "alta administração", com íntima vinculação ao instrumental de que deve dispor para levar a bom termo o exercício das suas funções.

Com essas observações, pode-se afirmar que a eficácia das relações públicas está na dependência do uso adequado de um sistema eficiente de comunicação. De nada valerá o esforço do profissional se a troca de informações estiver em desarmonia com a realidade dos fatos, idéias e opiniões.

A despeito de se enumerarem os diferentes veículos de comunicação dirigida e a sua relevância, há que se reconhecer a evidência de um progresso inevitável das ciências e da tecnologia com inovações que só a mente humana, pela amplitude da sua capacidade, pode cogitar.

BIBLIOGRAFIA

ANDRADE, C. T. de S. *Para entender relações públicas.* 3. ed. São Paulo: Biblos, 1985.

FERREIRA, W. *Planejamento e coordenação da execução de seqüência sonorizada de diapositivos como atividade de relações públicas.* São Paulo: ECA/USP, 1979 (dissertação de mestrado).

________________. Relações públicas e comunicação dirigida. In: CORRÊA, T. G. (org.). *Comunicação para o mercado.* São Paulo: Edicon, 1995, p.73-85.

KOONTZ, H.; O'DONNEL, C. *Princípios da administração: uma análise das funções administrativas.* 10. ed. São Paulo: Pioneira, 1986.

TOFFLER, A. *A terceira onda.* Rio de Janeiro: Record, 1980.

CAPÍTULO 8

RELAÇÕES PÚBLICAS DE RESULTADOS

Ricardo Eduarte
Profissional de relações públicas e diretor da Sine Qua Non Serviços de Comunicação

O acelerado processo de globalização por que passa a economia mundial tem lançado uma enorme responsabilidade às empresas brasileiras. Postos no fogo cruzado do mercado internacional, os empresários do País têm, a um só tempo, as missões de exportar e de neutralizar os efeitos da entrada de produtos estrangeiros no Brasil, como num jogo em que, para ganhar a partida, não basta apenas fazer gols, é preciso também não deixar a defesa descoberta.

A corrida é contra o tempo! Os produtos importados estão mais do que aí! A queda das alíquotas de importação "arregala os olhos" e desafia as estratégias das empresas freqüentadoras dos mercados internacionais. Os mais pessimistas afirmam que, se o Brasil não se apressar, sufocará sua indústria, voltando a ser mero exportador de matérias-primas. Estão em jogo milhares de empregos, a própria sobrevivência de muitas empresas e o conseqüente futuro econômico do País. E não basta lançar mão de medidas protecionistas, como insistem alguns *lobbies*. Para cada ação de proteção de mercado aqui, o Brasil vai encontrar duas no exterior. Mais do que se defender dos produtos importados no mercado interno, o empresário brasileiro precisa "pensar grande", incorporando definitivamente a necessidade e as regras do comércio entre os países. Não há escolha. Ideologias à parte, se o Brasil pensa em futuro tem de aprender a jogar o jogo do mercado internacional.

Mas a situação da maioria das nossas empresas mostra um árduo caminho a ser percorrido para pensar em exportação. Salvo em segmentos específicos, comparando a qualidade de produtos e processos com seus concorrentes, o Brasil entra em campo com desvantagens.

O problema é estrutural, não se inicia nem se esgota nas empresas, que apenas refletem uma realidade. Fruto de políticas equivocadas e de interesses corporativistas que ao longo da história foram comprometendo seu desenvolvimento, hoje não há sistema social no País que não apresente sérios problemas e distorções. Seguramente, esse conjunto de dificuldades, conhecido como "custo Brasil", representa o grande obstáculo com o qual todos têm que conviver e combater. O buraco é grande: as empresas brasileiras precisam a um só tempo vencer barreiras políticas, culturais, legais e tecnológicas.

Cada segmento da sociedade deve assumir compromissos definitivos com o sistema produtivo e o desenvolvimento econômico. Para isso, nos planos político, institucional e profissional, será necessário adotar posturas e visões ao mesmo tempo diferenciadas e sinergizadas.

Ao governo, incluindo o legislativo, cabem iniciativas vitais para que o esforço tenha êxito. No curto prazo, deve-se haver desde a legislação que alivie a pesada carga de tributos e facilite a importação de bens de capital até a restauração e modernização dos sistemas de transporte. No longo prazo, há que se introduzir em todos os segmentos sociais, incluindo as escolas, a concepção prática e mais abrangente da convivência com outros povos e culturas.

Essa inescapável tendência de globalização do mercado oferece às relações públicas a oportunidade de exercitar uma de suas melhores características: assumir-se como um instrumento administrativo capaz de ajudar ainda mais a empresa nacional a superar seus problemas em todos os escalões de sua hierarquia, sem exceção, envolvendo até mesmo as famílias dos empregados e as próprias comunidades onde se encontram instaladas.

É preciso queimar etapas e retomar a história de crescimento. No âmbito interno das empresas dificilmente conseguiremos tornar nossas indústrias mais eficientes apenas com máquinas e equipamentos. O despreparo do elemento humano talvez seja o principal obstáculo nessa verdadeira guerra pela conquista de mercados. No meio dessas fraquezas um velho problema continua a persistir — a crônica falta de comunicação e entendimento entre as pessoas que participam do processo produtivo.

Aposto com quem quiser: de cada três problemas que atrapalham as empresas no Brasil, dois têm a ver com a precariedade dos seus sistemas de comunicação e relações públicas. Já virou rotina, toda pesquisa aplicada sobre a estrutura de funcionamento das empresas brasileiras aponta este como um dos principais entraves ao seu desenvolvimento.

Os exemplos são conhecidos: é chefe que não passa a informação aos subordinados; é o sindicato que ficou sabendo do índice de reajuste salarial antes de todo mundo na empresa e já está mobilizado; é a imprensa que procura alguém dentro da empresa para saber da greve e, não encontrando ninguém para falar, só publica a versão do sindicato; é a falta de informação sobre uma visita importante que a empresa não "capitalizou em cima"; é o fornecedor que não ficou sabendo da mudança do endereço e entregou a mercadoria no lugar errado; é uma legislação que quem conhecia não avisou quem deveria saber e acabou comprometendo o desenvolvimento de um projeto, só que o projeto já está na metade; é a área de desenvolvimento que fez tanto segredo com o produto X que o *marketing* não se preparou para o lançamento e enfiou a verba no produto velho; é o *marketing* que não fez a pesquisa recomendada e o novo produto lançado tem de ser liquidado para acabar com o estoque; é o vendedor que não sabe informar o mercado e assume compromissos que a empresa não pode cumprir; é a campanha da empresa que vai ao ar e ninguém da diretoria e da gerência estava sabendo; é o balconista que está recebendo um produto novo, o mesmo que a propaganda está anunciando, mas não está preparado para apresentá-lo aos consumidores; é a assistência técnica que não foi informada de um pequeno problema com a peça Y, e o consumidor, cansado de reclamar, põe uma carta no jornal "metendo o pau" na empresa. Enfim, é uma "bateção de cabeça geral".

Se por um lado há falta, por outro há excesso. Há os lamentados casos em que a comunicação ocorre quando ainda não deveria. São os projetos estratégicos em curso, em que qualquer vazamento ou divulgação antecipada é inoportuna, precipitando sua aplicação e comprometendo resultados.

Quem puser na ponta do lápis os prejuízos financeiros que esses problemas trazem vai concluir que é o lucro que não veio e está "indo pelo ralo", sem contar a perda de competitividade e o inestimável desgaste de imagem.

O mais comum em todos esses exemplos é a não-percepção do valor estratégico da comunicação e das relações públicas para a obtenção de resultados para as várias áreas de atuação das empresas e para elas como um todo.

Chega a ser sintomático. Um dos indicadores mais precisos do estágio de desenvolvimento empresarial é a aplicação de técnicas de relações públicas, em que a comunicação é a sua face mais visível. Nas empresas com problemas, a comunicação é desprestigiada e amadorística e, nas de sucesso, ela tem tratamento profissional.

Nas organizações de sucesso, a comunicação não tem um fim em si mesma, mas sim um instrumento da administração que visa claramente obter resultados, da mesma forma que nas atividades de *marketing* ou finanças, em que o custo-benefício sempre é avaliado com o maior rigor possível. Nessas, é clara a percepção que a comunicação agrega valor aos seus produtos e serviços.

Para tais organizações não basta apenas saber usar as técnicas de comunicação, antes de tudo querem saber por que e o que comunicar. As respostas a essas indagações se explicam em outras etapas do processo de relações públicas. Para tanto, conhecer os objetivos das empresas e promover atividades de pesquisa é fundamental antes e depois das ações de comunicação. A empresa precisa tomar conhecimento sistemático das opiniões de seus públicos. Em outras palavras, é preciso quantificar e qualificar os resultados alcançados com as ações empreendidas.

CONFUSÃO DE PÚBLICOS

Apesar da fácil compreensão, poucos que militam na área referem-se aos públicos com a correção que a atividade exige. Há muita confusão na cabeça das pessoas. Ao fazer a mera separação entre o que é público interno e o que não é, juntam na vala comum do público externo todos os outros, não raro dando-lhes tratamentos equivocados.

Os exemplos do início do capítulo, tão comuns no dia-a-dia do ambiente empresarial, apontam os vários públicos com os quais as empresas se relacionam e nos quais ela precisa despertar e manter boa-vontade para continuar prosperando nos negócios. Além do público interno e seus níveis de decisão, aí estão órgãos do governo, fornecedores, sindicatos, revendedores, representantes, clientes, imprensa e demais formadores de opinião que, movidos por interesses diferentes, requerem pesquisas, análises e tratamentos diferenciados pelas empresas.

AS RELAÇÕES COM OS EMPREGADOS E A COMUNICAÇÃO INTERNA

Constituindo um universo de valores dos mais expressivos, os empregados representam o maior trunfo para que uma empresa possa se desenvolver e cumprir sua missão. A esse público deve ser dirigida a maior e a melhor atenção, pois é com ele que a empresa vai empreender suas conquistas. O aumento da remuneração dos empregados precisa estar atrelado aos resultados individuais, de equipe e do conjunto da empresa.

A família dos empregados é uma extensão do público interno. Núcleo de pessoas que vive diretamente do fruto do trabalho de seu membro, a família também deve ser considerada uma aliada estratégica, uma vez que alimenta naturais expectativas de progresso da empresa e motivação natural do desenvolvimento profissional de quem trabalha nela. À família, pelo estímulo que representa aos empregados, devem ser planejados e dirigidos esforços de relacionamento e comunicação que consagrem essa parceria, incluindo visitas periódicas às instalações da empresa e o recebimento de informações especialmente preparadas para elas.

Os esforços nessa direção jamais devem ser confundidos com paternalismo e assistencialismo, vícios que confundem os objetivos administrativos e jogam contra os esforços de profissionalização.

Embora o conceito dessa importância das relações com os empregados não seja novo na cabeça dos empresários, a prática muitas vezes está longe de responder com adequação e agilidade às suas necessidades, prejudicando a qualidade da empresa, de seus produtos e serviços. É muito difícil tornar uma empresa eficiente e competitiva com uma comunicação interna precária.

JORNALISMO EMPRESARIAL

Entre os vários instrumentos de comunicação com os empregados, um dos mais valiosos e conhecidos é o jornal interno, instrumento que cumpre papel de importância capital no conjunto de ações da empresa.

O jornal interno é um veículo já consagrado como instrumento de comunicação de relações públicas e de integração social pela moderna administração. Com sua adoção, as empresas difundem melhor suas políticas internas que necessitam do envolvimento e comprometimento dos seus quadros funcionais.

Por meio do jornal interno, a empresa revela para si mesma o universo de valores profissionais e humanos que possui, mostrando, mediante notícias, artigos e reportagens, os melhores exemplos e, em última análise, os caminhos a seguir.

Como instrumento de comunicação social, o jornal interno atenua os efeitos negativos da natural rede de boatos (rádio peão) existente na empresa, já que passa a constituir um meio seguro de informações para seus empregados por intermédio de fontes declaradas e hierarquizadas.

O jornal interno cumpre, também, importante papel na formação da consciência dos empregados, uma vez que pela informação, afasta-os da condição de mera massa de manobra nas mãos de sindicalistas mais afoitos. Entre os funcionários, o jornal interno promove um conhecimento maior dos negócios da empresa e um espírito crítico mais apurado quanto às suas estratégias administrativas, técnicas e de comercialização.

Matérias com conceitos de *benchmark,* tanto de produtos quanto de processos e serviços, freqüentam as páginas do veículo, com o objetivo de mostrar a todos suas responsabilidades com qualidade e produtividade, contribuindo para a garantia e ampliação do número de empregados e da sobrevida da empresa.

Como instrumental de relações industriais e de recursos humanos, apóia a dinâmica do desenvolvimento profissional sempre que divulga e promove seus cursos internos, planos de carreira e promoção, suas políticas de benefícios, de saúde profissional e de prevenção de acidentes no trabalho.

Como uma de suas principais funções, o jornal interno enfoca as diversas unidades da empresa e o trabalho que cada uma desenvolve. Dessa forma, mostra com clareza a importância do trabalho setorizado no conjunto de ações desenvolvidas para que a empresa alcance seus objetivos.

Este veículo é, igualmente, o principal instrumento no lançamento e sustentação de eventos de integração social dos funcionários e suas famílias, tais como: competições esportivas, movimentos cívicos, culturais e de lazer, comemorações internas e comunitárias, festas de aniversários mais importantes e muitos outros.

Mas o jornal interno é solução para todos os males de comunicação dentro da empresa? Nem poderia! E não é justo que seja visto como um salvador da pátria. Nos exemplos apontados no início deste capítulo há a necessidade de montar um leque de possibilidades e instrumentos de relações públicas, cada um abrangendo um conjunto de necessidades.

O PAPEL DOS CHEFES NO PROCESSO DE COMUNICAÇÃO

Estudos recentes indicam que os níveis médios de chefia nas empresas não exercem como deveriam as funções de comunicação que seus cargos exigem. Uma série de motivos explica esse fenômeno, desde conceitos ultrapassados de administração até o medo de perder o emprego, sintoma típico de um ambiente competitivo. Os chefes que se enquadram nesse caso apresentam sintomas de insegurança ao ter que passar as informações para subordinados e, com isso, perder poder na hierarquia da empresa.

Os chefes, em qualquer nível, representam instrumentos de comunicação extremamente valiosos no processo. Suas atitudes negativas de omitir, negar, retardar, distorcer ou fragmentar informações que poderiam ser dadas por inteiro atravancam o processo de comunicação das empresas e prejudicam o seu desenvolvimento.

Essa deficiência tem retardado a implementação de programas de qualidade e produtividade, impedindo as empresas de alcançar níveis de produtos e processos que lhe tragam maiores chances de enfrentar a concorrência e sobreviver. Ainda que substituam os chefes nas suas obrigações de comunicar, os jornais de empresa auxiliam nessa tarefa ao destacar e atualizar os principais temas de interesse em curso nas empresas, fornecendo assim, continuamente, uma verdadeira pauta de assuntos para os chefes e seus subordinados.

Além dos temas do jornal interno, poderiam ser dirigidas algumas dicas para os chefes:

- Perguntem aos seus auxiliares como eles acham que poderiam fazer melhor suas tarefas.
- Sejam humildes para estimular e aceitar as críticas de seus subordinados. Se algum estiver mal-humorado, procurem saber por quê.
- Os empregados conhecem bem os problemas de sua área e os de muitas outras. Desenvolvam o interesse em ouvi-los regularmente.
- Os empregados precisam conhecer os movimentos dos concorrentes e ter informações sobre a evolução do setor onde sua empresa atua. Informem-se, reúnam-nos e comentem com eles.
- As equipes precisam avaliar o conjunto de qualidades e possibilidades de que dispõem para vencer suas próprias dificuldades e enfrentar melhor a concorrência. Perguntem como cada um pode contribuir para isso.
- As equipes precisam que lhes apresentem metas a alcançar. Definam e apontem os objetivos e promovam a sinergia de esforços em busca dos resultados.
- Não pode haver produtos e processos de qualidade com uma comunicação ruim. A informação precisa estar na medida certa, na hora certa e para as pessoas certas. Façam uma avaliação da qualidade da comunicação que circula em suas áreas de trabalho e como é a comunicação com as outras.
- As pessoas que têm contato com o público precisam ser informadas para poder informar. Preparem um questionário minucioso e aplique-o em quem passa informação nas suas áreas.
- A informação precisa ser padronizada e acessível. Comparem as diferenças e distorções de cada um dos seus auxiliares nas informações passadas.
- As unidades das empresas precisam contar umas às outras o que fazem. *Workshops* internos apresentam excelentes resultados. Proponham isso aos outros chefes. Vejam se eles não estão com a mesma necessidade de informação que as suas áreas.

- É desperdício deixar pessoas esperando em ante-salas sem receber informações sobre a empresa. Materiais impressos e vídeo podem cumprir bem essa função. Solicitem à área de comunicação e relações públicas que os ajude a suprir essa necessidade.

PROGRAMAS E CAMPANHAS DE EDUCAÇÃO E CONSCIENTIZAÇÃO

As oportunidades e necessidades não são poucas. A partir de sua filosofia e de suas políticas, as empresas precisam definir claramente seus objetivos para esses temas, desde a implementação de programas de qualidade e produtividade, passando pela disseminação dos conceitos de cidadania, integração na comunidade, esporte, lazer, civismo, até a administração do orçamento doméstico, cuidados com a saúde e educação dos filhos. Um sem-número de promoções, seminários, encontros, palestras, visitas e outras oportunidades de comunicação e debates deve integrar um cuidadoso programa de relações com o público interno e suas famílias. Neste capítulo as técnicas de relações públicas serão um valioso instrumento para apoiar as políticas de recursos humanos e relações industriais, formando uma parceria das mais produtivas e gratificantes.

AS TÉCNICAS DE PROPAGANDA PODEM AJUDAR

Os empregados normalmente são vítimas de um processo de dissonância cognitiva. Assistem na televisão e vêem nas revistas anúncios dos produtos que eles próprios ajudam a fabricar com o requinte e a sofisticação das técnicas de propaganda, mas, dentro da empresa, as mensagens persuasivas que seriam próprias de campanhas internas nem sempre são bem preparadas e apresentadas com o devido cuidado.

A comunicação empresarial precisa de reforços. A linguagem não deve ser burocrática ou apenas jornalística, requer também a técnica da linguagem persuasiva, própria da propaganda e da promoção, com todo o seu envolvimento e instrumental absolutamente consagrados como dos mais eficazes no processo de comunicação.

A técnica de relações públicas, com a sua abrangência administrativa e de comunicação, pode ajudar exatamente promovendo a incorporação desta nova linguagem na cultura das empresas, colocando-a a serviço da disseminação interna dos conceitos de qualidade e produtividade, enriquecendo, assim, o leque de mídia da comunicação empresarial.

RELAÇÕES COM A IMPRENSA

Paralelamente aos esforços de comunicação e relações com o público interno, as empresas têm-se voltado para o relacionamento com os órgãos de comunicação mediante as conhecidas assessorias de imprensa. Tidos como os maiores formadores de opinião, os jornais, revistas, emissoras de rádio e televisão influenciam os rumos da própria vida do País e de tudo o que contribui para isso. As empresas não fogem a essa regra.

A ação da compra de um produto ou serviço é o resultado de um processo que começa muito antes de o consumidor entrar numa loja e que não depende só da propaganda. O conceito de que cada empresa ou organização desfruta na opinião do público tem início a partir das informações que estes recebem de várias origens, a qualquer hora, em qualquer lugar, num processo alimentado continuamente por todas as pessoas, meios e veículos influenciadores e formadores de opinião.

Reconhecidos nesse processo como eficiente instrumento de apoio aos esforços de relações públicas e de *marketing*, os serviços de assessoria de imprensa vêm conquistando definitivamente seus espaços na estratégia de comunicação das empresas na luta pela conquista e ampliação de mercados.

Não se está aqui sugerindo atribuir responsabilidades de venda de mercadorias às assessorias de imprensa. A própria propaganda, que é um instrumento auxiliar muito mais objetivo nesta direção, não pode ser responsabilizada por isso. Quando muito, nesse particular, a propaganda terá o louvável mérito de ter despertado a atenção do consumidor para o produto.

O papel da assessoria de imprensa será tanto o de falar de temas de caráter institucional, fortalecendo a plataforma de conceito que o público e os consumidores têm da empresa e de seus produtos, quanto o de complementar os esforços de propaganda, levando informações que os anúncios não puderam dizer.

Como informação a se refletir, tem-se que no capítulo *ocupação de espaço na mídia*, o investimento em propaganda (portanto, paga) corresponde à proporção de 1:1. Nas relações com a imprensa, os números são diferentes, chegando à proporção média de 1:10 de retorno em espaço para cada dólar investido.

A IMPRENSA COMO REFLEXO DAS ATIVIDADES DA EMPRESA

Seria natural que o tamanho da empresa e a importância econômica que representa dentro do setor econômico em que atua tenham seu reflexo na mídia jornalística. Os contornos desse reflexo serão mais acentuados à medida que seus produtos ou serviços despertarem mais a atenção dos públicos e, por conseqüência, dos próprios órgãos de comunicação.

Porém, embora identifiquemos empresas de expressiva envergadura em seus mercados, ou, ainda, que menores tenham uma atuação marcante em seus setores de atividades, suas presenças na mídia jornalística, em quantidade e qualidade, normalmente estão longe de representar essas importâncias.

Em outras palavras, esse desequilíbrio da presença *versus* importância das empresas na imprensa se dá tanto no aspecto de freqüência como no de variedade de temas, de abrangência geográfica, de diversidade do meio.

A competitividade do mercado exige uma reavaliação dos procedimentos adotados e resultados alcançados até aqui e impõe que se reformulem os caminhos a seguir, sugerindo que devam ser analisadas as seguintes constatações do processo:

- Freqüência: pelo porte e pela importância das empresas, a veiculação das matérias do seu interesse normalmente é escassa.
- Temática: as assessorias de imprensa têm-se mantido reféns dos temas voltados à economia. Não raro, são deixadas de lado as diversas editorias voltadas para outros assuntos.
- Abrangência geográfica: com poucas exceções, apenas veículos editados ou sucursais nas grandes cidades do País têm acesso às informações e às entrevistas trabalhadas nos sistemas das assessorias de imprensa. A presença das empresas de abrangência nacional deveria ensejar também a interiorização das notícias de interesse da empresa, no mínimo em caráter regional, em todo o País.
- Diversidade do meio: o meio jornal (apenas os de maiores tiragens) e as revistas de negócios têm sido praticamente os únicos na veiculação de temas e notícias empresariais. O conjunto de emissoras de rádio e TV é incluído de forma muito tímida no esforço de mídia jornalística.

O perfil médio do consumidor não se atém apenas a esses veículos. Suas características estão espalhadas pelo Brasil inteiro, correspondem às densidades populacionais do País, consomem notícia e informação pelos mais diversos meios a que têm acesso. Uma política de programação de veículos para as assessorias de imprensa em apoio aos objetivos de *marketing* deveria acompanhar a presença dos produtos da empresa em todo o território nacional (e até no âmbito internacional, quando for o caso).

Levando em consideração os argumentos apresentados, pode-se perguntar se, do modo como vêm operando, as assessorias de imprensa das empresas, num determinado período, geraram *x* centímetros de coluna em uma dezena de veículos, em quantos centímetros, segundos, veículos, seções, editorias, regiões e municípios elas deixaram de estar presentes.

Afirmamos, sem medo de errar que, para cada matéria publicada do interesse das empresas, pelo menos três deixaram de ser veiculadas.

Aqui não se trata de a empresa querer aparecer mais ou menos, num ímpeto de vaidade inconseqüente. Discute-se, acima de tudo, o papel desse tipo de comunicação para auxiliar na disseminação de qualidade das suas marcas e produtos e, com isso, influenciar o consumidor, ajudando a empresa a vender mais e melhor seus produtos.

Em outras palavras, a proposta é estabelecer críticas do que foi feito até aqui, detectando, avaliando e, com iniciativas planejadas, tentar superar as dificuldades que os serviços de assessoria de imprensa ainda vêm enfrentando, e que podem estar travando sua eficácia como instrumento auxiliar de *marketing* e relações públicas.

EGOÍSMO DE RELAÇÕES PÚBLICAS

Um dos enganos mais freqüentes é a idéia de dirigir o trabalho de comunicação e relações públicas unicamente para o executivo da empresa. Há casos em que o trabalho é direcionado todo o tempo para a promoção da imagem de uma pessoa (*build-up*), deixando a empresa de lado. Quando isso acontece, a empresa vive dois mundos, tem o ônus de investir tempo e recursos em uma atividade profissional e não tem o bônus de distribuir seus resultados por toda a empresa.

OBJETIVOS DESVIADOS

Infelizmente ainda são comuns as áreas de comunicação e relações públicas ocupadas por algum parente ou amigo "mais artístico". Essa fórmula acaba juntando dois ingredientes maléficos: o sobrenome de quem ocupa a área e a incompetência profissional. Essas "vacas sagradas", portanto intocáveis, usam poder e desconhecimento técnico para fins que muitas vezes nada têm a ver com os resultados das empresas, mas só com si próprias.

No serviço público, mesmo nas empresas de economia mista, essa combinação sempre lança mão de uma outra variável: o "cargo de confiança", com o qual se pagam favores políticos a apadrinhados do partido ou da campanha eleitoral. O trabalho volta-se unicamente para a promoção política de pessoas, deixando na gaveta as verdadeiras preocupações do órgão público e sua missão. Terminam os mandatos, mas não se encerra o problema. Sempre vem a gestão de outro partido, com outros apadrinhados.

Afinal, com a concorrência cada vez mais acirrada, algumas empresas privadas perceberam que pagavam caro a brincadeira e resolveram profissionalizar essas áreas. As públicas, com as raríssimas exceções de mandatos de governos esclarecidos, nunca perceberão.

Hoje, principalmente na iniciativa privada, essas áreas passaram a ter de apresentar resultados, perdendo o jocoso rótulo de peças decorativas. Passando a ser considerados atividades-meio, essas áreas são cobradas pelo caráter de instrumento que representam para as atividades-fim do negócio da empresa. No serviço público a ocupação indevida de cargos e o conseqüente desvio de objetivos parecem eternos.

CONCLUSÃO

Ao revisitar temas cuja rotina, de tanto ser conhecida e praticada, pode estar incorrendo em estreitamento de limites e vícios de acomodação, nossa intenção é promover a discussão sobre o papel que representam no esforço de atribuir mais poder de fogo às empresas. No final do século XX, um grande número de empresas brasileiras vinha lutando com sucesso para conseguir os almejados certificados de qualidade para produtos e processos, mas cabe perguntar pela importância que representa para seu desenvolvimento, se essas empresas não deveriam procurar também conquistar a ISO da qualidade de comunicação e relações públicas.

CAPÍTULO 9

A PRÁTICA DE RELAÇÕES PÚBLICAS NO *BUSINESS-TO-BUSINESS*

Fernando Polignano
Consultor de Comunicação Social e Desenvolvimento Humano

Ao atuar como prestador de serviços para as organizações empresariais, o profissional de relações públicas, quer o esteja fazendo na posição de funcionário ou de profissional contratado, defronta-se com algo intrínseco à natureza das organizações e que se acha diretamente relacionado ao seu setor de atuação, ao tipo de produto ou serviço que produz, às características do mercado que atende.

Os instrumentos e técnicas de relações públicas acham-se englobados num rol pouco variável, composto por diversas atividades, como pesquisa, assessoria de imprensa, eventos, publicações e campanhas, entre outras.

Porém, assim como dois *chefs de cuisine* podem, com os mesmos elementos, obter resultados completamente diferentes, cabe ao profissional de relações públicas identificar com clareza e objetividade as características da organização a que serve, de forma a conjugar os elementos de sua especialidade para atingir um alto grau de excelência no que faz e de eficácia para as ações propostas.

Quando uma organização fabrica ou comercializa produtos de consumo em larga escala, como meias, chicletes, *fast-food* ou serviços de cópias, por exemplo, suas relações acontecem de imediato com o consumidor final. A visão empresarial dos dirigentes, a mentalidade dos funcionários, o tipo de abordagem a este consumidor têm características completamente diferentes daquelas de uma outra organização que produz matérias-primas para que outras empresas as transformem em produtos acessíveis ao público consumidor.

Empresas da área química, por exemplo, que produzem insumos para as indústrias de cosméticos, farmacêutica, de alimentação ou de papéis, têm a necessidade de desenvolver com seus clientes relações cujo caráter é muito mais técnico e dirigido, uma vez que tratam com seus clientes, numa primeira instância, primordialmente por meio de representantes técnicos, engenheiros das áreas de desenvolvimento de novos produtos e laboratórios. Numa segunda fase, estarão envolvidos gerentes comerciais e de *marketing*, por exemplo, e depois compradores.

Por outro lado, por terem uma forte atividade industrial, essas organizações normalmente dedicam maior atenção às relações com a comunidade e o governo, em especial devido às questões legais e ambientais. Dessa forma, pode-se compreender que, ao comprar um xampu, o consumidor final considera-se cliente do estabelecimento que o vendeu e não tem noção das inúmeras empresas que estão "por trás" do produto, tendo fornecido matérias-primas para sua formulação, a própria embalagem, serviços de transporte do produto até o comerciante e outros serviços.

Organizações chamadas *business-to-business,* quer sejam da área de serviços ou da área industrial, têm características bastante diversas das de outras organizações empresariais. Conseqüentemente, suas necessidades diferem, o que se soma ao fato de cada organização possuir uma identidade própria, uma "personalidade" que determina diferentes estilos de gestão e de atuação e, para o profissional de relações públicas, o mais importante: a forma como se processam os fluxos de sua comunicação e a qualidade que estes possuem ou não.

As relações dessas organizações ocorrem de forma mais direta com outras empresas, das quais dependem para a efetivação das suas operações. Assim sendo, em termos do que podemos chamar de cenário de negócios, ou seja, o ambiente no qual as suas ações se desenvolvem, existem aspectos que as diferenciam enormemente de outras empresas.

É fundamental para o profissional de relações públicas focar os seus sensores nos elementos mais essenciais e primários da comunicação, as famosas perguntas iniciais: quem, quando, o quê, onde, por que e — principalmente — para quem.

Quanto ao que conhecemos como público interno, em uma abordagem mais genérica praticamente não existiriam grandes diferenças, desde que as pessoas que compõem a organização pudessem permanecer alheias ao que se passa nas relações da empresa com o mercado, com seus fornecedores e clientes, o que nos tempos atuais é cada vez menos provável.

As organizações dependem dos seus funcionários tanto quanto de seus clientes, como possibilidade para sobreviverem e, mais do que isso, para poderem obter progresso, evolução.

Ao atuar para organizações *business-to-business*, o profissional de relações públicas precisa mapear as particularidades envolvidas e, dentro de um enfoque empático, compreender quais são as expectativas dos empresários quanto ao resultado da ação da organização que dirigem. É preciso checar qual o seu entendimento sobre o valor que as atividades de relações públicas podem agregar aos seus resultados de negócios.

Em princípio, relações públicas lidam diretamente com a imagem da empresa e com a sucessão de suas ações de comunicação — ou a ausência destas — que acabam por edificar um conceito a seu respeito.

Para o empresário, essa concepção na maioria das vezes não está muito clara e é considerada por demais subjetiva, "impossível de ser mensurada", além, é claro, de representar "despesas" a mais.

Muitos empresários não compreendem que investir para formar um conceito junto aos seus clientes, por exemplo, significa assegurar a realização de negócios, contar com a fidelidade dos clientes, obter lucros. Da mesma forma, e com igual importância, o investimento nas relações com os funcionários, com a comunidade e a imprensa, entre outros públicos, certamente contribuirá para consolidar uma imagem e um conceito sólidos e coerentes sobre esta organização.

O profissional de relações públicas, ao atuar como prestador de serviços para organizações caracterizadas como B2B (*business-to-business*), deverá estar preparado para considerar alguns fatores determinantes para a sua autonomia e para a validade de suas ações profissionais, com a conseqüentemente credibilidade que o sucesso das suas propostas proporcionará.

RECURSOS NECESSÁRIOS

Contar com alguns recursos para poder ocupar bem um espaço de atuação profissional torna-se fundamental. É o mesmo que dispor de diferentes óculos para diferentes necessidades: grau, claridade excessiva, leitura, direção noturna.

Profissionais de relações públicas com pouca experiência por certo dependerão de um especial grau de atenção e de sintonia para poderem enxergar as características das organizações e, de forma correta, introduzir suas propostas de ação com o respaldo de uma coerência que estará fundamentada nas mesmas bases que sustentam a preocupação dos empresários. Ou seja, é preciso usar o mesmo código que o empresário, colocando as propostas de projetos sempre a partir de uma perspectiva de negócios.

Isso significa que, antes de qualquer outro argumento a favor de programas, campanhas ou eventos, pode ser mais convincente tratar dos interesses e dos objetivos que os dirigentes têm quanto às suas empresas e produtos. E esses interesses e objetivos nem sempre estão claramente formulados, definidos.

Para isso, há os óculos. Abre-se uma primeira oportunidade para a atuação do profissional de relações públicas, buscando facilitar a melhor definição de metas que justifiquem o investimento em ações de comunicação.

Por vezes, a visão do empresário enfoca uma atividade específica, como, por exemplo, assessoria de imprensa, e ele "decide" utilizá-la. O profissional de relações públicas deve poder analisar com maior profundidade a situação, para avaliar quais são os objetivos a serem atingidos, qual o histórico do produto ou serviço, as ações anteriores da empresa, as ações da concorrência, os públicos-alvo da mensagem e, tanto quanto possível, os recursos disponíveis quanto a informações completas, porta-vozes com tempo e capacidade para atender à demanda jornalística, bem como a existência e dimensão das verbas dotadas para esse fim.

Em outras situações, o que se encontra são dirigentes sem uma noção clara de como se valer dos instrumentos e técnicas de comunicação para promover novas dinâmicas, quer em âmbito interno ou externo à organização, a fim de torná-la mais produtiva. Novas oportunidades abrem-se para a atuação do profissional de relações públicas, como, por exemplo, a estruturação de uma proposta de atividades que seja reconhecida pelo empresário como a solução buscada ou, no mínimo, como uma ferramenta a mais, valiosa, a ser agregada a outros esforços.

O que se busca ressaltar é a necessidade de o profissional de relações públicas ter, além de sensibilidade, uma base técnica que extrapola o convencional em termos da formação em comunicação. Para poder compreender o que interessa e mesmo preocupa um empresário, não basta entender da "nossa" área, conhecer os instrumentos de que podemos dispor para montar um bom programa de comunicação.

Em especial quando atua para organizações *business-to-business*, é esperado que o profissional de relações públicas conheça e, se possível, domine questões relativas a produtividade, qualidade, gestão de custos, novas tecnologias de gerenciamento e o impacto desses e de outros elementos nos resultados de negócios das empresas.

Por lidar com clima organizacional, imagem da empresa, construção de relações positivas com públicos específicos, esse profissional deve poder argumentar de forma solidamente embasada, a fim de obter respaldo para o que se propõe realizar. Não é mais possível esperar que um empresário destine verbas, por mais modestas que sejam, para financiar projetos que não contribuam para a obtenção de resultados concretos, de transformações positivas nas relações com seus públicos de interesse, de lucros advindos também de uma melhor exposição de uma marca, produto ou serviço.

Por meio do diálogo com os dirigentes, da atualização constante nas novas questões relativas à vida empresarial, de cursos de atualização e leituras, pode o profissional adquirir maior conhecimento sobre esses diversos fatores, capacitando-se melhor para trabalhar junto aos empresários. Ao contar com esses recursos virá, gradativamente, enxergando melhor por onde dirigir seus esforços para abrir espaço e poder atuar com credibilidade cada vez maior.

OS LÍDERES

Na relação com os empresários, especialmente nas organizações de que estamos tratando, muitas vezes o profissional se defrontará com a questão da liderança, "objetiva e cartesianamente correta", porém com grande dificuldade para lidar com os aspectos relacionados aos seres humanos.

Empresas cuja principal atividade é industrial apresentam uma forte tendência a fazer perdurar traços culturais históricos, que focam muito mais os controles de processos, os cronogramas e índices de produtividade homem/hora, do que a disposição e o comprometimento das pessoas que atuam na execução das operações da empresa. Esse tipo de enfoque dificulta muito o desenvolvimento do trabalho do profissional de relações públicas, se ele não considerar as conseqüências desses pontos e não trabalhar ativamente para minimizá-las.

A mentalidade dos líderes é mais fortemente centrada nos elementos técnicos. Muitas vezes o tempo de carreira e o passado da empresa são usados como argumentos para que não sejam realizadas atividades e despesas que, antes, "nunca foram necessárias". Isso significa lidar com pessoas fechadas em suas posições, com paradigmas fortemente sedimentados e, por certo, um alto grau de resistência às mudanças.

Apontada talvez como a principal causa de fracasso na implementação de processos como os de qualidade, incluídos aqui os relacionados à administração organizacional e os de reengenharia, a ausência de liderança executiva precisa estar mais no foco de atenção do profissional de relações públicas.

Ao se tratar com executivos de alto escalão, é comum encontrar o argumento de que querem os resultados prometidos pelas novas tecnologias. Mas, na realidade, não se mostram dispostos ou mesmo capacitados para arcar com as conseqüências, acabando por não se esforçarem com o empenho e o comprometimento necessários.

Dessa forma, as falhas e até os fracassos que ocorrem apenas refletem, além de uma ligação superficial com os conceitos, uma evidente falta de capacitação das lideranças para conduzir os processos.

As mudanças exigidas pela dinâmica dos tempos atuais têm a ver com a criação e o cultivo de estratégias inovadoras, que ofereçam abordagens alternativas para que a organização transforme, por exemplo, seus processos de operação, em lugar de atuar sobre produtos e mercados.

Ao decidirem pela implementação das técnicas, muitos responsáveis por essas decisões deixam de considerar aspectos vitais, tais como: se o ambiente e o momento na empresa são favoráveis; quais elementos compõem a cultura organizacional; barreiras de comunicação existentes entre áreas ou unidades da empresa; ocorrência de moral baixa aliada ao fraco desempenho da produtividade entre os funcionários.

Na tentativa de promover um grande número de mudanças ao mesmo tempo, é inevitável que surjam erros decorrentes da pressão para produzir resultados rápidos, o que, sem dúvida, também revela uma sobrecarga sofrida pelas lideranças despreparadas para lidar com conflitos dessa natureza.

Os processos, então, acabam por gerar ambientes de trabalho adversos, reforçando a ansiedade e a resistência que normalmente existem em relação às mudanças e fortalecendo o descrédito entre os funcionários sobre a validade das ações.

O que fica faltando é entusiasmo entre os líderes, o que mina sua determinação para continuar à medida que surgem problemas, além de trazer frustração pela demora com que os resultados aparecem.

Entre as alternativas para solucionar essas situações, certamente devem estar incluídas: a construção de uma sólida base que justifique as mudanças pretendidas; o conhecimento das expectativas dos funcionários, seus medos e anseios, bem como dos componentes da cultura da organização; o conhecimento da visão dos clientes sobre a empresa; um programa de ações de comunicação consistente e que deixe claro os objetivos, os benefícios que resultarão para toda a organização e também preveja um fluxo contínuo de atividades ordenadas. Como se vê, um vasto campo de trabalho para o profissional de relações públicas.

Para que estejam assegurados a possibilidade de sucesso, por último, e com certeza o fator determinante, acha-se a questão da responsabilidade dos altos escalões pelo sucesso dos processos. Estar apenas informado a respeito, fazer a abertura dos encontros ou dar entrevistas sobre como vai bem a empresa não significa o indispensável comprometimento que é, no final das contas, o principal agente formador de líderes responsáveis e motivados capazes de acreditar ser possível superar as velhas formas de atuar.

Dessa forma, o profissional de relações públicas necessita saber interagir para, com clareza e objetividade, ressaltar os benefícios de se adotar programas e atividades que permitam à organização alinhar-se àquelas mais produtivas e bem-sucedidas. A partir desse convencimento conceitual, lidando com as questões que dizem respeito à visão dos empresários e à valorização que atribuem ao uso dos instrumentos e técnicas de comunicação, poderá o profissional de relações públicas ter aprovadas as suas propostas de ação. O conteúdo dessas, igualmente, estará direcionado e adequado para atender às necessidades e características específicas de cada organização.

O QUE MUDA NAS ATIVIDADES

A análise das características da organização, somada à expectativa dos seus dirigentes, determinará para o profissional de relações públicas a diretriz básica para a formulação de estratégias e de um plano geral de ações, ou mesmo para a escolha de uma determinada atividade que dê início ao seu trabalho.

Todavia, exatamente pelas especificidades da organização, é necessário considerar ponderadamente para determinar a melhor forma de utilizar as diversas opções de atividades, aproveitando ao máximo o benefício que podem trazer.

No ambiente B2B, algumas mudanças tornam-se necessárias, de forma a adequar cada atividade às características do negócio, do setor, da própria cultura organizacional, normalmente pouco afeita a cultivar nas suas relações aspectos como dar e receber *feedback*, interessar-se pelo que pensam e sentem os seus funcionários e clientes.

É também papel do profissional de relações públicas introduzir aos poucos uma noção mais clara sobre a importância dessas atitudes novas, além de apresentar facilidades para que a organização, especialmente na pessoa dos que lideram suas áreas e processos, derrube barreiras internas para aceitar o novo e suas conseqüências.

Um instrumento como a auditoria de opinião, de caráter eminentemente qualitativo e que se propõe a oferecer uma leitura da percepção das pessoas, poderá ter que sofrer certas adaptações. Isso a fim de satisfazer a necessidade de alguns dirigentes, por exemplo, que querem gráficos e dados quantitativos, números que validem os resultados. Para conferir maior credibilidade, há que ser criativo e bom negociador, sabendo argumentar: mais do que o número de entrevistados, interessa o peso relativo dos que compõem a amostra. Saber extrair dos dados alguns números não significa, necessariamente, trair a técnica.

Igualmente, no trabalho de assessoria de imprensa, é preciso saber identificar e motivar dentro da empresa funcionários com alta capacitação técnica, para que possam atuar como fontes para a produção de artigos técnicos ou entrevistas. Esses funcionários, em sua maioria, vivem sobrecarregados de compromissos, não têm tempo "para nada", esquecem prazos ou viajam muito.

Assim sendo, o profissional terá de usar seu poder de convencimento, sabendo valorizar a contribuição que tais funcionários podem dar, buscando facilitar sua participação, eventualmente negociando também com as suas chefias imediatas e suas secretárias.

Essas mesmas fontes para assuntos de cunho técnico serão, muitas vezes, as mais indicadas para a realização de palestras, que podem ser gravadas em mídia eletrônica para apresentação em escolas técnicas e universidades e também para treinamento de aplicação de produtos em clientes, ou em seminários com a imprensa especializada.

Saber atuar em parceria com a área de recursos humanos da organização, nesse tipo de empresa, é desafio dos mais instigantes, que pode trazer resultados compensadores.

Em algumas organizações, o pessoal dessa área possui uma mentalidade mais aberta, é desejoso de poder atuar mais e realizar atividades inovadoras. O profissional de relações públicas com uma visão abrangente pode enriquecer a realização, por exemplo, de uma campanha motivacional, ou a introdução de um novo programa de treinamento. Sua contribuição também pode auxiliar a recriar e inovar boletins e murais; elaborar manuais de integração ou ainda estruturar um programa de visitas para clientes, familiares ou imprensa.

Porém, nem sempre os profissionais de recursos humanos têm abertura ou uma mentalidade mais entusiasta a respeito do valor de uma parceria com um profissional de relações públicas. É comum, então, haver a imposição de um excesso de limites nos territórios, bloqueio de informações, posturas defensivas e, às vezes, até mesmo confrontação e boicote. Nessas situações, o diálogo franco continuará sendo o melhor caminho, tendo como parâmetro os objetivos de negócios a serem atingidos. E será pela conjugação de esforços que os resultados desejados serão atingidos, prevalecendo o bom senso e a determinação de alcançá-los. Por vezes, é melhor preparar a jogada e deixar que o outro "marque o gol".

É sempre positivo demonstrar as vantagens e ganhos que podem ser obtidos por meio da parceria e do somatório de esforços, de uma argumentação tecnicamente bem fundamentada, mas colocada de forma a não desprezar a capacidade de integrar pela simpatia e pela inteligência, sabendo valorizar o trabalho dos demais profissionais e demonstrando o que se tem aprendido com o convívio profissional.

Também é fundamental ter atenção para com a forma como a organização funciona internamente. De igual maneira, saber avaliar aspectos relativos ao setor de atuação da empresa e seu mercado é determinante para conferir credibilidade ao que o profissional de relações públicas se propõe a fazer. Características que identificam esses âmbitos podem favorecer a criação de estratégias inovadoras, atividades que surpreendam positivamente e contribuam para o aperfeiçoamento da imagem da organização e a formação ou renovação de um conceito favorável a seu respeito.

Eventos para pequenos grupos de empresários, clientes da organização, podem representar a chance para uma aproximação entre dirigentes que precisam conhecer melhor uma nova postura da empresa, a introdução de alterações tecnológicas que impactarão na qualidade e no atendimento às suas exigências.

O profissional de relações públicas, em especial no que diz respeito às atividades das áreas comercial e de *marketing* da organização, deve saber avaliar as vantagens de trabalhar segmentos específicos, integrando áreas cuja ação afeta mais diretamente os clientes. Ouvir, criar, propor, negociar, introduzir, avaliar, demonstrar resultados são verbos que devem expressar a ação do profissional, para que ganhe força e agregue valor ao sucesso da organização e de suas atividades.

Certas áreas da empresa podem oferecer importante campo de trabalho, especialmente quando os resultados das ações afetam os custos. O profissional de relações públicas pode surpreender positivamente ao desenvolver atividades dirigidas que, por exemplo, aproximem instituições financeiras e agentes de financiamento, que estreitem relações com fornecedores, promovam junto à comunidade e às autoridades maior conhecimento das ações voltadas à segurança e ao meio ambiente.

Por certo, será árduo coletar informações, treinar porta-vozes, preparar materiais de informação com dados corretos, conseguir aprovação para divulgar certas atividades, levando-se em conta o que vem sendo destacado como característico dos padrões de funcionamento dessas organizações. Também nesse tipo de atividade evidencia-se a necessidade de o profissional conseguir atuar como consultor para a direção, ainda que seja a direção de uma área, fornecendo subsídios para que esta possa compreender o valor de abrir espaço, a fim de que a comunicação flua na direção dos que precisam recebê-la e retorne com novos elementos para realimentar o processo.

O trabalho do profissional de relações públicas terá um caráter informativo, com o objetivo de conciliar os diferentes interesses envolvidos, mas assegurando à organização seletividade e foco para expandir seu fluxo de informações.

VER E CONVENCER

Idealmente, o lugar determinado para o profissional de relações públicas é sempre junto à direção, prestando consultoria, atuando como assessor capaz de orientar tecnicamente e alertar para detalhes vitais à boa comunicação da organização com seus públicos. Isso, idealmente.

Muitas vezes, ocorrerá ver-se o profissional imprensado entre áreas internas, podendo dispor de raros e curtos momentos de atenção por parte dos dirigentes, com uma grande sobrecarga de trabalho a ser realizado e sem recursos adequados e suficientes.

Abrir espaço, aprender a simplificar a forma de apresentação de suas propostas de trabalho e, particularmente, saber avaliar o realizado e demonstrar os resultados obtidos são ações que podem consolidar a credibilidade do profissional, principalmente ao atuar para organizações *business-to-business.*

A capacidade de ver e entender a diversidade da organização a que serve precisa estar somada à habilidade para fazer a adequação da linguagem utilizada para atuar. Dirigentes, em especial de formação técnica e visão industrial, tendem a aceitar mais facilmente propostas de ação, cuja lógica seja perceptível por meio de esquemas simples, argumentações com base teórica, mas que não deixem de trazer inovação, que surpreendam pela abordagem de uma visão e uma percepção mais criativas.

De toda maneira, não existem fórmulas ou receitas prontas. Os ingredientes básicos continuarão sendo uma boa formação teórica, bom senso, atualização, sensibilidade, ética, senso de oportunidade, cultura e, é claro, uma pitada de sorte.

O trabalho maior a ser feito é sempre com o próprio profissional, uma vez que a capacitação para ver as necessidades e saber compreender as limitações a que se está sujeito, os riscos e oportunidades envolvidos, tudo isso é a própria trajetória de crescimento da carreira do profissional. O dia-a-dia não permite muito tempo para filosofar e para preparar em detalhes cada passo. No entanto, um bom desempenho profissional não pode prescindir de planejamento e considerações detalhadas, como forma de prevenir-se e de fortalecer as possibilidades de sucesso.

O que enfocamos como mais especificamente relativo às organizações *business-to-business*, na verdade, guarda também relação com outras organizações empresariais. O que é possível observar, talvez, seja uma dificuldade maior para a atuação do profissional de relações públicas naquelas empresas, em função das características mencionadas. Certamente, as organizações não são absolutamente semelhantes entre si, há exceções exemplares em ambas as direções de uma escala de 0 a 10.

Um ponto ainda a ser abordado trata dos resultados serem ou não mensuráveis. Destaca-se um aspecto que diz respeito ao contexto em que atuamos, em termos de mentalidade empresarial. A cultura empresarial, abordada pelo enfoque de resultados financeiros, achata as avaliações sempre no binômio receita/despesa, que evolui para custo/benefício, valor agregado e outras denominações. Porém, a questão envolve também uma visão fortemente imediatista quanto a resultados, impregnada principalmente pelo estilo eminentemente pragmático de administração e gestão.

O resultado do trabalho de relações públicas exige tempo para ser corretamente percebido, avaliado e valorizado, por lidar com construção ou reconstrução de imagem, introdução de conceitos, estabelecimento ou resgate de vínculos entre as organizações e seus públicos, mudanças na cultura organizacional.

Por isso, às vezes se torna extremamente trabalhoso argumentar a favor da manutenção de uma atividade, pois os dirigentes não parecem dispostos a "ver" as vantagens. No caso das organizações de cultura mais tecnicista, lidar com o lado humano, sensível, inteligente, é tarefa menor e às vezes indesejada.

Há outros dois fatores que a cada dia se tornam mais relevantes, valorizados e necessariamente têm de ser considerados e efetivamente trabalhados, integrando desde a visão do cenário de negócios até os planejamentos de estratégias e táticas de comunicação. O primeiro diz respeito à globalização da economia e suas profundas conseqüências para a *performance* dos resultados de negócios. Mas, aqui queremos destacar os aspectos mais relacionados aos valores adotados pelas organizações como norteadores de suas condutas, assim como influenciadores determinantes para modelar sua cultura interna. Pelo enfoque do profissional de relações públicas esses valores e a cultura de cada organização, seja aquela para a qual se está trabalhando ou aquelas que integram a sua cadeia de negócios, são elementos que não podem ser esquecidos, uma vez que, por vezes, uma empresa nacional ou multinacional acha-se a anos-luz de distância de compreendê-los e saber ter em conta a sua importância nas relações profissionais e comerciais. Numa analogia, seria como uma pessoa com grande noção de respeito, educação e adequado comportamento social que entrasse em contato com alguém muito mais informal, seguidor de códigos de conduta estruturados com base apenas em aspectos tais como alegria e mínima noção de responsabilidade. Por certo, seria bastante difícil chegar a um bom entendimento para construir e manter relações produtivas e duradouras entre essas duas pessoas exemplificadas.

Outro fator a ser considerado é a ascensão do conceito de responsabilidade social corporativa ou empresarial, cujos parâmetros essenciais fundamentam-se na consciência do impacto das atividades de uma organização para a economia, o âmbito social e o meio ambiente. É crescente o número de organizações em todo o mundo que está considerando esse conceito para o exercício de suas atividades e, com base em valores e em uma visão comprometida, têm exigido reciprocidade de outras empresas com as quais interagem. As referências bibliográficas e o espaço dedicado pela imprensa de negócios têm trazido inúmeros exemplos, alguns negativos, que revelam a adesão de algumas empresas ao tema por uma questão de conveniência; mas também positivos, quando as empresas adotam esses princípios por convicção e, por intermédio de programas concretos de ações e de comunicação, transformam sua realidade interna e impactam positivamente na realidade de outras empresas e da sociedade em geral.

Dessa maneira, fica posto o desafio para o profissional de relações públicas, que acabará por enfrentá-lo com técnica e idealismo, com muito suor, algumas lágrimas e, eventualmente, até um pouco de raiva, pela necessidade de ter que lidar com a incompreensão de alguns dirigentes e com a sua própria frustração.

Ainda assim, muitos trabalhos gratificantes surgem dessas lutas e propostas, por meio de profissionais competentes que, com sua atuação, fortalecem a própria profissão.

Saber identificar quais mecanismos servem como parâmetros de avaliação e permitem mensurar resultados é fundamental, especialmente quando se podem comparar investimentos feitos em diferentes ações de comunicação, como propaganda, campanhas, eventos, participação em feiras, assessoria de imprensa e outras. Há que se desenvolver e negociar parâmetros de avaliação e comparação, para que o chamado *benchmark* sirva não só como elemento de convencimento e ratificação dos resultados, mas também como instrumento de gestão para determinar objetivamente a interrupção ou continuidade dos investimentos nas ações de comunicação.

As armadilhas convencionais devem ser evitadas, como, por exemplo, a comparação de centimetragens entre o espaço pago e o obtido com divulgação de informações de cunho jornalístico, por não serem adequadas e não espelharem a verdadeira natureza das ações.

Mas o profissional de relações públicas pode encontrar maneiras de demonstrar a validade das ações, notadamente mediante o testemunho das pessoas, sejam elas funcionários de qualquer nível, clientes ou integrantes de outros segmentos de públicos.

A palavra revelando a percepção individual evidencia a intenção de comprometimento com os objetivos organizacionais, a preferência pela manutenção das relações de negócios. Isso, na verdade, fecha um ciclo que comprova o quanto uma empresa é realmente produtiva, lucrativa, ágil e está preparada para enfrentar o tempo que vivemos.

O papel que o profissional de relações públicas pode desempenhar reveste-se de um valor novo para essas organizações, pela contribuição que pode trazer para uma melhor compreensão da realidade como um todo, na qual se integram as pessoas e suas necessidades, dúvidas e desejos, bem como para a orientação dos caminhos a serem trilhados com a ajuda de um recurso pouco reconhecido, mas altamente valioso para o seu sucesso — a boa comunicação.

CAPÍTULO 10

O EVENTO INTEGRANDO O *MIX* DA COMUNICAÇÃO

Roosevelt Hamam
Sócio-diretor da R. Hamam Eventos

Considerado como uma das atividades que mais tem se desenvolvido no setor de serviços nos últimos anos, o evento constitui-se em veículo de significativa importância no *mix* da comunicação.

Partindo da premissa de que os instrumentos de comunicação são desdobrados em dois segmentos bem definidos, ou seja, comunicação massiva e comunicação dirigida, vamos encontrar a razão para explicar a necessidade cada vez maior de se eleger um veículo que aproxime os grupos, eleve o nível de entendimento e promova a colaboração mútua entre as pessoas.

Os veículos de comunicação dirigida, diferentemente dos de comunicação massiva, destinam-se a públicos homogêneos, com interesses comuns e atividades afins. Também, ao contrário dos órgãos de comunicação de massa, nem sempre requerem grandes investimentos para atingir sua finalidade, com a vantagem de se poder avaliar com mais facilidade o grau de aceitação ou não do público-alvo.

A comunicação, nesse tipo de veículo, enfoca de forma direta e quase exclusiva o participante do evento; dificilmente qualquer outro meio de comunicação poderia atingir em cheio um público tão específico em uma só oportunidade. Isso é possível num evento, onde os participantes convivem durante um determinado período e as mensagens são divulgadas com a maior eficiência, abrangendo um *target* seleto de formadores de opinião, sem a menor dispersão.

Avaliado o *mix* de comunicação em que se situam os eventos, é importante definir a quem se destinam esses acontecimentos tão necessários e indispensáveis no mundo contemporâneo.

Por conceituação, evento é um acontecimento excepcional previamente planejado, que ocorre em determinado tempo e local e gera grande envolvimento e mobilização de um grupo ou comunidade, buscando a integração, a difusão e a sensibilização entre os participantes para os objetivos pretendidos. Estes devem ser colocados de forma clara e explícita, para que o público-alvo receba e assimile os temas abordados e as ações desenvolvidas durante os eventos.

O público é definido em função de características específicas, ou seja, atividade ou profissão, nível socioeconômico e cultural, faixa etária, sexo, localização geográfica, expectativa pela programação do evento ou por alguma atração especial etc.

De outro lado, surge a figura do organizador profissional de eventos, uma atividade até há pouco tempo desconhecida no mercado de trabalho, quando muitas entidades e empresas não contavam com a assessoria de imprensa especializada. A trajetória ascendente do mercado de eventos, que partiu de processos empíricos e amadoristas para uma tecnologia cada vez mais apurada nos métodos de planejamento e organização, com a necessidade de um grau de profissionalismo em condições de oferecer experiência e competência, vem consolidando essa atividade em âmbito nacional e internacional e provocando o surgimento de instituições representativas dedicadas à valorização e ao desenvolvimento do setor. Aqui, no Brasil, temos a Associação Brasileira de Empresas de Eventos (Abeoc), a União Brasileira dos Promotores de Feiras (Ubrafe), a Federação Brasileira dos *Convention & Visitors Bureau* (FBC&VB), a Associação Brasileira dos Centros de Convenções, Exposições e Feiras (Abraccef), a Associação de *Marketing* Promocional (Ampro), os Sindicatos das Empresas Promotoras, Organizadoras e Montadoras de Feiras, Congressos e Eventos (Sindiproms), entre outras.

Nesse contexto, é de primordial importância atender às transformações que atingem diretamente a estratégia mercadológica das empresas e instituições em geral. O evento é um poderoso veículo por meio do qual as organizações podem chegar aos seus públicos de interesse e mostrar seus produtos e serviços, sem intermediários.

Todo esse envolvimento é que tem provocado o incremento do número de eventos, pois é um dos meios mais práticos, diretos e econômicos para a divulgação de informações dirigidas e sensibilização de públicos específicos, conforme vimos anteriormente.

Os dados estatísticos demonstram que é grande o crescimento do setor em todo o mundo e mormente no Brasil. Segundo estimativa da Associação Internacional de Centros de Convenções, o número de congressos internacionais no mundo, por exemplo, está em torno de 80 mil por ano. Desse total, 60% ocorreram na Europa, 20% nas Américas e o restante nos demais continentes. Entidades internacionais comprovam que o aumento anual de congressos foi de 12% na década de 1990, devendo ser maior ainda na primeira década do século XXI.

O crescimento do mercado de eventos no Brasil e no mundo vem se consolidando não só em relação ao número de eventos, mas à melhor qualificação dos participantes e, principalmente, ao aumento dos espaços disponíveis, alguns até com deficiências em seu planejamento físico, mas que bem demonstram o desenvolvimento irreversível dessa atividade em nosso País.

Avaliações do mercado procuram mensurar, por meio da análise de eventos ocorridos no último ano, os impactos diretos e indiretos na economia em nosso País. O estudo, realizado pelo Sebrae Nacional e Federação Brasileira dos *Convention & Visitors Bureau*, centra sua análise em vários aspectos gerados pela intensificação do setor, considerando nesse caso não somente o total de pernoites nos hotéis, mas todos os investimentos realizados, entre os quais: alimentação, hospedagem, diversões, compras, inscrição ou aquisição de ingresso no evento, transporte aéreo e urbano.

Os dados estimativos levantados por essas duas conceituadas entidades estimulam de forma significativa o mercado, como bem o demonstram avaliações do desempenho do setor em 2002: cerca de 320 mil eventos foram realizados, desde os mais simples e com pouca abrangência até os de grande porte, os megaeventos, tanto de caráter nacional como internacional.

Movimentando um público de quase 80 milhões de freqüentadores, ainda que considerando que um mesmo indivíduo pode ter participado de mais de um evento no ano, a pesquisa demonstra o extraordinário interesse e necessidade que as pessoas têm de trocar informações, conhecer novidades, fazer negócios, enfim, acompanhar de perto o que acontece nas suas áreas de atividade. Calculou-se, nessa linha de raciocínio, um faturamento aproximado de 37 bilhões de reais, gerando um número aproximado de 3 milhões de empregos diretos e indiretos, além de um recolhimento da ordem de 4 bilhões de reais em impostos, o que representa 3,1% do PIB nacional. Outro fator sumamente estimulante é a posição do Brasil no *ranking* mundial de eventos, a décima segunda, conforme pesquisa efetuada pela International Meeting Association (Icca), a maior e mais tradicional entidade mundial do setor de eventos.

Esses números nos remetem à necessidade imperiosa de algumas ações que visem a capacitar os profissionais de forma a contar com uma infra-estrutura do mais alto nível, para torná-los cada vez mais competitivos, adquirir tecnologia, conquistar clientes e realizar negócios compensadores. O resto do mundo avança na consolidação de novos mercados com alianças globais. Essas constatações definem o espaço em que os organizadores de eventos atuam, desempenhando um importante papel para a comunidade. O seu trabalho pode se transformar num canal de desenvolvimento econômico para os destinos que abrigam eventos. Sua capacitação, que abrange um amplo conhecimento de várias áreas de atividade, começa pela utilização adequada dos meios de comunicação, que é, indiscutivelmente, o primeiro passo para atrair participantes e conscientizar os públicos específicos sobre a importância do evento.

O EVENTO COMO PRODUTO

A partir da premissa de que evento é uma atividade destinada a gerar lucros, direta ou indiretamente, para todos os envolvidos, é fácil depreender que se trata de um produto de extremo valor para ser explorado e oferecido a um público ávido de informação, conhecimento, distração, entretenimento, congraçamento e tudo o que pode ser representado como novas experiências e emoções.

A diferença desse produto com os bens tangíveis é que não pode ser testado adiantadamente. Por se tratar de produto intangível, o que induz o cliente a comprá-lo é simplesmente a perspectiva de satisfação de suas expectativas. Contudo, pode-se avaliar a possibilidade de sucesso, levando-se em conta a realização de um evento anterior da mesma série. Mas, nem sempre isso acontece, pois muitos eventos são lançados sem um parâmetro, o que passa a ser um risco, com conseqüências imprevisíveis.

Sob esse aspecto, é importante, como se faz antes do lançamento de qualquer produto, uma rigorosa avaliação do mercado e da receptividade do público a ser atingido.

Considerando-se que o tema do evento é de interesse de um determinado segmento, e isso é imprescindível, a primeira providência é a escolha correta da data e local, pois a partir daí é que se desencadeiam todas as ações destinadas a viabilizar o evento.

Por local, devemos entender não somente a instalação física, mas também a localização geográfica, a facilidade de acesso, a infra-estrutura, os serviços de apoio e as demais condições.

Para a determinação da data, deve-se evitar a coincidência com outros eventos do mesmo segmento ou similar, ou, ainda, com acontecimentos de grande envolvimento da comunidade e também com datas festivas de âmbito regional ou nacional.

Entretanto, os itens que despertarão o efetivo interesse do público-alvo são os que se referem ao temário e à programação do evento. O temário é constituído pelo conjunto de temas ou assuntos a serem abordados pelo evento, direta ou indiretamente ligados às expectativas dos participantes. A programação é a própria razão de ser do evento, seja ele de caráter cultural, mercadológico, científico, artístico, esportivo, social, religioso ou político, pois é a relação de todas as atividades a serem desenvolvidas, com os nomes das personalidades que delas tomarão parte.

Esse é o produto que será oferecido ao mercado, pelos mais diferentes meios de comunicação, todos eles visando atrair a maior e melhor participação possível, o que redundará no pleno êxito do evento, dentro das expectativas e necessidades dos seus participantes.

A ESTRATÉGIA DE COMUNICAÇÃO

Identificação do público

Para se fazer o planejamento estratégico de um evento e utilização plena dos meios adequados de comunicação, em primeiro lugar será primordial a identificação do público que se deseja envolver e motivar, sua natureza, suas ansiedades e características, para saber de quem se trata, o que faz, onde desenvolve suas atividades, seu poder aquisitivo etc. Por outro lado, deve-se aprofundar na direção de detectar seus principais focos de motivação ou de resistência. Esse público pode ser segmentado assim:

- Participantes ou visitantes.
- Expositores e patrocinadores.
- Conferencistas.
- Autoridades.
- Personalidades de destaque.
- Imprensa em geral.
- Fornecedores.
- Prestadores de serviços.
- Público em geral.

PREPARAÇÃO DAS MENSAGENS

Uma vez estabelecidos os vários públicos, passamos a estudar desde as mensagens apropriadas até os meios mais adequados para se chegar ao objetivo colimado, que é o de despertar o interesse e conseguir a participação do público-alvo.

Nessa linha de raciocínio, iniciamos a campanha com o primeiro item da comunicação, que é o estudo da identificação do evento.

Como qualquer produto que se pretende vender ou tornar fácil sua memorização, o logotipo ou símbolo do evento tem o mesmo peso e importância no contexto.

A identificação do evento tem a função de chamar a atenção do público, oferecendo um suporte de imagem institucional que, na dependência do poder de criatividade do autor, será extremamente útil para destacar o evento, numa parafernália ambiental de tantas marcas e símbolos.

Do ponto de vista meramente estético, o logotipo deverá traduzir um conceito, arquitetado com uma forma plástica e em traços visuais que sejam agradáveis e que permitam fácil relação com o tipo do evento, juntando, de preferência, originalidade, harmonia, equilíbrio e força de memorização.

As mensagens poderão ser informativas, motivacionais ou ambas, podendo também ser opinativas, desde que sejam para um esclarecimento maior da audiência.

Sempre deverão estar diretamente relacionadas com a finalidade precípua do evento, utilizando a linguagem apropriada ao público.

INSTRUMENTOS DE DIVULGAÇÃO

Diversos meios de comunicação poderão ser portadores das mensagens aos públicos de interesse, sendo assim essencial que elas sejam adequadas ao seu perfil. Eis os meios mais usuais empregados na divulgação dos eventos:

Mala-direta

Talvez a mais importante, mais utilizada e mais eficiente forma de se levar um evento ao conhecimento do público-alvo. É feita a partir da elaboração de uma listagem, que deve ser absolutamente correta quanto aos nomes de pessoas e de empresas ou entidades, endereços completos etc., bem como rigorosamente atualizada, já que mudanças de nomes em determinados cargos e também de endereços são constantes e devem ser acompanhadas com a máxima atenção.

Serão elaboradas peças apropriadas ao público, sob a forma de folhetos, boletins, *folders*, circulares e outros tipos de comunicação, conforme cada caso e oportunidade. Basicamente, as mensagens devem conter: nome do evento, data, local, entidade promotora, objetivos, programação com temas e nomes dos conferencistas e sua procedência, forma de participação, facilidades disponíveis, ficha de inscrição e de reserva de hotel para os participantes de outras localidades, endereços para inscrições e informações etc. As remessas serão por via postal ou entrega rápida, podendo ser enviadas uma, duas, três ou um número maior de malas-diretas de acordo com o prazo que se tem e conforme a possibilidade de se transmitir novas informações de caráter motivacional, mantendo o interesse do público e despertando sua vontade em participar do evento.

É um meio de comunicação dos mais eficientes, porque vai chegar diretamente às mãos do eventual participante. Pode-se avaliar seu resultado de maneira bem prática, mediante a colocação de uma ficha de inscrição ou de intenção, que deverá ser preenchida e devolvida pelo interessado, formalizando seu propósito de comparecer ao evento.

Cartazes ou pôsteres

Afixados em pontos estratégicos de grande circulação do público diretamente interessado, terão o condão de fazer com que o evento apareça não só para o participante em potencial, mas para todos os outros que passarem pelo local onde estão exibidos.

Por exemplo, um cartaz de congresso médico poderá ser colocado em hospitais, clínicas, faculdades de medicina, entidades de classe (associações médicas, sindicato dos médicos, conselho regional de medicina), agências de turismo, lojas de companhias aéreas, órgãos públicos do setor etc.

Os cartazes podem ser promocionais ou informativos. Promocionais são aqueles que dão destaque a pontos importantes do evento, como: nome, data, local, tema oficial, entidade promotora e endereço para informações, com uma ilustração bem chamativa ou o próprio logotipo, quando é sugestivo e pertinente.

Os cartazes informativos, como o próprio nome indica, além dos dados referidos nos pôsteres promocionais, poderão dar outros destaques, como: nomes de conferencistas e procedência, temas, programação básica e forma de participação.

Painéis e outdoors

Esses meios de comunicação são empregados especificamente quando se trata de assuntos de domínio coletivo e quando o público é a comunidade como um todo ou uma parcela bem expressiva.

Não é um veículo muito utilizado, não só porque requer recursos financeiros significativos, como também porque nem sempre os eventos se destinam de forma tão abrangente aos participantes potenciais.

Publicidade

Nesse caso, entende-se a inserção de anúncios em jornais ou revistas ou a veiculação de comerciais em televisão ou *spots* em emissoras de rádio.

Também é utilizada esporadicamente em virtude do alto custo que representa. Mas quando há verba disponível ou mediante permuta, é possível utilizar os órgãos de comunicação de forma a atrair o público de maneira abrangente.

Em jornais, os anúncios serão publicados de preferência em cadernos específicos ligados ao tema do evento. Por exemplo: economia, quando o evento é de âmbito empresarial ou mercadológico. Em revistas especializadas, exatamente nas que se dirigem aos públicos específicos eventualmente envolvidos na temática do evento. Na televisão, em programas referentes ao assunto ou mediante *teasers* em horários determinados. O mesmo em rádio, podendo-se fazê-lo com mais intensidade, em razão do custo mais baixo, escolhendo-se emissoras dirigidas a públicos específicos conforme sua própria programação.

Internet

Cada vez com mais intensidade, os recursos de divulgação *on-line* vão sendo utilizados, visando despertar o interesse de participantes, visitantes, freqüentadores, patrocinadores e apoiadores de congressos, feiras e eventos corporativos.

Profissionais especializados se encarregam da criação e do desenvolvimento de *sites* exclusivos para fornecer informações e promover eventos. O mesmo trabalho desenvolvido por meio da remessa de malas-diretas poderá também ser empregado isolada ou simultaneamente, com detalhes sobre forma de participação e adesão no evento. Assim, há possibilidade de inscrição por meio de formulários específicos a serem preenchidos no próprio *site* e remetidos para um banco de dados, que deverá ordenar os inscritos segundo o interesse do promotor (ordem alfabética, cidade de origem, área de atuação etc.). O *site* possibilita o pagamento da inscrição ou adesão pela Internet por intermédio de instituição financeira conveniada com a entidade ou organização responsável pelo evento. O *site* poderá conter *intellipage* exclusivo para a divulgação diária de notícias e informações de interesse dos participantes.

Assessoria de imprensa

O público em geral será atingido por um volume de notícias que irão se intensificando à medida que o evento for se aproximando. A assessoria de imprensa funcionará durante toda a fase de preparação, com a atribuição de fornecer amplo material noticioso sobre o evento, contribuindo para obter maior número de participantes. Na fase pré-evento, há preparação e distribuição de *press-releases* com entrevistas, reportagens e informações sobre a programação, temário, conferencistas e participantes de renome. Estes serão enviados a jornais, revistas, rádio e televisão por fax, correio ou entrega pessoal às editorias, conforme o assunto: *marketing*, economia, informática, ciência, tecnologia etc.

Faz-se necessário também a organização de coletiva com os dirigentes da entidade promotora, em data próxima ao evento. Nessa fase, há preparação de *kits* de imprensa e remessa de convites a jornalistas para participarem do evento. Durante o evento, é preciso haver organização de entrevistas com conferencistas e personalidades de destaque, além de cobertura diária, com fotos, para entrega à imprensa. Esse serviço funcionará em sala de imprensa, equipada com todo o material e estruturada com pessoal especializado, para atender a jornalistas especializados e repórteres encarregados da cobertura do evento. Será preparado farto material, incluindo cópias de palestras, divulgação dos resultados do evento, cobertura do encerramento e envio dos anais aos jornalistas.

Sinalização

No local do evento será instalado um amplo sistema de sinalização, visando melhor orientar e informar os participantes sobre dados de interesse e recintos em que as atividades estão sendo desenvolvidas. Em toda a sinalização, figurarão as identificações do evento de forma clara e harmoniosa e que permitam fácil circulação pelo local.

O logotipo do evento, juntamente com os logotipos dos patrocinadores e os letreiros de indicação, estará presente em todos os locais: entradas dos salões, auditórios, salas de apoio e demais dependências; letreiros no balcão da central de atendimento; painel de fundo no palco do auditório, que pode ser construído com uma cenografia especial utilizando a identificação visual do evento; *banners* laterais, logotipo no pódio, faixas na mesa diretora; painéis com a programação e informações úteis em pontos estratégicos. Letreiros em aeroportos, ônibus e hotéis onde estarão hospedados os participantes também fazem parte dessas ações, visando, de um lado, orientar os participantes do evento e, de outro lado, dar visibilidade aos seus patrocinadores e apoiadores.

Telão

No auditório e demais salas de trabalhos, o telão será um importante instrumento de comunicação, projetando letreiros de boas-vindas, avisos gerais, fotos de locais importantes sob o ponto de vista histórico e turístico, títulos das palestras, vinhetas com os logotipos do evento, da entidade promotora e dos patrocinadores.

A análise circunstanciada a procura de participantes possíveis e das ações de sondagem e promocionais decididas em função dos imperativos da clientela constitui a essência dos métodos de comunicação, a fim de conseguir uma presença mais expressiva de público.

A perfeita utilização dos meios poderá contribuir poderosamente para convencer o público em função de suas características e desejos.

Esse trabalho de pesquisa necessita da presença de uma equipe homogênea, ocupada em dedicação permanente durante as fases de preparação e realização dos eventos.

Ainda confirmando o extremo valor dos métodos de comunicação, não poderíamos deixar de insistir sobre o aspecto "impalpável" do produto, tornando a tarefa do comunicador infinitamente mais complexa do que em outros casos; isso porque, se um organizador de eventos vende um produto delimitado pela programação, pelas facilidades de acesso e instalações técnicas, ele promove também um "ambiente", um "espírito de cooperação" difíceis de se medir com antecedência, porque são inerentes ao lugar e às pessoas que nele servem. Seus aspectos só serão realmente apreciados depois de uma permanência e participação efetiva no evento.

Outra dificuldade é a variedade do perfil do público-alvo, sua renovação incessante, suas exigências diferentes, mas isso não deve se constituir em barreiras para o desempenho deste trabalho.

O evento é, realmente, uma atividade de importância por demais evidente para que não seja desenvolvido um esforço em elaborar, com exatidão, sua estratégia de comunicação destinada a arregimentar um número cada vez maior de participantes. As soluções serão encontradas sempre que forem enfatizadas a validade e a utilidade desse empenho para consolidação da imagem positiva do evento e dos seus promotores, como algo voltado ao interesse e à expectativa do público participante, o principal fator do sucesso de um evento.

CAPÍTULO 11

IDENTIDADE CORPORATIVA E A PROPAGANDA INSTITUCIONAL

Luiz Carlos de Souza Andrade
Sócio-diretor de Planejamento Estratégico e Criação da Ink Comunicação

"Tupi or not Tupi: eis a questão", bradava Oswald de Andrade em seu manifesto antropofágico nos anos de 1920. A questão em questão (vale a redundância) era, na realidade, mais um daqueles embates que, felizmente, pessoas iluminadas insistem em travar em determinadas épocas da história da humanidade e que terminam por mover o mundo e as instituições a novos tempos.

As baterias de Oswald e de seus companheiros modernistas, no caso, foram assestadas contra a importação sistemática de cultura em detrimento dos valores culturais locais. À época, o movimento antropofágico, lançado na Semana da Arte Moderna, foi alvo, literalmente, de tomates e ovos podres em suas apresentações no Teatro Municipal de São Paulo, naqueles três dias de fevereiro de 1922.

Agressões à parte, é inegável que os modernistas estabeleceram uma identidade própria que, naquele instante, não foi entendida quanto mais assimilada, embora eles tenham feito barulho, propaganda (cartazes, revistas e artigos nos jornais) e até criado uma logomarca para o movimento. A imagem prevaleceu sobre a identidade e o público "entendeu" os modernistas como um bando de "filhos de boas famílias, educados na Europa, querendo brincar de fazer arte".

Nas décadas seguintes, a "má" imagem foi se desvanecendo e cedeu lugar à consagração dos intrépidos modernistas, particularmente Mário de Andrade,

Villa-Lobos e Tarsila do Amaral (em 1994 o quadro *Abaporu* foi arrematado por US$ 1 milhão em leilão realizado em Nova York). Até mesmo Oswald de Andrade, "o grande maldito" entre os participantes da Semana, foi resgatado pela história e é hoje tratado com o tipo de reverência somente concedida aos gênios. Em suma, a verdadeira e desejada identidade perseguida pelos modernistas sobrepujou-se à imagem, imperfeita, que, a princípio, se criou em torno do movimento. Ou seja, nem todo o barulho, toda a divulgação, foi capaz de evitar os tomates e os ovos podres atirados contra os modernistas. A substância de suas obras, ao longo do tempo, foi o fator determinante para que a verdadeira identidade do movimento aflorasse: ruptura e arte moderna brasileira. Tanto é assim que hoje qualquer referência ao ano de 1922 é muito mais para lembrar a Semana do que o centenário de nossa independência.

Feita a parábola modernista, a primeira e mais essencial lição fica clara para todos aqueles que queiram praticar o ofício da comunicação com integridade: *identidade corporativa não é imagem corporativa* (identidade, no caso, significa aquilo que uma organização é e como deseja ser percebida — nos limites do que ela é e tem —, enquanto imagem é como tal organização é percebida por todos os públicos de interesse). Por organização, entenda-se empresa, corporação ou instituição.

A ruptura modernista pode servir ainda de inspiração para a quebra de um tabu e a confirmação da nova missão da comunicação. O tabu a ser quebrado é aquele que mantém os profissionais de comunicação institucional (sinônimo de comunicação corporativa) distantes dos profissionais de *marketing*, em função do isolacionismo dos primeiros e da vigência do "regime do *marketing*", que possui território e recursos mais substanciais.

Hoje, porém, sob a égide da competitividade e dos dividendos de curto prazo, sinergia, parceria, sintonia são palavras de ordem e a afirmação da comunicação total (o somatório da comunicação institucional e da comunicação mercadológica) é inexorável, até pela economia de escala que representa. Quanto à nova missão da comunicação, ela nasce do pressuposto de que as *marcas são os principais ativos de uma organização* e, como tal, devem ser cuidadas, alimentadas, protegidas. Tal visão vem substituir a idéia de que a comunicação visa, de um lado, vender produtos e serviços e, de outro, tornar conhecida a empresa por trás do produto ou serviço. *Agora, a missão da comunicação é "construir marcas", o que, naturalmente, legitima o reinado da comunicação total.*

Discurso, aliás, que vem sendo aplicado sistematicamente por publicitários modernos (não modernistas) e que vêm inundando o universo do *marketing* e da comunicação com diferentes definições e apelidos para o processo de construção de marcas. Das definições clássicas, como a do *chairman* do Grupo Young & Rubicam, na década de 1990, que lançou a máxima "marcas são pessoas" (assim como nutrimos sentimentos em relação às pessoas, fazemos o mesmo com as marcas) até as mais didáticas ou saídas dos dicionários, como o próprio *Aurélio* define: "nome, expressão, forma gráfica etc. que individualiza e identifica uma empresa, um produto ou uma linha de produtos". Ou ainda, por meio de vários termos em inglês que, no fundo, pretendem significar a mesma coisa, ou seja, afirmar que as marcas são hoje os grandes ativos das organizações. Assim, expressões como *brand equity* ou *brand genetics* vicejam no ambiente das grandes agências de comunicação do mundo.

Em paralelo, a revista *Financial World* publica todo ano *ranking* das marcas mais valiosas do mundo, a partir de metodologia da Consultoria Inglesa Interbrand que, por sua vez, define marca como: *nome ou símbolo — e os atributos tangíveis e emocionais a eles associados — que visam identificar os bens e serviços de um vendedor, visando diferenciá-los de seus competidores.* Como se constata, ambas as definições de marca contemplam, de uma forma ou de outra, a concepção de valores e atributos "associados". O que são valores e atributos "associados" a uma marca? A resposta passa pela discussão da dimensão de uma marca, a partir da teoria da "Tridimensionalidade da Marca" criada e desenvolvida por este autor. *Tal teoria pressupõe que toda marca terá, necessariamente, duas dimensões — a identidade do produto e a identidade corporativa — e que somente algumas marcas terão uma terceira dimensão*, como será demonstrado a seguir.

Assim, os valores e atributos associados a uma marca serão representados pelas características físicas e pelos benefícios de um dado produto e pela cidadania corporativa de uma empresa, corporação ou instituição. Aqui cabe um parêntese: a maioria dos profissionais de comunicação social confunde cidadania corporativa com benemerência, contribuições comunitárias ou, mais extensivamente, com *corporate philantropy* que, em artigo vanguardista sobre o tema, assinado por Craig Smith e publicado na edição de maio/junho de 1994 da *Harvard Business Review*, aponta: "Da mesma forma que cidadãos de carne e osso, corporações cidadãs buscam formas de compatibilizar o seu próprio interesse ao interesse maior da sociedade". Porém, na visão deste autor, cidadania corporativa deve significar que uma empresa de um lado, forneça produtos e serviços com a qualidade prometida, com o preço justo e sem prejuízos ao meio ambiente e, de outro, que a mesma empresa aja sempre de forma transparente e ética que, aí sim, dê uma contrapartida à sociedade na forma de doações e/ou de patrocínios à saúde, à educação, às artes, aos esportes.

Feito o parêntese, retome-se à discussão da *terceira dimensão* de uma marca. *Por que apenas algumas empresas alcançariam tal dimensão? Por que tal dimensão exige valores e atributos, muitas vezes, únicos, imponderáveis e paradoxais?* Por exemplo: qual marca é, ao mesmo tempo, secular e moderna, elitista e popular (favorita entre reis, presidentes e qualquer pessoa do povo), música e letra, arte e forma, paradigma?

Se você pensou Coca-Cola, fez a escolha certa. Essa marca aglutina todos esses valores e atributos na sua terceira dimensão: *a dimensão de ícone*. E as evidências são muitas ao longo dos últimos cem anos: as instalações vanguardistas de Andy Warhol; as letras de "Alegria, Alegria" de Caetano Veloso e de "Conversando no Bar" de Fernando Brant; o presidente norte-americano Franklyn Roosevelt bebendo Coca-Cola em seu encontro com Getúlio Vargas na base aérea de Natal (RN) durante a Segunda Grande Guerra; a emblemática garrafa de Coca-Cola no filme *Os deuses devem estar loucos* que fez grande e inesperado sucesso na África,

A lista de evidências é longa e, até para a surpresa dos próprios executivos da Coca-Cola, não pára de crescer. Foi a partir de tal constatação que a área de relações externas da Coca-Cola no Brasil criou e desenvolveu um modelo de análise de *clipping* (noticiário) que pudesse contemplar não só o registro e a avaliação das menções da marca Coca-Cola, na imprensa, como produto e empresa, mas também aquelas em que a marca fosse citada como ícone. O relatório estreou na metade da década de 1990 e, para surpresa geral, apresentou o seguinte resultado: de todo o noticiário sobre a Coca-Cola no Brasil, 8% referiram-se à marca Coca-Cola como ícone.

Menções como aquela feita pelo presidente da Parmalat no Brasil em entrevista à *Folha de S. Paulo* ("Queremos ser a Coca-Cola do leite no Brasil") ocupam o noticiário com uma freqüência impressionante. Hoje, a categoria de ícone para a marca Coca-Cola é reconhecida mundialmente.

Nesse ponto, cabe a pergunta: será que a terceira dimensão (ícone) é privilégio ou mesmo propriedade da marca Coca-Cola? Não, claro que não. Outras marcas certamente possuem uma terceira dimensão, como é o caso, por exemplo, da Gillette. Qual seria, então, a terceira dimensão da marca Gillette? O seu valor e atributo de sinônimo de categoria: quando alguém quer comprar uma lâmina de barbear, geralmente pede uma "gillette", não importa a marca. O mesmo acontece com a marca Nescafé, no segmento de café solúvel. Aqui cabe outra pergunta: a terceira dimensão é exclusiva de empresas de consumo? Novamente a resposta é não. Toda a empresa, local ou internacional, das áreas de base, de serviços, *business-to-business* ou de tecnologia pode e deve explorar a possibilidade de possuir a terceira dimensão. Uma empresa de mineração que tem na inovação o seu fio condutor é um bom exemplo (a *commodity* que se diferencia).

Não é à toa, portanto, que as marcas Gillette e Nescafé estão, ao lado da Coca-Cola, entre as mais valiosas do mundo, conforme o *ranking* da *Financial World* de 2005: Coca-Cola é a mais valiosa com US$ 67 bilhões; Nescafé é a vigésima quarta com US$ 2 bilhões e Gillette é a décima-quinta com US$ 17 bilhões. Mas tais números não significam que se alguém oferecer US$ 67 bilhões levará a marca Coca-Cola. O sentido da avaliação do valor econômico das marcas está relacionado à sua *performance* financeira (o quanto a marca contribui para o negócio da empresa hoje e amanhã) e a sua posição de mercado *vis-à-vis* suas competidoras.

A idéia da terceira dimensão das marcas não se comprova, hoje, somente pela análise de noticiário ou pelo valor econômico. A Young & Rubicam Inc., um dos cinco maiores conglomerados de comunicação do mundo, criou o que chamou de *brand asset valuation study* (traduzido para "avaliação de trunfo da marca" por Nelson Blecher em sua matéria na segunda metade da década de 1990 na *Folha de S. Paulo*).

O estudo da Young & Rubicam, publicado com exclusividade pela Advertising Age International, foi desenvolvido a partir de entrevistas em profundidade com 25,3 mil consumidores em dezesseis países, inclusive o Brasil, na sua primeira edição (1993/94) e contemplou na mais recente 35 mil consumidores em 24 países. Nesses estudos os consumidores tiveram suas percepções avaliadas em relação a 7 mil marcas, sendo 450 delas globais. E o resultado novamente confirmou a liderança da Coca-Cola entre as "Formidable 50 — names with the greatest cachet... and the greatest potential" (As 50 formidáveis — marcas com o maior cachê e o maior potencial). Outras marcas que se destacaram na avaliação da Young & Rubicam foram: Kodak, Nike, Sony, Adidas, Mercedes-Benz e novamente Gillette e Nescafé. Na parte brasileira, além da Coca-Cola e da Kodak, mereceram destaque Danone, Colgate e Elma Chips, conforme a citada matéria da *Folha de S. Paulo*.

Na mesma linha de raciocínio está inserida a pesquisa realizada, na mesma época, pela D'Arcy, Masius, Benton & Bowles — DMB&B, outro grande conglomerado de comunicação do mundo transformando apenas em D'Arcy e hoje assumido pela Publicis — no Brasil Publicis Salles Norton. Sob o título *O mundo dos adolescentes — Como eles andam, sentem e agem*, tal pesquisa contou com a participação de 6.547 jovens entre 15 e 18 anos, em 26 países, inclusive o Brasil. A conclusão geral da pesquisa aponta para o fato de que o mito do mercado global finalmente tornou-se realidade. Ainda segundo a pesquisa, não importa se em Melbourne ou Rio de Janeiro, Moscou ou Amsterdã, existem jovens acordando, vestindo seu *jeans* favorito e par de tênis predileto, sonhando em ter um carro, passeando no *shopping* depois da aula ou sintonizando a MTV. Sob o ponto de vista de hábitos, portanto, os jovens do mundo estarão, na sua rotina, expostos e em contato com um número cada vez mais crescente de marcas globais.

Assim, tanto o estudo da Young & Rubicam quanto a pesquisa da então DMB&B vêm corroborar a idéia da terceira dimensão, uma vez que a avaliação das marcas, no caso da Young & Rubicam, teve os seguintes critérios: a relevância intrínseca, a diferenciação em relação aos concorrentes, a estima e a familiaridade de cada marca. Com certeza, a percepção da marca Coca-Cola como ícone passa pela questão da diferenciação e da sua globalização, como evidencia a pesquisa DMB&B. Em paralelo, é imprescindível lembrar que uma boa parte do atributo estimado em relação à Coca-Cola se deve à segunda dimensão de sua marca, ou seja, a sua identidade corporativa. Afinal, a Coca-Cola patrocina praticamente todos os maiores eventos esportivos do mundo (Copa do Mundo, Olimpíadas, Taça Davis etc.), além de manter serviços de atendimento ao consumidor, Programa Mundial de Meio Ambiente e poder ostentar ISOs e mais ISOs (Certificado Internacional de Conformidade).

Uma vez estabelecida a importância da identidade corporativa para o processo de construção de marcas, cumpre discorrer sobre o papel da comunicação da identidade corporativa.

Em nossa opinião, tal papel seria aquele de ajudar a *administrar percepções*, isto é, ajudar a fazer com que consumidores, cidadãos e demais públicos se interessem e associem à marca de uma empresa ou corporação no setor privado ou à marca de uma instituição no setor público os valores e atributos justos. Por que consumidores e cidadãos? Não seriam eles a mesma pessoa? São e não são, o são como pessoa. Porém, sob o ponto de vista da comunicação, a pessoa deve ser um ser bifacetado: de um lado está o consumidor, o adquirente de produtos e serviços e, de outro, está o consumidor de idéias, causas, crenças: o cidadão. Portanto, a comunicação da identidade corporativa (a comunicação institucional) "fala e cala" muito mais à faceta do cidadão que, cada vez mais, exige cidadania das empresas, corporações e instituições (das organizações, em síntese).

Concomitantemente, é também a comunicação da identidade corporativa aquela que melhor e mais eficazmente atinge os públicos de interesse institucional, tais como comunidade, empregados, governo, imprensa, acionistas, instituições financeiras. E como fazer comunicação da identidade corporativa com eficazes e, principalmente, palpáveis resultados? A resposta, até agora, tem sido uma só: investir em planejamento estratégico baseado em pesquisa ou encontrar um consultor que combine conhecimentos em consultoria empresarial e experiência em *marketing* e comunicação. Em outras palavras, em época de altíssima competitividade e cobrança incessante por resultados, o *feeling* (a intuição) deve estar, na quase totalidade das vezes, subordinado às razões estratégicas na comunicação da identidade corporativa.

Nesse momento, o processo de *administração de percepções* assume sua relevância e imprescindibilidade, pois consegue determinar, com precisão quase cirúrgica, a imagem de uma marca (como a marca é vista e não como ela o é na realidade) na sua segunda dimensão de identidade corporativa e na terceira, se houver. Como funciona o processo de *administração de percepções*? Ele passa, como já foi dito, pela determinação da imagem corporativa hoje por meio da realização de pesquisa e o cruzamento dos seus resultados com o plano de negócios da empresa para definição, então, da identidade corporativa desejada. O plano de negócios, por sua vez, estabelece objetivos e estratégias da empresa para os próximos três anos e o Programa de Comunicação da Identidade Corporativa deve se atrelar à mesma perspectiva de tempo. Geralmente, o plano de negócios é desenvolvido com a contribuição de uma empresa de consultoria empresarial, a exemplo da citada Arthur Andersen. Cumpre ao profissional de comunicação corporativa interpretá-lo, para estabelecer quais são as estratégias institucionais e de negócio que podem ser exploradas e quais são os problemas que podem ser resolvidos pela comunicação. Uma vez atingido o consenso quanto à identidade corporativa desejada (aqui, novamente, é importante ressaltar que a comunicação não deve ser utilizada para "camuflar" ou "engrandecer" nada: ela deve ser substantiva e não adjetiva), o Programa de Comunicação de Identidade Corporativa deve nascer sob a inspiração da *comunicação integrada* (cujo mote tem sido sistematicamente aproveitado por nove entre dez publicitários), ou seja, *a comunicação que contempla e aciona, integradamente, as várias disciplinas de comunicação: propaganda, relações públicas, promoção,* marketing *direto,* design, *engenharia de embalagens, subordinadas necessariamente à uma mesma estratégia.* Afinal, nem tudo termina em anúncio (como na visão de um publicitário míope), nem em *press release* (como na visão de um relações públicas estrábico). Tudo começa na visão estratégica e no uso das disciplinas de comunicação de forma sinérgica: afinal, elas serão sempre complementares e não excludentes. Assim é que, hoje, a propaganda corporativa vem crescendo como subdisciplina da propaganda, particularmente nas mãos dos profissionais de comunicação social ou relações públicas. Este autor criou, na época em que presidia a Burson-Marsteller no Brasil, em conjunto com o então diretor de criação Ricardo Veloso, um anúncio em homenagem aos quarenta anos da empresa, completados em 1993, o qual foi enviado à matriz em Nova York e veiculado por um dos escritórios norte-americanos. O anúncio, no formato "dois tempos", tinha uma primeira página com a pergunta: "Pergunte a eles o que significa reputação", "Eles", no caso, eram: George Washington na nota de 1 dólar, Mickey Mouse, garrafa de Coca-Cola, Spike Lee, Paul Newman, Águia Americana, General Patton, Estátua da Liberdade e Orson Welles. Virando-se a página, aparecia o texto cujas duas primeiras linhas respondiam com dramaticidade à questão: "Todos reconhecem a importância e o valor de uma reputação. Alguns foram vitoriosos e alguns foram derrotados nessa batalha". O texto seguia então discorrendo sobre o imperativo de se construir uma boa reputação corporativa a partir da comunicação da justa identidade corporativa.

Na mesma trilha, o exemplo da Coca-Cola é eloqüente: a sua área de relações externas vem acreditando e investindo em propaganda corporativa desde os anos de 1980, porque o seu planejamento estratégico da comunicação da identidade corporativa (renovado a cada três anos) assim recomendou. Aliás, o processo de *administração de percepções* foi adotado pela Coca-Cola no Brasil a partir de 1991. Na campanha criada pela Salles/DMB&B e veiculada de dezembro de 1994 a fevereiro de 1995, nas principais revistas do país, os títulos dos anúncios deixavam claro a cidadania empresarial da Coca-Cola nos atributos de patrocínio à Seleção Brasileira de Futebol e à arte brasileira: "O Brasil vai ser pentacampeão em 98. É cedo para afirmar, não para acreditar"; "Para patrocinar as artes nada melhor do que alguém que já faz parte da nossa cultura". Tal campanha foi premiada com o DMB&B Max Award *(Merit Achievements)* concedido pela DMB&B de Nova York. Mas alguém, certamente, argüiria: propaganda só faz ganhar prêmios ou também gera resultados? Como dizia minha avó: "Elogio em boca própria é vitupério". Assim, é melhor recorrer a terceiros para tentar provar a eficiência da propaganda, mais especificamente da propaganda corporativa.

Em pararelo, segundo estudo da Myers Marketing & Research do início da década de 1990, que serviu de base para campanha de propaganda do próprio *The Wall Street Journal*:

> Propaganda corporativa faz muito mais do que somente *"quebrar o gelo"*. Quando bem planejada e executada, ela pode tirar uma empresa do anonimato e embalá-la com a aura da persuasão de empresa vencedora. E vários estudos têm demonstrado que, uma vez que uma reputação é assegurada, ela rapidamente paga dividendos. Um estudo da *Northwestern University*, que analisou a *performance* de 731 corporações, descobriu que, na média, a propaganda corporativa aumentou o valor das ações em 2% (dois por cento). Para uma grande corporação, tal aumento pode representar muito mais do que simplesmente cobrir os custos da propaganda.

Além dos dividendos financeiros, a propaganda corporativa, naturalmente, agrega outros benefícios à empresa, como: a participação da comunidade em projetos comuns, a motivação de funcionários, o interesse da imprensa etc. Porém, por mais fórmulas de avaliação de resultados da comunicação de identidade corporativa que existam (e existem pouquíssimas), nenhuma delas foi capaz de medir a *performance* de cidadania empresarial de uma empresa em relação às outras. Nesse sentido, este autor lançou a idéia da criação de um novo índice no mercado: o *social share* (a fatia social), que coexistiria com o *market share* e outros índices à disposição dos executivos. O *social share* ainda não foi desenvolvido, mas caminha na direção da realização de uma grande pesquisa, com espaçamento regular, para aferir a *performance* das empresas, com base em atributos determinados pelos consumidores-cidadãos. No futuro, portanto, será possível avaliar uma empresa, desde sua *performance* até o preço de suas ações, utilizando-se mais um critério: o *social share* (a fatia social), diga-se, índice ainda não-disponível em nenhuma parte do mundo. Naturalmente, o *social share* incluirá também a postura ambiental das empresas, tendo as respectivas certificações ISO como emblemáticas.

Como se verifica, nós, profissionais da comunicação brasileira — e, por conseqüência, participantes da indústria de serviços —, podemos afirmar que somos tão ou mais avançados, em alguns aspectos, do que os profissionais de comunicação dos países pertencentes ao G-7, embora os exemplos aqui citados, em sua maioria, tenham sido norte-americanos. É imperativo, pois, acreditar como os modernistas de 1922 acreditaram; é preciso levar o Brasil na alma como Santos Dumont o fez; é imperioso desafiar a todo tempo o complexo de "vira-lata" ou, mais modernamente, a "fracassomania". Afinal, somos uma grande nação: basta crer!

CAPÍTULO 12

O USO DAS NOVAS TECNOLOGIAS DE ACESSO AO VIRTUAL

Paulo Nassar

Professor doutorando da ECA/USP e diretor-presidente da Associação Brasileira de Comunicação Empresarial (Aberje)

A afirmação pode provocar risos, mas as relações públicas e a comunicação organizacional estão cada vez mais próximas do eletrodoméstico, que, felizmente, é a forma mais agradável de tecnologia. O seu *design* é bonito, sedutor, eficiente, descomplicado; as suas inúmeras funções são acionadas de forma simples e rápida; os manuais têm linguagem acessível, direcionada para o leigo. Tudo nele é concebido para o uso fácil, instantâneo e massivo. Assim são as famílias de liquidificadores, fogões, geladeiras, batedeiras de bolos, televisores, transmissores de imagem e som, entre outras.

Em nossos tempos, o profissional de comunicação tem acesso a computadores, com fusões de telefone e televisão, cada vez mais parecidos na operação com os eletrodomésticos. Ou seja, o acesso e a operação das tecnologias informatizadas já não são grande barreira, não são mais desculpa para se ficar escondido e excluído delas.

Nesse campo, a operação das inovações tecnológicas é amigável, mas vai excluir da atividade quem teimar em não compreender como, quando e por que ela atinge as relações nas empresas e instituições com os seus inúmeros públicos e redes de relacionamentos. Principalmente num contexto em que o papel do computador nas empresas e instituições evoluiu de um processador de lançamentos contábeis e, posteriormente, na década de 1970, para o de arquivista de dados, para o *status* de nova mídia, ou de suporte para inúmeras mídias, que alteram como as empresas e as instituições se relacionam e se comunicam com os mais diferentes públicos. Uma evolução que trouxe essa tecnologia diretamente para exercer papéis e alcançar objetivos há muito conhecidos dos comunicadores sociais.

A incorporação da tecnologia e das novas ferramentas digitais no planejamento de relações públicas e de comunicação organizacional é rápida e se dá praticamente em todas suas etapas. O desenho dessas utilizações começa nas atividades de inteligência em relações públicas, tais como o estabelecimento de políticas organizacionais, a criação de planos e de posicionamentos relacionais, diante das questões do cotidiano e dos horizontes organizacionais, e segue na gestão, controle e adequação das ações e meios utilizados na comunicação com os públicos e a sociedade.

Incorporar as novas tecnologias de comunicação digital e as suas utilizações no espaço virtual, no pensamento e na atividade de relações públicas, no entanto, não significa transformar cada relações públicas, cada comunicador organizacional, em um *expert* em *softwares* e *hardwares*. O posicionamento dos profissionais de relações públicas e dos comunicadores é outro: o de planejador-usuário dessas tecnologias no âmbito das relações públicas, sobretudo como via de inclusão e de utilização da inteligência e das ações de relacionamento no espaço virtual. Um ambiente, que é mais do que simplesmente tecnologia de informação ou circulação de dados, onde empresas, instituições e pessoas inserem os seus estilos, comportamentos, conteúdos, mensagens, serviços, lojas, produtos, veículos de comunicação, moedas, entretenimento, entre outras infinitas possibilidades.

Todas essas possibilidades estão no *hipermundo*, que se instala na esfera do virtual. Para Attali (1999, p. 137-138) hipermundo é "um conjunto das atividades econômicas, políticas, sociais ou culturais que se desenrolam no mundo virtual em complemento ou em simulação do real". Para o futuro, ainda na visão de Attali, esse novo mundo ganhará dimensões onde "será possível tocar, saborear e sentir".

Pierre Lévy (2001, p. 12), por sua vez, pensa que "o virtual, rigorosamente definido, tem somente uma pequena afinidade com o falso, o ilusório ou o imaginário. Trata-se, ao contrário, de um modo de ser fecundo e poderoso, que põe em jogo processos de criação, abre futuros, perfura poços de sentido, sob a platitude da presença física imediata".

No presente, cabe aos profissionais de relações públicas explorar, em prol de causas como a melhoria das organizações e a sua integração às bandeiras da democracia e da sustentabilidade planetária, as possibilidades desses territórios que se caracterizam por limites indefinidos e atemporalidade, protagonistas ariscos, migrantes, comunitários e sedentos de capacidades, conexões, conveniência e velocidade. A exploração dessas novas vias de possibilidades esbarra em culturas organizacionais voltadas apenas para as suas próprias identidades, crenças, valores e tecnologias. O que pode ser traduzido em organizações que não se vêem além de seus muros e das suas formas de fazer e de sobreviver, ou ainda em visões meramente geográficas da abrangência organizacional e também de seus públicos, que não se aplicam e não têm lugar no mundo virtual.

Que sentido tem para a inteligência de relações públicas, por exemplo, operar com divisas, limites e fronteiras no mundo virtual? Categorias como interno e externo, geralmente utilizadas em segmentações mecânicas de públicos, são ilusões nos territórios virtuais. Identificações de públicos a partir de categorias como empregados, consumidores, clientes, acionistas, sindicatos, autoridades, imprensa, fornecedores, distribuidores, organizações não-governamentais, entre outros, podem ofuscar outras possibilidades inter-relacionais mais dinâmicas e antenadas com os acontecimentos culturais, comportamentais, políticos, históricos, ambientais ou ainda, alinhadas com características étnicas, de gênero, etárias e sexuais de milhões de pessoas interligadas. Esse universo relacional mutante e virtual tem criado valor para as empresas e instituições que nele atuam, quando essas organizações conseguem dar suporte permanente e competente às redes de relacionamentos e de pertencimento, que criam, no caso de *sites*, a fidelidade (que é mais do que audiência) dos que o acessam e o freqüentam.

No caso de as empresas e instituições criarem essas redes de relacionamento significa disponibilizar para as pessoas, por meio de tecnologias digitais de informação e comunicação, conteúdos administrativos, mercadológicos e institucionais que permitam, principalmente, interações entre os membros dessas redes.

AS REDES DIGITAIS E A SUA UTILIZAÇÃO PELAS RELAÇÕES PÚBLICAS

No campo das tecnologias digitais de informação e comunicação, as organizações têm à sua disposição redes de computadores, cada vez mais convenientes e móveis, e telefonia móvel, que dão suporte para a comunicação e transmissão de dados entre pessoas da própria organização, e também constituintes de públicos como consumidores, fornecedores, distribuidores e outros. Em menos de quarenta anos, a Internet se firmou como o grande suporte digital para a veiculação das principais mídias de nosso tempo. Jornais, revistas, rádios e televisões têm os seus conteúdos, originais ou produzidos especialmente, na grande rede. Não bastasse esse feito, a rede é lugar de entretenimento, proporcionado por jogos eletrônicos, praticados de forma solitária ou em grupos, e outras formas de lazer. É espaço também de bibliotecas, bancos de dados e meio, como foi no seu início, em 1969, de transferência de todo o tipo de arquivos e documentos.

As empresas têm também o seu lugar de destaque na Internet por meio de seus *sites* e portais de informações, serviços e vendas, que constituem uma mistura de teor institucional e mercantil. Uma miríade de organizações governamentais estrutura suas páginas em tons que se movimentam das informações meramente burocráticas para a modernidade dos serviços públicos *on-line* aos cidadãos. No campo das organizações não-governamentais, vemos a informação militante, a denúncia e o chamamento da sociedade e das empresas para as responsabilidades social, ambiental, cultural, comercial e histórica. As universidades utilizam a Internet para disponibilizar suas informações, serviços, documentos e pesquisas, além de suas missões e visões.

Na atualidade, entre as suas características mais importantes para a atividade e o negócio das relações públicas, está a sua abrangência mundial que permite que instantaneamente uma organização esteja, de forma planejada, em contato com inúmeros públicos, sociedade e redes de relacionamento e/ou exposta a todo o tipo de questionamentos, e até ataques à sua imagem e reputação. Pinho (2003, p. 33) enumera outras características que fazem a Internet fundamental para o planejamento de relações públicas:

> Os benefícios que a Internet pode trazer para os programas e para as estratégias de relações públicas decorrem, principalmente, de características e aspectos próprios. Entre eles, sua condição de mídia de massa e de ferramenta para a comunicação com a imprensa, a sua capacidade de localização do público-alvo, a presença em tempo integral, a eliminação das barreiras geográficas e as facilidades que permite para a busca da informação e administração da comunicação em situação de crise.

A evolução da Internet como ferramenta praticamente dispensa o conhecimento prévio de linguagens computacionais, e seus programas de acesso são cada vez mais simples. A partir de um protocolo de entrada (TCP/IP[1]), o usuário tem acesso aos dois programas mais usados na rede: o *e-mail* (correio eletrônico) e o *browser* (navegador). O grande desafio é que a Internet, muito além do acesso aos *e-mails* e aos programas navegadores, pode ser sintetizada nos seus aspectos estratégicos e negociais, como bem ressalta Saad (2003, p. 24-25):

> [...] O uso da Internet pelo mercado informativo teve como premissa o entendimento de que a grande rede surgia como mais uma mídia e, como tal e similar aos demais meios de disseminação de mensagens, deveria resultar num negócio lucrativo. Ficaram em segundo plano os aspectos mais significativos das redes digitais de comunicação e informação: uma tecnologia bidirecional que coloca produtor e receptor da informação no mesmo patamar; que possibilita diálogos interpessoais e intergrupais sem intervenção do produtor da informação; com potencial de uso não apenas de distribuição e captação de informações, mas também de gerenciador de dados e criador de sentido para grupos de usuários de qualquer porte.

O aspecto da Internet mais relevante para as estratégias de relações públicas está em seu poder dialógico, que estabelece conexões entre desiguais, dando algum poder de negociação para os mais fracos e potencializando de forma exponencial as redes virtuais de públicos.

Se, por décadas, a sociedade estava à mercê do poder das empresas, ela e seus públicos ganham com a Internet o poder de responder, utilizando a força das correntes de *e-mails*, os *sites*, portais e *blogs* críticos à atuação das organizações.

AS REDES VOLTADAS AOS COLABORADORES

Entre os principais suportes tecnológicos de interesse para as relações públicas, destacamos também as redes intranet e extranet. Nessas redes a organização pode disponibilizar os seus conteúdos do *mix* de comunicação integrada. Essas redes

1. *Transmission Control Protocol/Internet Protocol* — padrões de codificação de informações que estabelecem as comunicações em redes de computadores.

usam a mesma tecnologia utilizada na Internet, porém com objetivos e abrangências diferentes.

A intranet é uma rede virtual restrita, que tem como usuários os membros de uma empresa ou instituição. Por meio da intranet a organização dá aos empregados as principais informações de recursos humanos, entre eles, os benefícios ligados à assistência social e médica, aos eventos de integração, treinamentos e a educação corporativa. E também os principais acontecimentos organizacionais com repercussões nas relações da empresa com o mercado e a sociedade, tais como lançamentos de novos produtos e serviços, aquisições e fusões, celebrações e trocas de comandos, entre outros temas públicos.

A intranet pode promover reuniões virtuais entre empregados, por meio de *chats* (bate-papos), com o objetivo de aumentar a participação e o esclarecimento dos colaboradores em assuntos complexos e muitas vezes polêmicos. Para essa rede interna convergem também os programas de rádio e vídeo internos, que ficam arquivados à disposição dos empregados, como narra Almeida (2005, p. 124), tendo como referência o trabalho de comunicação para os empregados desenvolvido na Petrobrás.

Como produto da intranet, a maioria das empresas e instituições migrou inúmeras publicações impressas, como os boletins, avisos, manuais e *clippings* de imprensa, para formatos digitais. Ainda na intranet, organizações disponibilizam agências internas de notícias. É o caso de bancos e empresas de capital de aberto, que têm a necessidade de manter informados permanentemente seus executivos sobre eventos que podem influenciar o preço de suas ações, produtos e serviços. Empresas com atuação nacional, regional e mundial se integram por meio de *megaintranets*, que disponibilizam informações e inúmeros serviços às suas direções e empregados em toda a sua logística.

As extranets são redes exclusivas que integram uma empresa, por meio de senhas de acesso, aos seus principais públicos de uma cadeia produtiva, entre eles, fornecedores e distribuidores e grandes clientes. Os principais usuários dessas redes são empresas em que a produção é integrada e interdependente. Entre elas estão, por exemplo, os pólos petroquímicos e as modernas montadoras de automóveis, e também as corporações mundiais, que têm as suas operações espalhadas por dezenas de países.

A COMUNICAÇÃO INTEGRADA VIRTUAL

O mundo virtual exige da empresa uma relação baseada no rápido acesso pelos públicos às informações e no pronto atendimento das demandas desses públicos pela organização. A complexidade desses relacionamentos se acentua porque os públicos sempre têm um ponto de vista potencialmente holístico da organização, isso é proporcionado pelos *hiperlinks*[2], que aprofundam o conhecimento e experiência dos públicos e da sociedade acerca da organização. A compra digital, por exemplo, de um par de tênis pode levar o consumidor por meio de *hiperlinks* a informações, não editadas ou controladas pela organização, sobre a história da empresa e sua ética nas relações com o meio ambiente, com os seus trabalhadores, entre outras questões que podem interessar ao consumidor-cidadão. Ao contrário do que acontece na compra presencial, a organização e seus vendedores não têm uma relação linear com o consumidor, controlada pelo espaço e ambiente da loja tradicional. No caso da loja virtual, o relacionamento é construído pela confiança embasada nas mensagens das áreas administrativa, mercadológica e institucional da organização, disponíveis na tela. Essa perspectiva, a partir dos sentidos dos públicos, que podem varrer, por meio de leituras não-lineares, todos os aspectos da empresa, fortalece a necessidade de uma comunicação virtual planejada e operada de forma integrada, tendo como referência a visão de relacionamento. O que nos força a definir, então, o que é comunicação integrada no campo da comunicação digital.

Para isso, é útil lembrar como é definida a comunicação integrada no campo das relações reais. Entre os autores que tratam do tema, Kunsch (2003, p. 150) entende

> por comunicação integrada uma filosofia que direciona a convergência de diversas áreas, permitindo uma atuação sinérgica. Pressupõe uma junção da comunicação institucional, da comunicação mercadológica, da comunicação interna e da comunicação administrativa, que formam o *mix*, o composto, da comunicação organizacional.

Os atributos da convergência e da sinergia, lembrados por Kunsch, no mundo virtual têm equivalência nos atributos virtuais da convergência de mídias, acessibilidade, interatividade, usabilidade, hipertextualidade, todos tendo como pano de fundo uma cultura organizacional democrática, participativa e aberta para os olhares públicos. É também Kunsch (2003, p. 151) que nos mostra os elementos

2. Palavra ou frase ou ícone em destaque, que remete o usuário para outra parte do texto, outra página, *site* ou hiperdocumento (*Dicionário de comunicação*, p. 363).

integrantes do composto da comunicação integrada real, divididos pelos campos da comunicação institucional, comunicação interna/comunicação administrativa e comunicação mercadológica. Em cada um desses campos, Kunsch detecta inúmeras áreas de atuação que dependem de comunicação. Entre elas, estão as relações públicas, o jornalismo empresarial, a assessoria de imprensa, a editoração multimídia, a propaganda institucional e as responsabilidades corporativas, entre outras. Para cada uma dessas áreas de atuação é possível estabelecer pelo menos uma aplicação no mundo virtual, como vemos no quadro abaixo:

Quadro 1 — Componentes do composto de comunicação integrada real e exemplos de suas aplicações no mundo virtual

Comunicação institucional e suas áreas de atuação	**Exemplos de aplicações virtuais em *sites* ou portais voltados para inúmeros públicos e sociedade**
Relações públicas	Posicionamento no espaço virtual da organização frente aos diferentes públicos, mercados e sociedade
Jornalismo empresarial	*E*-publicações, agências de notícias *on-line*, atualização e manutenção de conteúdos em *sites*, *blogs*, portais, entre outros
Relações com a imprensa	Sala de imprensa virtual, *web* coletivas de imprensa, *infoclippings*, monitoramento da imagem junto à imprensa, entre outros
Editoração multimídia	*Web design*
Propaganda institucional	Vitrine virtual para as crenças, valores e tecnologias organizacionais
Responsabilidade histórica	Vitrine virtual para a memória organizacional
Responsabilidade social	Vitrine virtual para programas e ações sociais
Responsabilidade cultural	Vitrine virtual para programas, patrocínios, ações culturais
Comunicação interna e comunicação administrativa e suas áreas de atuação	**Aplicações virtuais em *sites* ou portais voltados para o público interno**
Relações públicas (ações para os colaboradores)	*E*-posicionamento da organização frente aos diferentes públicos, mercados e sociedade
Jornalismo empresarial	*E*-publicações internas, agências de notícias *on-line*
Editoração multimídia	*Web design*
Responsabilidade histórica (ações e divulgação para os colaboradores)	Vitrine virtual para a memória organizacional
Responsabilidade social (ações e divulgação para os colaboradores)	Vitrine virtual para programas e ações sociais
Responsabilidade cultural (ações e divulgação para os colaboradores)	Vitrine virtual para programas, patrocínios e ações culturais

Quadro 1 — Componentes do composto de comunicação integrada real e exemplos de suas aplicações no mundo virtual *(continuação)*	
Apoio à educação corporativa	*E-learning*
Ferramentas gerenciais	Planejamento, operação e atualização de conteúdos de ferramentas gerenciais digitais
Comunicação mercadológica e suas áreas de atuação	**Aplicações virtuais em *sites* ou portais voltados para inúmeros públicos, mercado e sociedade**
Marketing	*E*-posicionamento mercadológico, *e*-pesquisas de mercado, políticas de segmentação e personalização de conteúdos
Publicidade e promoção	*E*-campanhas publicitárias e promocionais
Vendas	*E-commerce*, serviços de pré e pós-venda
Feiras e exposições	*E*-feiras, *E*-PDV
Marketing direto	*Marketing* viral, *e-mail marketing*
Ferramentas de relacionamento e gerenciais	CRM, digitais *call-centers*, database (construção e manutenção)

O *E*-POSICIONAMENTO DA IMAGEM ORGANIZACIONAL

As relações públicas têm como sua maior missão estabelecer as estratégias destinadas a criar, manter e defender as relações de confiança entre as organizações e os seus públicos. É nesse ambiente de confiança que as organizações, com segurança, poderão desenvolver suas missões no rumo de suas metas. Nesse sentido, é fundamental que todas as formas de comunicação e de relacionamento expressem os valores, as crenças e as tecnologias organizacionais. Para isso é importante que os estrategistas de relações públicas estabeleçam também no mundo virtual o posicionamento da organização acerca de temas importantes para os inúmeros públicos e a sociedade.

Esse macroposicionamento tem como âncoras questões como as organizações e suas visões sobre os aspectos econômicos, sociais e ambientais das atividades.

Um exame em inúmeros *sites* empresariais, com certeza, nos mostrará, a partir de suas *home pages*, os primeiros aspectos de suas identidades, o que elas querem marcar em seus públicos. Por exemplo, inúmeras empresas, que têm em recursos naturais (minérios, ativos da biodiversidade, água, petróleo, entre outros) seus principais insumos ou produtos, procuram destacar suas políticas de desenvolvimento sustentável, principalmente suas preocupações com o meio ambiente.

Experimente visitar *sites* de empresas de cosméticos, mineradoras, petróleo, papel e celulose e analise como são colocados e destacados esses conteúdos preciosos para os relações públicas. Observe também como os bancos, tidos no imaginário público como *materialistas* e *predadores*, destacam em seus *sites* os seus princípios ligados ao desenvolvimento econômico e social das sociedades em que atuam.

O JORNALISMO DIGITAL

As aplicações virtuais nas atividades de jornalismo empresarial são tradicionalmente centradas na produção e atualização das notícias organizacionais e, também, na produção de publicações organizacionais, disponibilizadas em *sites*, portais e intranets. Os conteúdos jornalísticos no mundo virtual, nos primeiros anos da Internet, seguiam a lógica da produção jornalística tradicional, quando não eram simplesmente reproduzidos em tela, tal qual eram impressos em jornais e revistas. Nos anos 1990, a Internet passou a ser vista, cada vez mais, como uma tecnologia provida de possibilidades interativas, *on-line*, e munida das propriedades da hipermídia. Saad (2003, p. 77) sobre os atributos da comunicação digital alerta que:

> a mensagem transformada em conteúdo traz como maior inovação as qualidades da hipermídia e da interatividade que até então não eram tecnicamente possíveis nas chamadas mídias tradicionais. Contextos com amplitude e profundidade passam a ter um valor inestimável para quem produz informação eletrônica. Considerando que nas mídias categorizadas como de um emissor para muitos receptores, as mensagens já vêm redigidas, ordenadas e editadas conforme uma lógica previamente definida, ou seja, a lógica linear do "o que, quem, quando, como e por que". Com a tecnologia digital, essa linearidade é quebrada já no primeiro contato com a informação.

Esse alerta significa que, nos contextos do mundo virtual, o leitor-usuário determina a extensão e a profundidade de suas pesquisas e de seus interesses acerca da organização acessada. E a sua relação com a organização perdura e se consolida de maneira diretamente proporcional à capacidade dialógica dos *sites* de Internet ou intranet, que é assentada principalmente pela acessibilidade, navegabilidade, interatividade e disponibilização integrada de conteúdos relativos ao composto de comunicação. De maneira sintética, Saad (2003, p. 77) faz as seguintes considerações sobre o hipertexto, a linguagem da Internet, fundamentais para quem produz conteúdo digital:

— é uma escrita não seqüencial em que o leitor controla as correlações;
— é uma forma narrativa que não se concretiza até o momento em que o leitor a produza, por uma série de escolhas feitas a partir de seus desejos e interesses;
— é uma forma narrativa que obriga jornalistas e demais profissionais de comunicação, produtores de conteúdos informativos digitais, a terem um senso muito claro de quem é o seu público, e uma compreensão teórica do que sejam expectativas de usuários, estratégias de busca e armazenamento de informação.

Sobre esse mundo da leitura não-linear, Ferrari (2004, p. 420) afirma que:

> um bloco de diferentes informações digitais interconectadas é um hipertexto, que, ao utilizar nós ou elos associativos (os chamados *links*), consegue moldar a rede hipertextual, permitindo que o leitor decida e avance sua leitura do modo que quiser, sem ser obrigado a seguir uma ordem linear. Na Internet não nos comportamos como se estivéssemos lendo um livro, com começo, meio e fim. Saltamos de um lugar para o outro — seja na mesma página, em páginas diferentes, línguas distintas, países distantes etc.

A Internet como suporte para o trabalho jornalístico possibilita a utilização de som e imagem. O que proporciona ao comunicador a possibilidade de utilizar fotos, ilustrações, vídeos e materiais radiofônicos na produção e edição das notícias empresariais, com objetivos de divulgação de fatos e na discussão de inovações organizacionais. Entre os acontecimentos da vida organizacional que recebem tratamento jornalístico estão as inovações de recursos humanos, as mudanças de comando no ambiente de fusões e aquisições, resultados financeiros, a conquista de novos clientes, entre outros.

A RELAÇÃO COM A IMPRENSA

Espaços interativos *on-line* com públicos fundamentais para as organizações como jornalistas se estruturam em salas de imprensa virtuais onde as empresas disponibilizam contatos com os seus comunicadores, gestores, especialistas, pesquisadores, e também os seus materiais de imprensa, entre eles *releases*, informações técnicas, ilustrações e fotografias.

Outro espaço interativo são as coletivas de imprensa virtuais, utilizadas para divulgação de mensagens importantes, lançamentos, projetos, produtos e serviços.

Nessas coletivas, assim como nos encontros tradicionais com a imprensa, os jornalistas podem direcionar perguntas aos representantes da organização.

A COMUNICAÇÃO VIRTUAL COM OS COLABORADORES

Na comunicação interna, os espaços virtuais interativos, no formato de salas de bate-papo *(chats)* possibilitam que colaboradores, dos mais diferentes níveis hierárquicos, espalhados em inúmeras áreas e unidades, dialoguem com os representantes da alta direção organizacional. Assim como são disponibilizados para acesso, que respeite a conveniência do usuário, mensagens da empresa em vídeo e em formato de rádio, além das mensagens em texto *(e-news)*. *Links* especiais destacam as mensagens voltadas às responsabilidades corporativas e para os programas culturais patrocinados ou incentivados pela organização. Essas vitrines virtuais podem ser formatadas como *pop-ups* ou como páginas especiais.

APLICAÇÕES VIRTUAIS EM *MARKETING*

A comunicação digital é aplicada em uma enorme gama de utilizações, a começar do *e-commerce.* O comércio pela Internet é um poderoso indutor da publicidade e da promoção direcionada para o internauta, que é objeto de ações que se estruturam em itens como o *e-mail marketing, banners, pop-ups*, cadastramento de usuários-visitantes, ações de pré e pós-venda, atendimento por meio de CRMs (*Customer Relationships Management*) e *call-centers* virtuais.

CUIDADOS COM OS *E-MAILS*

No âmbito das aplicações virtuais para a comunicação e o relacionamento, a utilização do *e-mail* pelas organizações deve se nortear por um código de ética, baseado na permissão dos destinatários em receber as mensagens organizacionais. Esse princípio demonstra que a organização primeiramente deve construir relacionamentos com os seus públicos e, então, a partir deles conquistar a abertura de "portas" com os clientes, consumidores, jornalistas, autoridades e membros de comunidades, entre outros. Um exemplo de mau uso do *e-mail* são as mensagens organizacionais digitais enviadas, sem a permissão dos destinatários, de forma massiva e despersonalizada, os *spams.* Essas mensagens que invadem as caixas eletrônicas dos usuários expõem de forma destrutiva a imagem das organizações, de seus gestores e de seus produtos. Entre esses *spams* destacam-se os comunicados *(releases)* destinados à imprensa, que invadem, incomodam e interrompem o trabalho de jornalistas e, com certeza, criam má-vontade com a organização, em um de seus públicos mais sensíveis. Dentro das organizações, os *e-mails* devem ser utilizados para a divulgação ágil de mensagens relevantes aos colaboradores, o que evita a banalização pelo excesso de correspondências digitais. Os *e-mails*, excetuando aqueles necessários para a formalização de ações organizacionais e envio de documentos, jamais substituem a comunicação face a face e as salas de bate-papo *(chats)* organizacionais, com objetivos previamente planejados ou com fins de educação a distância *(e-learning)*.

A FORMA DIGITAL

A editoração multimídia é uma ferramenta essencial para que as inúmeras aplicações virtuais, voltadas à comunicação com os mais diferentes públicos, tenham sucesso. Para isso é necessário compreender que o espaço virtual exige um *design* gráfico especializado para as características da tela digital, do suporte tecnológico e do público-usuário.

No entanto, as preocupações básicas do *design* gráfico para veículos de comunicação impressa devem estar presentes no *design* gráfico aplicado em usos como: as relações entre espaço em branco, texto e imagens; fontes tipográficas, que garantam a legibilidade para o leitor; a aplicação e a combinação de cores adequadas às significações psicológicas pretendidas; *layouts* que garantam hierarquias e relações entre conteúdos e ilustrações importantes para o leitor.

Todas essas preocupações devem ser pensadas em um contexto de interação com um leitor infiel e sempre em busca do que é novo. Essa interação com o leitor é garantida se o *design* tiver usabilidade e for voltado para o virtual. Ferrari (2004, p. 60) define a usabilidade como o "conjunto de características de um produto que definem seu grau de interação com o usuário".

EVOLUÇÃO E FUTURO

Os inúmeros exemplos de aplicações virtuais no campo da comunicação organização demonstram que o planejamento de relações públicas moderno não pode prescindir de atuar no espaço virtual, que se consolida dia-a-dia com a evolução das tecnologias digitais. Sobre essa evolução e o seu futuro, Eco (1995, p. 5-6) sabiamente não quis profetizar. Faço das palavras dele as minhas: "Uma teoria da Internet feita hoje, será ultrapassada daqui a três meses. Só dá para elaborar, considerar criticamente, mas não se podem fazer profecias".

REFERÊNCIAS BIBLIOGRÁFICAS

ALMEIDA, P. E. de. De Habermas a Porter. In: NASSAR, Paulo. *Comunicação interna: a força das empresas.* vol. 2. São Paulo: Aberje, 2005.

BARBOSA, G.; RABAÇA, C. A. *Dicionário de comunicação.* Rio de Janeiro: Campus, 2001.

ATTALI, J. *Dicionário do século XXI.* Lisboa: Editorial Notícias, 1999.

ECO, U. Entrevista a Contardo Galligaris. Suplemento semanal Mais! da *Folha de S. Paulo*, 14 de maio de 1995.

FERRARI, P. *Jornalismo digital.* São Paulo: Contexto, 2004.

KUNSCH, M. M. K. *Planejamento de relações públicas na comunicação integrada.* 4. ed. São Paulo: Summus, 2003.

LÉVY, P. *O que é o virtual.* Coimbra: Quarteto, 2001.

NASSAR, P. *Tudo é comunicação.* São Paulo: Lazuli, 2003.

PINHO, J. B. *Relações públicas na internet.* São Paulo: Summus, 2003.

SAAD, B. *Estratégias para a mídia digital: Internet, informação e comunicação.* São Paulo: Editora Senac, 2003.

TERCEIRA PARTE

RELAÇÕES PÚBLICAS: MERCADO DE TRABALHO

CAPÍTULO 13

RELAÇÕES PÚBLICAS NO BRASIL: ONDE ESTAMOS E AONDE VAMOS

Nemércio Nogueira Santos
Presidente da R. P. Consult

Vários anos atrás, um importante executivo americano de relações públicas tentava me seduzir para que eu aceitasse dirigir a filial brasileira de sua empresa, uma das maiores do mundo. Sua argumentação concentrava-se especialmente na imensa rede de computadores da empresa, que eu poderia acessar.

"O que você está descrevendo" — disse eu naquele ano de 1986 — "é muito interessante e os computadores são evidentemente uma ferramenta essencial nos Estados Unidos e na Europa Ocidental. Mas aqui no Brasil as coisas ainda são um pouco diferentes. Eu, por exemplo, tenho entre meus clientes empresas multinacionais de primeira linha — e nenhuma delas jamais me perguntou se eu tenho um micro no escritório!".

Essa historinha de tempos atrás — que dez anos mais tarde não mais refletia a verdade, porque rapidamente tornou-se impraticável trabalhar em relações públicas sem computadores — serve para ilustrar o perfil do mercado brasileiro de relações públicas, que, apesar dos saltos da tecnologia, ainda é um ofício de características notadamente artesanais, em que a experiência e as qualificações individuais são muito mais decisivas que o trabalho de equipe ou os suportes eletrônicos mais sofisticados. Até porque computadores se compram em qualquer loja do ramo, mas experiência e capacitação profissional, não.

Essa situação está mudando rapidamente, é claro, sob a pressão dos avanços democráticos, que geram crescente consciência dos empresários e administradores públicos sobre a importância da comunicação. No entanto, uma comparação com os países industrializados ainda encontra a prática de relações públicas no Brasil, *como negócio*, em estágio pouco mais que embrionário.

Se tentássemos fazer um exercício fotográfico, buscando visualizar em cada flagrante um aspecto significativo do panorama atual de relações públicas no Brasil, que fotos conseguiríamos?

Acima de tudo, o fato de que há pouco tempo saímos de um quarto de século — praticamente uma geração, num país cuja média de idade da população é 25 anos — durante o qual relações públicas simplesmente não eram necessárias. O Brasil tinha um governo militar após outro, suas decisões eram tomadas por três ou quatro pessoas, a imprensa era censurada, os comícios e as manifestações eram proibidos, sindicatos eram emasculados. É claro que a opinião pública, naqueles anos de chumbo, simplesmente não era relevante para as empresas. A única ferramenta institucional importante consistia em ser amigo do ministro certo — ou, melhor ainda, do presidente.

Num clima assim ninguém sentia necessidade dos profissionais de relações públicas. Por isso não é surpresa que essa atividade ainda esteja em estágio relativamente pouco desenvolvido no Brasil, como negócio, se comparada, por exemplo, ao jornalismo e à propaganda.

Infelizmente os novos praticantes que entram no mercado de trabalho de comunicação não têm a proficiência que se requer nas atividades características da profissão, nem em técnicas de gerenciamento. Sem querer defender os cursos universitários, que também são inegavelmente responsáveis por essa situação, o maior problema reside nos níveis primário e secundário, que, como se sabe, deixam muitíssimo a desejar.

A qualificação profissional insuficiente dos jovens diplomados é sentida em todos os campos no Brasil. Mas a verdade é que um profissional de relações públicas que não sabe escrever e falar bem não pode esperar conseguir emprego. E um alarmante grau de despreparo é certamente um dos maiores obstáculos atuais ao crescimento de relações públicas no Brasil.

Um outro problema é a nossa tendência em nos concentrarmos exclusivamente nos aspectos técnicos imediatos da profissão, ignorando seus requisitos mais amplos. Isso é compreensível, porque é muito mais provável um recém-diplomado conseguir emprego porque sabe administrar um evento ou escrever um bom *press-release*, do que por estar a par das últimas tendências internacionais da editoração de revistas, saber o que é um *magapaper* ou, então, conhecer alguma coisa sobre as práticas industriais da Orla do Pacífico.

É essencial que o profissional de comunicação esteja a par desses e de outros fatos, como também que seja fluente em inglês, tenha conhecimento de outras línguas, saiba um pouco de ciências sociais, veja dois ou três jornais diariamente e esteja sempre informado sobre os meandros dos processos políticos e sociais da atualidade.

Provavelmente em virtude das nossas tradições corporativistas nacionais, muitos novos profissionais de relações públicas ainda parecem mais interessados em criar associações e até sindicatos do que em aperfeiçoar os padrões profissionais individuais. Um número excessivamente grande deles considera a prática da comunicação muito mais como uma oportunidade de emprego burocrático — se possível em algum cargo público cômodo — do que como um ambiente para empreendedores, onde, idealmente, cada pessoa deve tentar ser uma estrela. Essa atitude complacente leva à mediocridade e ao aumento da carga de trabalho para os gerentes competentes e para os clientes.

E agora os aspectos positivos:

A liberdade de pensamento e expressão, fator essencial para a sobrevivência e sucesso de relações públicas, provavelmente nunca esteve em nível tão elevado no Brasil. A imprensa, políticos, líderes trabalhistas, os (na maioria agora ex) comunistas, a igreja, os ambientalistas, os homossexuais e todas as minorias são absolutamente livres para dizer e escrever o que bem entendem, sem temor de punições autoritárias. Nesse quadro, o trabalho de relações públicas só pode crescer no Brasil.

Em conseqüência, os empresários e os administradores públicos e privados estão cada vez mais conscientes de que um bom trabalho de relações públicas é útil e importante. E nós temos procurado ajudá-los nesse aprendizado, com iniciativas como o Prêmio Opinião Pública e o Prêmio Aberje, que distinguem projetos de relações públicas e de comunicação empresarial de boa qualidade.

Como parte desse processo de crescente conscientização, as empresas estão também procurando equipar-se com bons profissionais e com políticas e sistemas eficazes. Até as agências de propaganda começam a compreender que relações públicas e comunicação institucional constituem um trabalho especializado — e, melhor ainda, que não são serviços a serem oferecidos gratuitamente, como brinde, aos anunciantes importantes.

Grandes empresas que costumavam orgulhar-se de seu tradicional *no profile* estão contratando consultores para ajudá-las a formular suas políticas de relações públicas, organizar departamentos e recrutar profissionais bem qualificados para preenchê-los.

Tudo isso, é claro, é muito animador. Mas os nossos especialistas precisam estar à altura do desafio, em termos de qualificação profissional e pessoal. Caso contrário essas novas oportunidades de carreira serão ocupadas por alguém que esteja disponível e que, como dizem, "leve jeito para tratar com as pessoas", no departamento de *marketing* ou em algum outro lugar.

Outro importante indicador da atual situação é o fato de várias multinacionais de relações públicas já estarem operando no Brasil, com dirigentes e profissionais brasileiros. Esse fato evidentemente justifica expectativas favoráveis para nosso mercado, porque essas grandes empresas não costumam apostar suas fichas nos números errados. Se elas estão aqui, ou têm planos para o Brasil, é porque sabem que a comunidade empresarial internacional está de olho em nosso país.

E no extremo oposto do espectro, vemos também uma grande quantidade de pequenas firmas nascendo, em todos os setores da comunicação, até por decorrência de processos de terceirização de grandes empresas: assessorias de imprensa, serviços de *clipping*, estúdios gráficos, produtores de publicações, organizadores de eventos etc., além de *free lancers*: quase todos os dias fica-se sabendo de mais algum jornalista que resolveu começar também a escrever publicações para empresas ou entidades.

Já que falamos em jornalistas, eles também estão começando a ser um aspecto positivo para nós. Os jornalistas modernos e melhores — que geralmente trabalham nos principais veículos — demonstram uma compreensão muito mais realista da comunicação institucional do que em geral acontecia com seus predecessores. E também sabem avaliar nosso desempenho, sendo acessíveis aos profissionais que eles reconhecem ser mais bem qualificados, mais sérios e mais conhecedores do trabalho jornalístico e de seus requisitos.

Esses são os principais "flagrantes" de nosso "álbum de retratos" de relações públicas no Brasil de hoje: em síntese, um panorama em fase de mudança. E, na melhor tradição brasileira de ter de realizar cinqüenta anos em cinco, nossos especialistas em comunicação não só terão de ultrapassar as atuais insuficiências e dificuldades, como também deverão estar preparados para as novas realidades que logo trarão um quadro inteiramente novo, que já está começando a se instalar, nessa nossa luta nacional para encontrar e ocupar um nicho no Primeiro Mundo.

A Internet, por exemplo, permite enviar centenas de mensagens simultaneamente. As vendas por catálogo, por mala-direta, por telefone e por computador — sem que o cliente tenha de ir à loja — já faturam bilhões de dólares por ano.

Se há algum tempo já se podia realizar uma entrevista coletiva nacional por satélite, nos auditórios da Embratel, hoje é possível fazer a mesma coletiva com o cliente em sua sala — ou com representantes do cliente em diferentes salas e em diferentes países — e cada jornalista sentado à sua própria mesa, ligado ao entrevistado por computador e vídeo. O lado bom disso é que, pelo aspecto tecnológico das comunicações, hoje é muito mais fácil organizar uma coletiva. O mau é que os jornalistas podem simplesmente desligar o vídeo ou o monitor se a entrevista não tiver valor de notícia. E fica cada vez mais difícil pegar um repórter amigo no canto da sala e implorar que ele publique algumas linhas em nome da velha amizade...

A missão de nossos clientes e empregadores nunca foi ter um sistema eficaz de comunicação com seus públicos. Eles fazem carros, alimentos, matérias-primas ou prestam serviços públicos ou privados. É assim que nossos clientes atingem seus objetivos: sua eficácia é medida, nas empresas, pelo êxito que alcançam em seus mercados; e entre entidades, políticos e administradores públicos, pelo sucesso junto a seus representados, seus eleitores ou a população. Para todos eles, compreensivelmente, comunicação é só uma despesa e uma complicada série de intangibilidades sobre as quais ninguém consegue ter controle. E a única razão pela qual eles gastam dinheiro em comunicação e relações públicas é o fato de saberem que são ferramentas para poderem atingir seu objetivo principal.

Com o crescimento e a maturação da comunicação no Brasil, nossos profissionais terão cada vez mais de aceitar esse fato e aprender a realmente se colocar no lugar de seus clientes ou empregadores, sempre que propuserem uma nova estratégia ou realizarem qualquer trabalho.

Em outras palavras, um *house organ* interno será avaliado muito mais em termos de sua eficácia no campo das relações trabalhistas ou do treinamento do que apenas por ser bem escrito ou ter boa diagramação.

A qualidade de um anúncio será medida cada vez mais pelos resultados de venda do produto ou efetivo aprimoramento de imagem do que pela originalidade de seu *layout*, pelas suas qualidades humorísticas ou pelo número de entrevistas na televisão de seu diretor de arte.

Nós todos precisaremos aprender a ter sempre em mente, acima de tudo, como usar nossas técnicas de comunicação e criatividade, para ajudar nosso cliente ou empregador a resolver o *seu* problema, em lugar de apenas nos concentrarmos em encontrar argumentos para convencê-lo a investir em uma revista em quatro cores e não em um *newsletter* preto-e-branco, só porque uma publicação mais bonita pode ajudar a ganhar o Prêmio Opinião Pública ou o Prêmio Aberje.

Essa maior integração entre os profissionais de comunicação e os principais objetivos de nossos clientes e empregadores exigirá que aprendamos a falar a linguagem deles, em lugar de continuarmos querendo que eles aprendam a nossa. Fazer um gerente financeiro ou um engenheiro compreender as sutilezas de um vídeo, ou aceitar que devemos evitar negar informações a um jornalista, é normalmente uma tarefa inglória, se não conseguirmos mostrar que isso é *importante para nosso interlocutor.*

Se estivermos bem conscientes dos objetivos e preocupações dele e soubermos usar o seu vocabulário, teremos maior probabilidade de lhe vender os nossos pontos de vista. Além disso ele ficará agradecido, falará mais abertamente e nos verá como membros da equipe e aliados úteis, e não como artistas frustrados. Essa necessidade já é reconhecida pelos nossos melhores profissionais e temos certeza de que uma crescente conscientização nessa área é uma das importantes tendências de relações públicas no Brasil.

A iniciativa privada deverá dar ainda mais atenção às ações comunitárias e filantrópicas; essa é outra tendência que vemos para o futuro. Já existe uma crescente conscientização de que a dedicação de parte dos lucros e esforços das empresas a causas nobres é uma alavanca de comunicação eficaz e socialmente relevante. Ganhou até nome próprio: responsabilidade social.

Se essa perspectiva se concretizar, existirá grande probabilidade de que o exemplo dos países industrializados ocidentais, especialmente os Estados Unidos, seja seguido no Brasil, com as empresas privadas dando maior ênfase às atividades filantrópicas e culturais, como canais para demonstrar sua preocupação e participação comunitárias.

Essa será uma das conseqüências de maior conscientização da empresa privada sobre a necessidade de se legitimar aos olhos da opinião pública. Nos países de cultura calvinista — onde o lucro privado honesto não é considerado "vergonha" ou "pecado", e sim recompensa justa aos esforços das pessoas na Terra — essa necessidade não é tão grande, porque a opinião pública aceita razoavelmente que as empresas privadas precisam ter lucro.

Nos países de cultura católica, porém, a situação é diferente e o lucro muitas vezes é considerado um privilégio injusto, especialmente quando existem enormes massas de necessitados, abaixo da linha de sobrevivência, como acontece no Brasil. E nós todos com freqüência traímos essa convicção de raízes profundas. Por exemplo, em vez de dizer "os pobres", nós geralmente utilizamos o eufemismo "os menos favorecidos", presumindo assim que os que *não* são pobres foram "favorecidos" pela sorte ou por alguma força intangível — e não que eles ou seus antepassados tenham feito um enorme esforço para ganhar dinheiro.

Essa atitude mental é evidentemente muito negativa, se pretendermos liberar e encorajar o potencial de nosso país para crescer e tornar-se a nação mais rica que já poderia ser. E acreditamos que a iniciativa privada passará a compreender mais claramente que precisa contribuir fortemente, por suas atitudes e ações, bem como por estratégias de comunicação, para demonstrar eficazmente ao cidadão comum seu enorme valor, como instituição e como instrumento de bem-estar.

Provavelmente isso exigirá uma nova postura de empresas e empresários, pois eles, que sempre se apoiaram em seu poder econômico e social para influir nos destinos nacionais, estão em xeque tanto no Brasil como em outros países, como bem demonstram os casos das firmas que financiaram o esquema Collor-PC Farias e outros recentes escândalos brasileiros; os escândalos da Enron e similares, nos Estados Unidos; o comprometimento de grandes empresas italianas acusadas de pagar propinas a funcionários do governo daquele país; as contribuições financeiras ilegais feitas por empresas a diferentes partidos políticos espanhóis, inclusive o Socialista do ex-primeiro-ministro Felipe Gonzalez; os freqüentes escândalos envolvendo empresas e políticos no Japão; e os fatos semelhantes que ocorreram na Alemanha e na França, onde um líder político suicidou-se perante acusações aparentemente infundadas da imprensa.

As empresas americanas neste momento estão mais resguardadas, porque anos atrás, quando a fábrica de aviões Lockheed esteve envolvida em pagamentos ao príncipe Bernhard, da Holanda, foi aprovada nos Estados Unidos uma legislação que responsabilizava pessoalmente os diretores das matrizes das empresas que fossem pilhadas em tentativas de corrupção de funcionários de governos de qualquer país.

No Brasil talvez uma das estratégias que as empresas privadas deveriam assumir, para virem a ser mais bem aceitas institucionalmente pela opinião pública, seria implantarem um código de ética próprio, semelhante aos que as grandes firmas americanas já adotam há anos, proibindo expressamente qualquer empregado da empresa de dar ou prometer presentes a funcionários públicos ou a partidos políticos.

A maioria dos empresários e homens públicos, em todo o mundo, tem uma visão ambivalente dos jornalistas. Eles adoram a imprensa, quando ela publica seus *press releases* ou comentários simpáticos sobre seus produtos e realizações e detestam os repórteres quando as notícias são incorretas ou negativas (sejam elas verídicas ou não). Em geral têm medo dos jornalistas, mas querem que eles estejam a seu lado.

Isso é mais ou menos normal na Alemanha, nos Estados Unidos ou no Brasil. Em nosso país, porém, ainda há muito empresário que acha que, se ignorar o problema, ele desaparecerá ou que, se enterrar a cabeça na areia, os jornalistas não o enxergarão.

Estamos certos de que essa situação há de melhorar no futuro, com os empresários e administradores se tornando cada vez mais conscientes de que a imprensa, além de ser uma coluna mestra da democracia, é um fato da vida, que tem de ser enfrentado adequadamente, e que um relacionamento inteligente com os jornalistas alcança resultados geralmente muito positivos para a atividade empresarial.

A imprensa, em todo o mundo, rompeu seus tradicionais padrões éticos e passou a adotar uma postura de promotor-juiz-júri-carrasco, emitindo julgamentos sumários e que são irrecorríveis, porque não há desmentido que anule o efeito destrutivo de uma acusação publicada nos jornais, mesmo que sem fundamento.

Além disso, a mídia ultrapassou os limites da privacidade, como especialmente no caso dos tablóides ingleses, que divulgam a todo momento escândalos pessoais da família real e de outras pessoas, ou como a publicidade dada, na mídia brasileira, aos desacordos e dificuldades de famílias ricas e famosas (apesar de os próprios "famosos" modernos incentivarem essa prática, expondo-se como nunca em revistas que se especializam em caras e bocas...).

Utilizando recursos jornalísticos de redação, edição, diagramação, seleção de fotos e sem qualquer controle externo eficaz, a imprensa hoje destrói reputações com a maior facilidade — e sem ter de provar suas acusações. Essa tendência, que começou com Watergate e a guerra do Vietnã, solidificou-se no Brasil com o caso Collor-PC Farias. E hoje a impressão que se tem é de que a principal função de alguns jornalistas é noticiar escândalos.

A verdade, porém, é que no Brasil, depois de 25 anos de ditadura militar e das denúncias da era Collor, talvez tenhamos de passar por tudo isso. Mas é de se esperar uma crescente maturidade dos nossos jornalistas e dos donos de veículos, com mais e melhores programas de treinamento de repórteres e com a adoção de diretrizes éticas e profissionais mais rígidas de parte das publicações.

Thomas Jefferson disse, com toda a razão, que "nossa liberdade depende da liberdade de imprensa, e não se pode limitá-la sem perdê-la". Portanto, cabe principalmente aos próprios jornalistas mais sérios a determinação de um padrão ético básico: a liberdade de *opinião* do jornal, em seus editoriais, deve ser total; mas o *noticiário* tem de ser obrigatoriamente verdadeiro; a liberdade de imprensa deve ser absoluta; mas jornalistas e veículos devem ser responsabilizados juridicamente pelo que publicam.

Os profissionais de comunicação empresarial vão precisar desenvolver sua tecnologia de bola de cristal — essa é outra tendência que vemos para o futuro. Cada vez mais nossos clientes e empregadores esperam que possamos prever eventos e tendências futuras, em vez de apenas lhes informar o que aconteceu ontem, ou mesmo o que está acontecendo hoje.

Você pode imaginar o valor, para as empresas, de saber com antecedência o que aconteceria na ex-União Soviética, na China e na Europa Oriental?

O processo da *perestroika*, que culminou com o fim do comunismo, surpreendeu quase todo o mundo. No entanto, é evidente que algumas pessoas conheciam anteriormente os contornos gerais do que iria (ou poderia) acontecer. Esses foram os primeiros a chegar àqueles enormes mercados novos — a McDonald's, por exemplo — com recompensas óbvias e extremamente valiosas.

Da mesma forma, os profissionais de relações públicas brasileiros que foram capazes de prever a onda de preocupação com os interesses dos consumidores, que evoluiu para o Código de Defesa do Consumidor e o Procon, ou a atenção internacional pela conservação ambiental no Brasil, são evidentemente preciosos para seus clientes ou empregadores.

E a previsão tornar-se-á cada vez mais difícil com o passar do tempo, pois, como diz o lugar-comum, "o futuro não é mais como era antigamente". A velocidade das mudanças está aumentando continuamente. Os avanços tecnológicos criam todos os dias realidades inteiramente novas. Por isso, nós teremos de ser cada vez mais percucientes e bem informados, para detectar as "descontinuidades" — as quebras de rotina, os prenúncios de mudança — nos assuntos nacionais e internacionais. Por exemplo: um sinal desse tipo, no Brasil, é o fato de que o mercado de consumo do Nordeste há anos vem crescendo a taxas mais elevadas que o do resto do país — e não é muita gente que está consciente disso. Quais os problemas e as oportunidades que serão criados por essa tendência, nos próximos vinte anos, para os diferentes tipos de atividade empresarial e administrativa?

Acreditamos que o futuro trará maior aceitação de relações públicas como técnica especializada, que requer profissionais específicos, com razoável nível cultural, profundo conhecimento e experiência prática dos instrumentos, possibilidades e dificuldades do processo de comunicação social. E até que isso não está tão distante assim. Esse processo já está em desenvolvimento nas empresas mais sofisticadas, tanto as brasileiras como as multinacionais.

O reconhecimento de nossa importância relativa nas organizações empresariais é, evidentemente, uma ótima notícia. Mas é bom lembrar que o outro lado da moeda é que teremos de ser muito mais bem qualificados que hoje para podermos nos beneficiar disso.

As mulheres já têm presença importante no campo das relações públicas — e ela continuará a crescer. Isso fica claro não só porque existem mais mulheres que homens, ou porque elas provavelmente são melhores trabalhadoras do que eles, mas também porque esta previsão para o Brasil já é realidade nos Estados Unidos, onde recentes levantamentos indicam que 60% dos empregos em relações públicas, em todos os níveis, são ocupados por mulheres de muito talento.

O que ainda é mais importante aqui no Brasil é que as mulheres não só ocuparão mais empregos, mas também posições mais altas nas organizações. Tendo em vista o panorama nos Estados Unidos e a nossa própria realidade, temos certeza de que as mulheres estão dando um salto qualitativo no campo das relações públicas entre nós.

Uma extrema segmentação da mídia é outra boa aposta para o futuro. Hoje em dia já não tem sentido enviar o mesmo *press release*, ou até a mesma informação básica, a todos os veículos. E o mesmo se aplica ao envio de todo tipo de notícia de negócios, por exemplo, a todos os editores de negócios. Teremos no futuro uma variedade ainda maior que hoje de novas publicações especializadas, novos veículos eletrônicos, a substituição da comunicação de massa pela comunicação setorial ou até individual. A televisão por assinatura e a cabo, os circuitos fechados, o telefone celular, a Internet — e a convergência de toda essa mídia para o mesmo monitor ou o mesmo telefone móvel — são os primeiros exemplos.

A revista *Time* há algum tempo publicou uma matéria mostrando pôsteres de propaganda de produtos em paredes de salas de aula e já há carrinhos de supermercado com monitores de televisão em circuito fechado promovendo ofertas especiais de produtos.

Deve tornar-se mais rotineiro e acessível a parcelas sempre crescentes da população o processo que hoje já ocorre, em que comparamos preços e compramos produtos eletronicamente, por meio de computador ou aparelho de televisão, recebemos o produto escolhido por mala-direta e pagamos com cartão de crédito.

O professor Leôncio Martins Rodrigues observou que "poucos países experimentaram uma expansão tão rápida da população votante" como o Brasil, com resultados como: o fim do jogo político jogado apenas pelas elites, o declínio da política ideológica e o crescimento do *marketing* político.

Isso certamente terá importantes conseqüências não só para os políticos e para os partidos, mas também para a atividade empresarial, porque os eleitores refletirão, em sua escolha de candidatos, a opinião que têm sobre a iniciativa privada, em seus papéis de cidadã corporativa, empregadora e fabricante de produtos.

E os profissionais de relações públicas terão de trabalhar com uma opinião pública mais autoconfiante e pragmática, ainda menos inclinada do que hoje a acreditar em auto-elogios gratuitos ou a aceitar comportamentos inadequados de parte das empresas.

O aprimoramento de nossa democracia representativa — possivelmente com o voto distrital — também trará maior maturidade no campo das relações governamentais.

Conhecer as pessoas certas e ser capaz de "abrir portas" para clientes e empregadores continuará a ser importante, é claro, mas não será mais suficiente. Os especialistas em relações governamentais terão de se envolver muito mais nos negócios, necessidades, problemas e possibilidades das empresas que atendem. Isso porque, do outro lado da mesa, os representantes governamentais serão, como já o são, muito mais bem informados — e portanto teoricamente capazes — que no passado.

Ao mesmo tempo, já estamos atravessando no Brasil um doloroso processo — que ainda deverá durar anos — de aprimoramento e até construção de certas instituições, que foram retardados pelos 25 anos de governos totalitários e pelos muitos anos de atraso em nosso desenvolvimento democrático. Os governos militares efetivamente modernizaram as instalações físicas do País (indústria, comunicações, energia etc.), mas não se preocuparam em atualizar nossas instituições políticas e sociais. Findo o regime forte, que caiu sem ser derrubado, por autodesmoralização, não havia instituições igualmente fortes que o substituíssem.

Esse processo acentua-se porque em todo o mundo está havendo uma mudança de paradigma ético, que requer maior transparência e correção nas relações entre o poder econômico e o político. E, como ocorre em outros países, também no Brasil estamos buscando formas de substituir o sistema que gerou a ilegalidade geral — mas aceita, por falta de alternativa — de todos os candidatos de todos os partidos, inclusive os que se dizem "puros", serem sempre financiados "por empresários por baixo do pano".

Esse inegável progresso terá conseqüências importantes que os profissionais de relações públicas não podem ignorar. Como também terão imensas conseqüências sociais fatos absolutamente corretos, como o combate ao jogo do bicho e ao tráfico de drogas no Rio de Janeiro. Como ficam os habitantes das favelas, as escolas de samba e os clubes de futebol cariocas? Poderá ser uma situação parecida com a que é causada na Itália e nos Estados Unidos pela decadência da máfia, com a prisão de tantos mafiosos importantes: como ficam os humildes que vivem dessas atividades ilegais firmemente estabelecidas durante tantos anos?

Governos menos ideológicos e mais pragmáticos, mais orientados para resultados, serão avaliados não em termos de sua retórica ou de suas posições filosóficas, mas sim com base na eficácia e eficiência em resolver os problemas nacionais e bem administrar os recursos do País, para solucionar questões como a miséria, a falta de nutrição, o aumento de produtividade, a competitividade, mais investimentos etc. Em outras palavras, os governos serão julgados em termos de sua capacidade de promover o bem-estar do povo — e isso significará assegurar mais plenamente os direitos e deveres da cidadania.

O uso profissional e eficaz da comunicação pelo governo será um instrumento em tudo isso. E não só no tocante aos públicos nacionais. Quando o senhor Gorbachev publica um encarte de dez páginas no *Wall Street Journal*, como fez quando era o líder da ex-União Soviética, e quando a Anistia Internacional publica anúncios em veículos de circulação mundial para demonstrar o sofrimento da população infantil do Brasil, é óbvio que o governo brasileiro também precisará estar bem equipado para divulgar suas informações e mensagens na arena global da comunicação social.

Mas, cedo ou tarde, os governantes descobrirão a importância de trabalhar bem nessa área, não para convencer a opinião pública de que seu governo é bom — como tantos mandatários já fizeram sem êxito — mas para assegurar a compreensão e o envolvimento dos públicos relevantes nas estratégias importantes para o País, como o aprimoramento educacional, sanitário e nutricional, o aumento da competitividade industrial e tantas outras.

Essa evolução não só criará oportunidades de emprego para nossos profissionais, como também servirá de exemplo para outras áreas do governo: prevemos que o Legislativo e o Judiciário intensificarão a perseguição a esse mesmo modelo, respeitando o enorme avanço da democracia representativa em todo o mundo, e procurarão melhorar os seus sistemas de comunicação.

Um eleitor é apenas uma faceta de um cidadão que é também um consumidor. E o crescimento do pragmatismo trará também maior conscientização de nossos direitos como consumidores, que não têm sido muito levados a sério no Brasil. O professor Raimundo Faoro já explicou brilhantemente a histórica imbricação entre as elites econômicas e o governo no Brasil, que sempre deixaram a maioria da população por fora de seu círculo favorecido.

Mas essa situação não é mais aceitável. As empresas só poderão crescer no Brasil se o nosso mercado interno se expandir, incorporando aqueles que ainda se encontram abaixo de seus níveis mínimos. O conseqüente aumento da renda *per capita* nacional trará, por sua vez, consumidores mais exigentes, pessoas que terão maior consciência de seus direitos e serão mais articuladas para lutar por eles.

O Código de Defesa do Consumidor é uma manifestação inicial, muito importante, dessa nova tendência, que só deve crescer nos próximos anos. Nós, profissionais, teremos de ser capazes de dar orientação aos empresários sobre como devem relacionar-se com esse assunto fundamental, sobre maneiras eficazes de se comunicar, institucionalmente e em termos de produto, com os consumidores, que, vale a pena lembrar sempre, são também eleitores.

E o peso da opinião pública, no regime de liberdade que felizmente vivemos, tem amplificado a importância dessa questão para as empresas: há cada vez mais *ombudsman* encarregados de receber queixas dos clientes e resolver os problemas dentro das empresas.

Outro aspecto da comunicação que deverá se aprimorar no futuro é a credibilidade do setor empresarial — tão desacreditado — junto à opinião pública. Há quem atribua isso ao despreparo dos jornalistas, que não divulgam os fatos importantes e positivos da vida empresarial e se prendem somente ao episódio superficial mas pirotécnico, de preferência escandaloso. Acho que, em parte, isso é verdade. Mas todos hão de reconhecer que o problema é mais profundo e é conseqüência da histórica falta de credibilidade institucional do empresário junto à opinião pública.

Ora, se essa constatação for correta, resta saber então o que fazer para modificar o quadro daqui para frente, aumentando a credibilidade pública da instituição empresarial. Temos a impressão de que, independentemente de outras medidas que possam ser necessárias — e já falamos em algumas delas — dificilmente assistiremos a essa melhora sem que se encontrem maneiras de aprimorar e ampliar o processo, já iniciado, de partilhar com os trabalhadores os resultados das empresas. Seja pela participação direta nos lucros, seja por meio do mercado acionário, ou ainda mediante participação nos avanços de produtividade, é preciso integrar melhor os interesses econômicos e institucionais de empresários e trabalhadores.

E aqui também caberá um papel importante aos profissionais de comunicação, porque um dos caminhos para essa integração entre trabalhadores e empregadores — que é forçada pela crescente exigência de produtividade — é a maior democratização dos ambientes empresariais, com a redução dos níveis burocráticos, menos chefes, o contato mais direto entre a cúpula da empresa e os operários, o trabalho discutido e aprimorado pelos próprios grupos de trabalhadores. Não é preciso enfatizar a importância que um sistema eficaz de comunicação interna já tem e continuará a ter cada vez mais nesse quadro.

Outro público com o qual o empresariado deverá construir envolvimento muito maior é o acadêmico, para proporcionar maior identificação entre as preocupações, objetivos e práticas empresariais e a vivência universitária.

Também os parlamentares terão de merecer uma proximidade maior — e permanente, não só nos momentos críticos — dos empresários, principalmente dos grandes industriais e comerciantes do Sul e Sudeste do Brasil. É essencial que o empresário vença sua relutância em circular pelos corredores do Legislativo e se aproxime permanentemente das pessoas que fazem as leis, a fim de criar maior compreensão mútua. E note bem, não me refiro a financiamento de campanhas, nem a qualquer forma de corrupção. Refiro-me a informação, diálogo, *lobby* no sentido verdadeiro, profissional e transparente dessa expressão.

A intensificação da concorrência no mercado nacional, que está ocorrendo de forma crescente, com a maior abertura do Brasil às importações, certamente criará a necessidade de mais e melhor comunicação por parte das empresas.

Portanto, podemos prever que o mercado de trabalho de nossa profissão — tanto o de produtos como o voltado para a imagem institucional — terá um crescimento sem precedentes no Brasil. E, mais uma vez, é bom nos certificarmos de que nossas qualificações estejam à altura do desafio e das oportunidades que ele trará.

Tempos atrás, um amigo meu, vindo do Japão, estava hospedado num hotel em São Paulo, para uma visita de três dias, quando viu, por uma emissora brasileira de televisão, a notícia de que uvas chilenas envenenadas haviam sido encontradas, naquele mesmo dia, numa cidade dos Estados Unidos.

Por outro lado, todos nós testemunhamos a enorme reação internacional contra os problemas ambientais no Brasil, especialmente na floresta amazônica, que aparecem sistematicamente em alarmantes matérias de capa da *Time*, *Newsweek*, *The Economist* e da maioria das revistas importantes do mundo.

Esses são apenas dois casos que demonstram a intensidade do processo de globalização da informação, que gera uma quantidade cada vez maior de "comunalidades" (um neologismo que significa questões que afetam pessoas em muitos países e diferentes regiões). Precisamos estar conscientes desse processo não só para auxiliar as multinacionais estrangeiras que operam aqui, mas também para dar assistência às empresas brasileiras, que terão cada vez mais operações e interesses em outros países.

Essa tendência exigirá maior internacionalização de nossos especialistas em comunicação. Saber falar inglês, que há anos já é uma qualificação importante, está rapidamente se tornando indispensável. Mas, mais que isso, nós agora precisamos nos tornar verdadeiros "viciados em informação", profissionais dotados de toda a instrumentação necessária para trabalhar em qualquer lugar do mundo, a fim de podermos assim auxiliar as empresas de origem brasileira em suas operações no exterior. Até porque a internacionalização já é um fato, como mostram as reuniões que o líder sindical Vicentinho, do ABC, teve tempos atrás com seus colegas nos Estados Unidos; ou os ecologistas do Greenpeace, fazendo passeatas simultâneas na Avenida Faria Lima, em São Paulo, e em outras cidades do mundo, contra a poluição por automóveis. Ou como o tempo cada vez maior que os presidentes da República do Brasil dedicam a viajar a outros países.

Por outro lado já estamos assistindo à chegada de novas empresas estrangeiras ao Brasil. A década perdida de 1980 fez o possível para atirar o Brasil e a América Latina para fora do trem: não só fizemos um grande esforço para não crescer, como, ao mesmo tempo, a Europa organizou-se para se transformar em uma grande economia regional; as nações da Orla do Pacífico, lideradas pelo Japão, desenvolveram-se enormemente; os Estados Unidos, o Canadá e o México começaram a eliminar suas fronteiras; e até mesmo a fracassada estrutura soviética foi substituída, ainda que dolorosamente, pelos princípios democráticos e de mercado.

Mas nem tudo está perdido e não seria excessivo otimismo dizer que o Brasil tem todo o potencial para começar a crescer novamente. Se continuarmos a demonstrar seriedade ao mundo e a nós mesmos, perseguindo consistentemente a estabilidade econômica, em ambiente de normalidade política, não temos dúvidas de que vamos assistir a uma nova fase de grande desenvolvimento da atividade empresarial, tanto com a criação de novas empresas nacionais, como com a chegada de companhias estrangeiras. E todas necessitarão do trabalho dos profissionais brasileiros de comunicação e de relações públicas.

Mas nós teremos de corresponder às grandes oportunidades geradas pelo avanço democrático, pelo esperado florescimento da economia brasileira e pela expansão do comércio mundial. Para nos posicionarmos corretamente nesse quadro, devemos nos inspirar na tecnologia. Em um *microchip* de computador, o material de que ele é feito, o silício, representa apenas 5% de seu custo total; 95% correspondem aos métodos, processo, engenharia, projeto e lógica; em outras palavras, aos insumos intelectuais.

Se nós, profissionais de relações públicas, quisermos vir a ser uma parte importante do crescimento da atividade empresarial e institucional no Brasil, teremos de estar extremamente bem preparados do ponto de vista intelectual. E isso implica sermos mais do que apenas técnicos em comunicação: teremos de nos tornar praticamente "empresários da comunicação", com grande integração com as necessidades objetivas de nossos clientes ou empregadores, para podermos ser proativos na busca de soluções para seus problemas — ou, se possível, para evitar esses problemas. É isso que eles vão precisar de nós cada vez mais — e não apenas a perícia mecânica, porque ninguém quer um *microchip* que só tenha o silício com o qual é produzido.

CAPÍTULO 14

RELAÇÕES PÚBLICAS NAS ORGANIZAÇÕES

João Alberto Ianhez

Consultor independente nas áreas de relações públicas, marketing *total e inteligência espiritual e presidente do Conferp*

As pessoas é que fazem a diferença no que diz respeito ao sucesso e ao fracasso de qualquer organização. Capital e tecnologia são importantes e parecem adquirir cada vez mais importância, mas nada valem sem as pessoas que as utilizam e as viabilizam.

A administração das organizações é, na sua essência, uma ampla gama de relações entre as pessoas. Relações entre as pessoas são fundamentadas na comunicação. Ela é a busca da compreensão e da harmonia, a necessidade de compreender o que os outros querem e de fazer saber aos outros o que queremos, para que sejam atingidos objetivos e harmonizados interesses coletivos e individuais. Podemos afirmar que a comunicação é o fundamento da administração.

Relações públicas é a comunicação na administração, no que diz respeito à sua visão institucional. Ela permeia toda a organização orientando, assessorando e apoiando, de modo estratégico, todas as suas funções, no tocante a forma mais adequada de conduzir suas relações junto ao público. Nesse contexto, é preciso buscar a conscientização de todos, dentro da organização, do papel e da responsabilidade que têm pelo seu conceito.

O enfoque global da comunicação, com a visão de relações públicas, envolvendo todos os públicos da organização, é o alimento necessário para que ela cresça forte e sadia. Essa forma de agir significa respeito ao público. A organização que não tem a visão que envolve o respeito ao público não se importa com o seu conceito e não se preocupa com a sua administração.

Por outro lado, as relações públicas devem fazer ver aos dirigentes e executivos que demonstrem preferência pelo silêncio ser esta uma forma de fugir de uma das maiores responsabilidades da organização: o planejamento do seu conceito e a valorização do seu nome. É necessário fazê-los entender que, não tendo um programa de relações públicas, a organização delega ao público o desenvolvimento desse conceito ao bel-prazer e interesse dele. Agindo assim, a organização não está preservando e valorizando o que tem de mais importante: *o seu nome.*

É por isso que o profissional de relações públicas deve estar preparado, hoje e no futuro, para enfrentar a falta de visão das lideranças e dos executivos, na maioria das organizações, quanto às estratégias e técnicas de comunicação. Eles cuidam do caixa, da produção, muitas vezes, timidamente, das relações com seus colaboradores e o lubrificante de toda a engrenagem — a comunicação — fica relegado a segundo plano. Isso quando existe uma área tratando especificamente dela. Então, quando o motor da organização explode, não entendem a razão.

Mas isso não é culpa apenas dos líderes e executivos. Quantas vezes campanhas promocionais ou atitudes das áreas de relações com empregados, de outras áreas nas suas relações com os elementos do público com os quais interage e ações da área de comunicação, ocupada por profissional, inadequadamente posicionado na estrutura da organização, ou que não tem a visão macro da atividade de relações públicas, são verdadeiros atentados ao conceito da organização. Não se coadunam com sua pretensa forma de agir perante o público, nem com o conceito que seus dirigentes dizem objetivar à ela.

Em termos de conceito, na maioria das organizações, cada área, sem ter uma diretriz maior, busca administrar e levar, para o segmento do público junto ao qual atua, o conceito de acordo com o seu entendimento. Isso quando a área da organização tem a visão de que seus atos estão contribuindo para a formação do conceito da área ou da organização. Quando não, a atuação é totalmente desconectada da criação de um conceito estrategicamente definido para a organização. Hoje em dia, para fazer uma projeção visual do assunto, podemos dizer que o conceito da maioria das organizações é como uma colcha de retalhos, obedecendo às orientações independentes dos executivos responsáveis pelos diferentes departamentos ou áreas operacionais. Essas orientações, portanto, são feitas de forma isolada, sem uma visão global do conceito da organização, isto é, uma visão única de conceito que permeie toda a organização e oriente os relacionamentos de todas suas áreas.

Na maior parte das organizações, nas áreas que trabalham profissionalmente a comunicação, a situação é mais ou menos a mesma. Funcionam como um exército sem liderança, a comunicação institucional atira para o alto, a promocional para um lado, a com os funcionários para o outro. Isso é, quando não existe uma assessoria de imprensa independente da comunicação institucional, ou das relações públicas, para complicar a situação. Não há coesão, soma de forças. Cada um faz o que quer em termos de levar ao público o conceito da empresa. Uma construção feita aproveitando todos os tipos de materiais e que não resiste ao primeiro impacto de uma tempestade. O conceito da organização fica como algo indefinido ou uma colcha de retalhos na cabeça do público.

Não existe visão abrangente, orientação em torno do conceito maior objetivado pela organização.

Marketing, recursos humanos e outras áreas devem ter seus objetivos centrados em determinados públicos, condição necessária para que cumpram, de forma adequada, suas funções em prol do desenvolvimento da organização. A atividade de relações públicas deve ter uma visão ampla da comunicação na organização.

Por falar nessa visão, é importante ressaltar uma confusão que ocorre no campo da comunicação no Brasil. O profissional de relações públicas é preparado para ter essa visão da comunicação como um todo na organização e os demais profissionais da área de comunicação são especialistas voltados para campos específicos dessa estrutura maior.

As organizações e os profissionais das áreas de comunicação que não têm essa visão abrangente das relações com o público entendem, erroneamente, por exemplo, que basta um bom programa de relações com a imprensa e eis aí estabelecido todo seu trabalho de formação e manutenção do conceito da organização.

Apesar de um certo controle sobre as informações geradas pela organização, por meio da aproximação com os profissionais da imprensa e da manutenção de suas boas relações, essa forma de agir não impede que haja distorções na comunicação da organização com o público, pois mantém nas mãos de terceiros todo o seu esforço de formação de conceito e preservação do que ela tem de mais valioso: o seu nome. A imprensa vai publicar o que interessa a ela e aos seus leitores, não o que a organização quer que ela publique.

As relações com a imprensa são um composto de relações públicas, está dentro da sua estrutura de planejamento. Tratar as relações com a imprensa fora da estrutura de planejamento de relações públicas é uma incongruência. Como a propaganda institucional, elas só justificam suas atuações após trabalho de estabelecimento de bases por intermédio das técnicas de relações públicas. Os erros da concentração de toda comunicação com o público por meio das relações com a imprensa aparecem nos momentos críticos que envolvem a opinião pública. A imprensa publicará o que entende que seja correto e, na maioria das vezes, com os toques costumeiros de sensacionalismo. A organização "corre atrás do prejuízo", na busca de canais alternativos para a comunicação com o seu público: "fica mais cara a emenda do que o soneto". Nessa hora é que o valor de um trabalho consciente e profissional de relações públicas aparece mediante o conceito fixado junto ao público da organização, utilizando diferentes formas de construção de sua credibilidade nos seus relacionamentos e não apenas mediante veículos de divulgação de massa.

Apesar disso tudo, muitas organizações contratam profissionais de outras especialidades, desprezando a formação e a experiência do profissional de relações públicas, ou subordinam a atividade de relações pública a áreas como: *marketing*, recursos humanos, comercial e jurídica.

O profissional de relações públicas fica atuando na superfície, pela falta de consciência dos dirigentes, dos executivos e, muitas vezes, dele próprio, do papel que a atividade deve desempenhar, de fundamental importância para a organização.

Isso afeta a eficácia da organização, isto é, sua operação como um todo, interferindo na *performance* dos seus produtos, dos seus mercados e na agilidade em todas as suas negociações e decisões.

As organizações inteligentes já deveriam estar atentas ao fato de que, no futuro, elas serão muito mais voltadas para fora. Hoje elas estão voltadas para dentro. Um percentual, que chega a 80% do tempo dos seus empregados, em algumas organizações, é dedicado a assuntos internos, às exigências burocráticas e ao relacionamento com seus colegas de organização.

A evolução da tecnologia e da informática e as mudanças no comportamento social estão revertendo o quadro. Atualmente, as organizações estão se voltando cada vez mais para fora e, no futuro, um maior contingente de seu pessoal atuará e se relacionará mais diretamente com os fornecedores, com seus clientes, com o público em geral. Haverá mais delegação de autoridade e responsabilidade, com o necessário compromisso de geração de resultados por parte de cada funcionário. Isso levará cada um a buscar junto ao público esses resultados.

Em vista disso, as organizações precisarão, cada vez mais, utilizar as técnicas e os seus profissionais de relações públicas. O primeiro passo para utilizá-los é definir claramente a missão, os valores e as metas da organização. Podemos dizer que a organização que não tem missão, valores e metas pode ser comparada a uma nação sem constituição.

A missão da organização, isto é, a função que deseja desempenhar na sociedade, seu caráter e a sua natureza, deve ser claramente definida e amplamente divulgada para que todos a compreendam, juntamente com os seus atos.

Toda organização deve definir claramente seus valores, isto é, a orientação da forma que vai conduzir seu relacionamento com o seu público. A área que deve interagir com a alta administração e o restante da organização na definição, formalização e ampla divulgação desses valores é a de relações públicas, pois estes devem abranger todo o universo de relacionamento da organização. Definidos os valores, a organização deve fazer com que permeiem toda a sua estrutura, ou melhor, cheguem a todos os seus membros para que baseiem nestes seus atos e decisões. É importante esclarecer que esses valores já se encontram na organização, dentro da sua cultura.

As metas da organização devem ser claramente estabelecidas para que todos os membros da organização possam estabelecer seus próprios objetivos, contribuindo de forma efetiva para que estes se concretizem.

Isso feito, cabe então promover a análise conjunta dos valores, da missão e das metas, para fazer surgir um instrumento de fundamental importância para a ação da organização, que denominamos de *definição estratégica do conceito organizacional*. Isso quer dizer: a definição de como a organização necessita ser vista pelo público para atender sua missão, suas metas e estratégias.

A definição estratégica do conceito organizacional deve ser levada ao conhecimento de todos dentro da organização e incorporada por todas as áreas, para agirem coesamente em direção a ele.

Paralelamente, relações públicas devem incentivar, por todos os meios, o ouvir o público não apenas de modo formal, mas informal e continuamente, além de promover, com certa periodicidade, pesquisas e auditorias de opinião junto a ele. Assim, poderá se estabelecer como a organização é vista, que conceito seu público tem dela, de seus produtos e serviços, de sua ação comercial e institucional, bem como suas expectativas em relação a ela.

Estão lançadas, portanto, as bases para a estruturação das políticas e dos programas de relações públicas.

Toda essa estrutura de *valores, missão* e *metas* e a *definição estratégica do conceito organizacional* devem ser integrados de forma adequada, pelo profissional de relações públicas, para estruturar as *mensagens preferenciais*. Isso é, frases que estarão presentes em todos os pronunciamentos públicos, peças institucionais e promocionais da organização, mostrando, dessa forma, coesão e força.

Amplamente divulgados na organização a missão, os valores, as metas, a definição estratégica do conceito organizacional e as mensagens preferenciais — estas últimas reforçadas principalmente junto a todos que se pronunciam publicamente em nome da organização — vão estabelecer uma cultura e uma mentalidade forte e coesa, que se exteriorizará para o público, trazendo enormes benefícios para a organização.

O profissional de relações públicas deve estar consciente de que essa estrutura de ações e ferramentas de administração, necessária à sua atuação — apesar de grande parte já pertencer à administração da organização, poderá parecer utópica para aqueles que estão administrando apenas objetos, recursos materiais e não pessoas. Eles não percebem que esta é a forma mais adequada de manter a organização coesa internamente, transmitir uma visão de coerência e força junto ao público e obter seu apoio e sua boa vontade. É uma forma que permite a adaptação rápida de toda a estrutura organizacional às mudanças, que hoje ocorrem com maior rapidez, muitas vezes, com velocidade superior à capacidade das organizações de se adaptarem.

O seguro maior para suportar a contínua mudança e a desorganização, necessárias ao crescimento e à evolução, sem perder o rumo é a organização ter esses parâmetros sempre à vista de todos: missão, valores, metas e a definição estratégica do conceito empresarial. Esses parâmetros podem ser discutidos, atualizados, porém nunca poderão deixar de ser os orientadores das atividades empresarias.

Por outro lado, esse conjunto permite uma visão mais rápida da responsabilidade social da organização, que está diretamente ligada à sua visão institucional. A responsabilidade social das organizações está sendo e será, cada vez com maior ênfase, questionada.

Hoje as organizações já estão sendo julgadas e consideradas pelo público não apenas pelas suas *performances* em vendas, lucros e produtividade, mas sim pelas suas contribuições à sociedade, pelos compromissos que têm com o bem comum. Estarão destacadas dentro dessas contribuições suas atuações na área de bem-estar da sociedade, não apenas a benemerência. Esta área exigirá cada vez menos das empresas, pela concentração das ações governamentais, em todo o mundo, nas áreas de educação, saúde, saneamento básico, amparo à infância e à velhice.

O destaque para a ação da empresa estará na sua contribuição para a qualidade de vida nas comunidades e nações em que atua, políticas e práticas ambientais, políticas e práticas de relações com os funcionários, defesa de valores e princípios éticos.

A sociedade cobrará das organizações, sejam elas de que tipo forem, um forte senso de justiça e ligação, com base na fraternidade entre as pessoas, na consciência de que o que tem mais valia é o ser humano e seus sentimentos e não os bens materiais. Defendemos que o bem da fraternidade, da união humana, da paz e da preservação da natureza é insubstituível e as organizações precisam pensar nisso.

No futuro, todas as organizações deverão estar fortemente empenhadas com a ética, a justiça e os valores maiores do ser humano.

Portanto, os administradores serão julgados com base em sua consciência social, comportamento ético, justiça e preservação, nas suas organizações, dos valores maiores da humanidade.

Complementando um pouco essa linha de pensamento, podemos dizer que estamos passando da era do produto para a era da responsabilidade social das organizações, da mudança de uma visão que privilegia o produto para uma visão que valoriza o social, o institucional.

Essa tendência de mudança já é visível, senão na prática das organizações, como ocorre em muitos países, pelos sinais que começam a aflorar em outros. A visão institucional está se sobrepondo às demais funções da organização.

O que isso quer dizer, de forma simplificada, é que nessas organizações a visão institucional está comandando o espetáculo.

Isso está ocorrendo, também, além das razões anteriormente apontadas, pelos avanços tecnológicos que estão, de forma cada vez mais rápida, ao alcance de todos. Os diferenciais tecnológicos dos produtos e serviços estão sendo eliminados.

Essa eliminação de diferenciais também está ocorrendo na comercialização. Os preços serão equivalentes, pelo rápido acesso do consumidor às informações, veículos de comunicação etc. Haverá, também, saturação dos esquemas de abordagem do consumidor em seu trabalho, lar e lazer, mesmo utilizando tecnologia mais avançada. A ele caberá, no futuro, escolher e selecionar as mensagens que deseja receber.

Restará o recurso da ação institucional, a importância do contato pessoal como fundamental para diferenciar a organização no mercado. O seu pessoal deverá ser preparado para o entendimento de que não administra produtos, dinheiro ou espaços, mas sim se relaciona com pessoas que embutem em suas ações, na transação com produtos e serviços, sentimentos e expectativas humanas. Do outro lado, deve haver a recíproca: respeito aos sentimentos e aos valores humanos.

Toda a organização terá de estar envolvida nessa consciência. Em todas as áreas da empresa deverá ser implantada a visão da importância do público. Nenhum contato humano de alguém de "dentro" com alguém de "fora" poderá ser tratado com descaso. Terá de haver de parte de cada funcionário, seja ele executivo ou *boy*, a consciência de que sua função é "encantar" o público, deixando nele a melhor impressão possível da organização, de seus produtos e serviços. E isso terá de nascer da consciência social da organização, do seu comportamento ético, do seu respeito ao público, colocado na prática, das técnicas e filosofia de administração que denominamos de relações públicas.

Tudo isso levará o público, seja cliente ou não da organização, a subordinar a uma só visão, a um conceito integrado à empresa, suas ações institucionais, seus produtos e serviços. As organizações não poderão, como muitas ainda hoje o fazem, preocupar-se apenas com o cliente. Toda a sociedade estará de olho nelas, no seu comportamento, e a organização influenciará de forma positiva ou negativa o comportamento dos seus clientes.

O cliente, ao adquirir um produto ou serviço, assim como o elemento do público, ao se relacionar com a organização perguntará: Qual é a organização que fabrica este produto ou presta este serviço? Ela dá sua contribuição à sociedade? Ela é ética? É humana? Contribui para a preservação da natureza? E assim por diante.

Portanto, haverá a necessidade de integração de todas as áreas da organização e sobretudo daquelas que atuam profissionalmente nas diferentes áreas da comunicação, em torno da visão institucional, do que denominamos *definição estratégica do conceito organizacional,* para fundamentar toda comunicação, inclusive a promocional.

Está demonstrado que as organizações e todas as suas atividades, também as promocionais, dependerão, cada vez mais, das técnicas de relações públicas para atingir seus objetivos.

Os profissionais de outras áreas já perceberam isso, notadamente em outros países, nos quais as técnicas de relações públicas são mais conhecidas e utilizadas por eles.

Hoje muitas áreas das organizações copiam as técnicas de relações públicas dando-lhes outros nomes. Cópias feitas por desconhecimento das técnicas de relações públicas ou pela consciência de que essas áreas estarão cada vez mais atreladas ao institucional.

Isso é positivo e negativo ao mesmo tempo. Positivo porque introduz algumas técnicas de relações públicas nas organizações, mesmo que com nomes diferentes. Negativo porque essas áreas, assumindo funções que não são suas especialidades, perdem seu foco; além disso, geralmente de fundamental importância para a condução da organização, impedem a implantação da atividade de relações públicas na sua estruturação ideal, que traz benefícios importantes e contribuição essencial para a eficácia e conseqüente desenvolvimento da organização.

Falta, ainda, para muitos, a visão do irreversível, o fato de que todas as áreas da organização irão se subordinar ao institucional, à sua visão maior, como organismo prioritariamente social e não apenas comercial.

Assim podemos afirmar que a filosofia de administração, as técnicas de relações públicas e os que detêm seu conhecimento, ainda que recebam outros nomes, farão a diferença entre o fracasso e o sucesso das organizações nestes anos 2000.

CAPÍTULO 15

O MERCADO E AS AGÊNCIAS DE COMUNICAÇÃO A CONSULTORES DE FORNECEDORES

Flávio Schmidt
Diretor da divisão corporativa da Ketchum Estratégia e da PróImagem Consultoria de Comunicação

Desde 1997, quando a primeira edição deste livro foi lançada, o mercado e as agências mudaram significativamente, a tal ponto de caber aqui, neste capítulo, um novo texto.

Assim, vários aspectos foram reavaliados, ampliados ou, simplesmente, eliminados.

O conteúdo anterior fazia a avaliação do mercado comparando as características das entidades existentes à época. Hoje, se essa avaliação continua necessária, o diagnóstico é completamente diferente. Ainda que as entidades sejam praticamente as mesmas, houve uma definição muito mais clara do papel e da natureza de cada uma delas, que passaram a representar pouco do ponto de vista de influenciar a área de comunicação como um todo, seja na sua organização ou na área do conhecimento. Transformaram-se em blocos de representatividade, funcionando em casulos, maiores e menores, é certo, mas sem exercer a representatividade ampla e completa para balizar o desenvolvimento geral da comunicação no mercado.

Em outras palavras, continuam existindo várias entidades, mas cada uma com um foco específico próprio, de acordo com sua natureza, isoladas e independentes entre si, pouco representando no esforço coletivo de fortalecer o conjunto da comunicação e, apesar da dialética, pouco significativa na aplicação estratégica. Além desses aspectos constitucionais, também existem diferenças políticas e de interesses próprios que, embora não sejam explicitados, geram importantes conflitos e competitividade entre elas, contribuindo para o alinhamento superficial de suas ações.

À época, as entidades analisadas eram a Aberje, Aberp, ABRP, Anece e Conrerp[1].

A Aberje vem, ao longo desses anos, fortalecendo-se e tornou-se a entidade representativa mais abrangente de todas no mercado de comunicação. É uma entidade independente, com características próprias e objetivo de estabelecer discussão sobre a comunicação como instrumento estratégico de gestão empresarial. Evidencia todos os processos desenvolvidos em comunicação pelas empresas. Acredita na multidisciplinaridade da comunicação e não se alia ou reconhece qualquer regra ou legislação das habilitações da comunicação. Reúne mais de 1.500 empresas, representadas por mais de 3 mil profissionais, das mais diferentes formações e origens, tendo como único fato comum atuarem na área de comunicação.

A ABRP e o Conrerp continuam existindo e representam, respectivamente, a área de atividades de relações públicas, de forma associativa, e a categoria profissional, de forma legal e fiscalizadora. São os menores casulos de representação profissional, porém os únicos que guardam princípios teóricos, conceituais e técnicos fundamentados na ciência e no conhecimento do campo da comunicação e, seguramente, os únicos que zelam efetivamente por eles.

A Aberp e Anece se fundiram formando a Abec. Essa fusão tinha como objetivo juntar duas categorias que dividiam o segmento de atendimento das agências de comunicação: as agências de relações públicas representadas pela Aberp e as agências de assessoria de imprensa, a Anece.

Se a fusão se fazia necessária e imediata, ela não recebeu o apoio das grandes agências de assessoria de imprensa, que não viam na nova entidade a representatividade que desejavam.

A Abec não conseguiu comemorar dois anos de existência e, completamente ignorada, assistiu ao surgimento da Associação Brasileira das Agências de Comunicação (Abracom), num movimento paralelo das agências de assessoria de imprensa que queriam, de modo próprio, fortalecer-se.

Parte das ditas agências de relações públicas se engajou no movimento também ignorando e contribuindo para a imediata extinção da Abec. Era o desfalecimento das agências de relações públicas provocado por elas próprias.

---

1. Aberje — Associação Brasileira de Comunicação Empresarial
   Aberp — Associação Brasileira das Empresas de Relações Públicas
   ABRP — Associação Brasileira de Relações Públicas
   Anece — Associação Nacional de Comunicação Empresarial
   Conrerp — Conselho Regional dos Profissionais de Relações Públicas

Não resta nenhuma dúvida de que o mercado carecia de uma nova reorganização no segmento das agências de comunicação e a divisão entre assessorias de imprensa e relações públicas não interessava aos principais jogadores da época. Porém, o modo como o movimento foi implantado indicava qual seria o perfil da atividade de comunicação no mercado a partir daquele momento.

Tratava-se de uma nova força do mercado, que repudiava o *status quo* da comunicação no Brasil, defendia a modernidade, a liberdade de mercado e declarava oposição ao que era chamado de cartorialismo das áreas da comunicação, ignorando a história e a organização da categoria profissional de relações públicas. Mas, ao mesmo tempo, impondo as próprias regras de forma unilateral, forçando a uma nova situação no mercado das agências de comunicação.

Em nome da liberdade de mercado, transferia-se a centralização do poder das agências de comunicação para um grupo muito mais empresarial, detentor de visão mercadológica avançada e intensa capacidade de geração de negócios, mas focado num segmento específico de atuação da comunicação e, como característica agravante, teórica e conceitualmente inferior aos níveis de qualidade dos grupos anteriores.

O FORTALECIMENTO DO MERCADO COM A CHEGADA DAS AGÊNCIAS INTERNACIONAIS

Desenhado o cenário do mercado pela representação das agências, é necessário entender outro movimento que ocorreu simultaneamente. As agências, individualmente, fortaleciam-se com a vinda e a presença de empresas internacionais de relações públicas.

Da fase do namoro, que ocorreu durante o início da década de 1990, à concretização de negócios, após 2000, ocorreram muitas parcerias estratégicas, compras de participação acionária, associações, fusões e aquisições. Com isso, o mercado das agências de comunicação se fortaleceu enormemente, gerando um aumento de negócios e faturamento nunca antes registrado na história.

Sem dúvida nenhuma, as poderosas agências internacionais de relações públicas identificaram o imenso potencial do mercado brasileiro e aportaram aqui com a promessa de descarregar de suas bagagens o *know-how* da comunicação internacional.

Por causa disso, o movimento de chegada das multinacionais de comunicação provocou muita agitação e expectativa no mercado, que aguardava uma importante evolução qualitativa, com novos conceitos, estratégias e soluções. Entretanto, o que chegou, de fato, foram as ferramentas já conhecidas da assessoria de imprensa, apenas com as sofisticações e roupagem globalizadas.

O casamento ocorreu porque as agências brasileiras, que já copiavam o relações públicas de lá, estavam configuradas no modelo de atuação em assessoria de imprensa. A única diferença real entre o mercado daqui e o de lá está no perfil do profissional que executa a atividade.

No lugar dos praticantes de relações públicas (*practitioners,* como são chamados nos Estados Unidos), aqui a área foi ocupada, em sua maioria, por jornalistas vindos das redações de veículos de comunicação. Uma contradição, pois, nos Estados Unidos, quando um jornalista se transfere para a área de RP ele automaticamente perde seu registro como tal. Isso tudo pelo fato de a formação jornalística não conferir bases e atributos para o exercício de relações públicas, que é de analisar e avaliar o contexto organizacional e oferecer a informação adequada aos meios de imprensa. Ao contrário, o jornalista é preparado para levantar a informação no mercado e transformar fatos em notícias, do ponto de vista meramente informativo, aos leitores, ouvintes e telespectadores.

Aqui no Brasil, os jornalistas não perdem seus registros e o sindicato da categoria insiste em transformar a atividade de RP como função jornalística. Os próprios jornalistas, ao se tornarem assessores de imprensa, continuam se identificando como tal, impondo um prejuízo imensurável ao jornalismo, com o desvirtuamento profissional e a perda da identidade da profissão.

Efeito semelhante ocorreu anos atrás com engenheiros. Em função das dificuldades de emprego, eles partiam para novas áreas deixando de ser identificados como tal. O mais significativo exemplo foi registrado na área de comércio com a expressão que deu nome a um bar na cidade: "o engenheiro que virou suco". No caso dos jornalistas, em vez de se transformarem em assessores de comunicação, com perfil organizacional, transformaram-se em fabricantes de notícias, criando uma indústria nova com expressões como ferramenta, fábrica, máquina, companhia etc., de notícias e informações — o nível mais elementar do processo de relacionamento da empresa com a imprensa.

Voltando aos dois movimentos — o da união das agências em torno da Abracom e o da chegada das multinacionais de comunicação — do ponto de vista das estratégias sofisticadas de relações públicas pouca coisa ou nenhuma foi acrescentada.

Durante esse período, o número de agências triplicou, chegando a uma estatística de mais de 2.500 no Brasil. Agências de todos os tamanhos, desde aquelas de dois sócios sem nenhum empregado, com dois ou três clientes, até as que ultrapassaram a marca de cem funcionários e dezenas de clientes.

Porém, independente da quantidade e do tamanho, essas agências continuam atuando concentradas nas mesmas áreas de trabalho. A maioria delas atua com mais de 70% dos negócios voltados para a assessoria de imprensa e suas ramificações como disseminação de notícias, relacionamento com jornalistas, almoços, encontros, entrevistas exclusivas, coletivas de imprensa, monitoramento de notícias com medição estatística positiva, neutra e negativa. Além de treinamentos individuais, *media training* e o processo de administração de crises voltado para a imprensa com controle das informações circulantes, definição do posicionamento da empresa diante das oscilações negativas e positivas da repercussão do fato e a criação de mensagens institucionais positivas para a imprensa.

Uma outra característica forte das agências internacionais foi a especialização de atividades, com atuação em setores específicos e ramos de atividades como a tecnologia, saúde, alimentação, serviços, varejo e marcas institucionais, além das especialidades de segmentos da sociedade voltados para a responsabilidade social e meio ambiente, todos configurando teses de interesse empresarial que se transformavam em novos nichos de negócios.

Nesse escopo, surgiram muitas agências especializadas que deram origem a segmentos voltados para a produção de periódicos, jornais, revistas e informativos eletrônicos, dirigidos à comunicação interna com a criação de veículos e meios físicos de informação aos funcionários e com o patrocínio de projetos de ONGs e órgãos de representação comunitária. Todas trabalhando com foco específico e isolado, buscando umas complementarem as outras, mas sem nenhuma unidade ou visão estratégica.

O CRESCIMENTO DO MERCADO DE TRABALHO

Por outro lado, durante esse mesmo período o mercado de trabalho para os profissionais de comunicação, dentro das empresas, teve também uma evolução significativa na ampliação de postos de trabalho e demanda de serviços.

Não se esqueçam de que o processo de globalização ocorreu com o objetivo principal de internacionalizar os mercados e globalizar o mundo empresarial de negócios. Num movimento extenso, intenso e duradouro, as principais organizações industriais, de tecnologia e de serviços aportaram aqui trazendo o *know-how* técnico, comercial e, principalmente, de comunicação em suas bagagens, condição ideal para o crescimento do mercado da comunicação no Brasil.

Depois de um período de enxugamento de quadros, em função de redução de investimentos e adaptação ao mercado e economia do país, as empresas voltaram a atuar em comunicação criando ou recriando áreas internas para atender às demandas cada vez maiores de comunicação. Além disso, o mercado e os segmentos da sociedade vêm pressionando e cobrando cada vez mais comunicação eficiente e transparência das empresas em suas ações e atividades. Assim, algumas empresas adotaram políticas de comunicação e definiram áreas de responsabilidades específicas.

Hoje, raramente se encontra alguma empresa que não tenha um profissional comandando a área ou uma dessas áreas. Nesse processo, ocorreu o mesmo efeito observado na área das agências com a migração de jornalistas para funções de comunicação, estabelecendo um perfil específico de divulgação jornalística empresarial.

Para desenvolver esse trabalho, as empresas estão contratando agências e profissionais especializados no mercado para darem suporte a suas necessidades ou suprirem deficiências internas. Nesse ambiente, podemos afirmar que o mercado de trabalho está altamente favorável, com grande demanda de serviços e postos de trabalho, em especial para os novos profissionais e agências de comunicação.

Podemos afirmar, sem dúvida, que nenhum profissional minimamente preparado ficará sem trabalho e nenhuma empresa deixará de ser atendida, independente do nível ou qualidade do serviço que necessitar, pois são inúmeras as agências no mercado ávidas por um novo contrato de serviços.

O CUIDADO ESSENCIAL NA HORA DA CONTRATAÇÃO DE COMUNICAÇÃO

As empresas, contudo, precisam tomar certos cuidados na hora da contratação de serviços de comunicação. Nessa demanda e oferta, estão distribuídos serviços de toda forma e nível. As organizações têm à disposição todos os tipos de serviços que desejarem, desde o simples manuseio de notícias e informações até o pensamento estratégico em alto nível, ou seja, desde fornecedores e serviçais de comunicação a profissionais consultores especializados.

Nesse caso, a empresa precisa ser inteligente na hora de contratar um serviço ou uma assessoria. O que ela precisa fazer é a identificação de sua real necessidade e a contratação do serviço compatível. Se essa relação for equilibrada, não haverá nenhum tipo de problema, pois não existe serviço ruim quando a agência entrega o que promete e o faz de acordo com o que a empresa deseja receber, independente do nível de qualidade do serviço. O problema estará instalado quando a promessa de entregar algum tipo de trabalho não for cumprida, não estiver de acordo com o que a empresa espera ou não corresponder ao nível de qualidade desejada.

Em linhas gerais, encontrar o equilíbrio entre necessidade e solução deve ser a principal preocupação de qualquer empresa, seja na hora de contratar um funcionário ou uma agência de comunicação no mercado.

EVITE AS "DORES DE CABEÇA" INCURÁVEIS

Se você é um profissional interno de uma empresa e não quer ter dores de cabeça incuráveis, faça uma avaliação pessoal e profissional a respeito de si próprio. Independente de qualquer tipo de vaidade ou idiossincrasia, faça um julgamento honesto e sincero de si próprio. Parta do princípio de que, em comunicação organizacional, você só poderá comprar um serviço com segurança se tiver uma visão geral do seu trabalho, conhecer e saber como se faz e como ele se processa. Além disso, saber como impactará no nível estratégico da empresa e como afetará sua imagem empresarial é imprescindível.

Se você não compreender o conjunto dessa forma, não poderá avaliar ou julgar o que está comprando e, muito menos, se o resultado esperado será alcançado. Nesse caso, as chances de ser enganado ou cobrado internamente por superiores são muito grandes e a dor de cabeça virá com certeza.

Antes de qualquer coisa, avalie suas deficiências e tome a decisão firme e irrevogável de buscar todas as informações necessárias para melhorar seu conhecimento e a visão abrangente de que necessita. Afinal, o mundo da comunicação na empresa não é jornalístico, mas sim administrativo, institucional e estratégico.

Se você quer fazer carreira interna e estiver no começo do caminho, não perca tempo, volte a estudar. Faça cursos de aperfeiçoamento e busque somente aqueles que não se limitem a formar especialistas. Se você quer administrar, gerenciar ou dirigir qualquer coisa que seja, desenvolva visão panorâmica estratégica. O melhor curso é aquele que oferece a visão geral de atividades e o orienta para a direção do processo.

Na área da comunicação, você precisa desenvolver amplos conhecimentos de administração geral e de recursos humanos. Para que você possa ter uma qualidade superior, busque conhecer tudo sobre relações humanas e, também, sobre a área de relações públicas, seus princípios e técnicas que o conduzirão para a visão estratégica da comunicação organizacional e os resultados e efeitos das relações humanas em sua área de atuação.

É importante reconhecer que existem diferentes grupos com interesses em comum dentro de uma mesma organização. Esses interesses geram áreas de conflito e, portanto, precisam e devem ser harmonizados.

O FORNECEDOR

Descarte todos aqueles que se auto-intitularem "fornecedores" ou "prestadores de serviço", porque eles são braçais e normalmente fazem o trabalho pensando somente no serviço, sem uma visão estratégica. Eles estão se apresentando como *commodities* e se alinhando com os vendedores de copos descartáveis, que são avaliados pelo preço e prazo de entrega.

Não se esqueça de que existem mil formas de iludir os compradores, mas uma única de fazer a coisa certa. Não acredite nas promessas e fórmulas prontas, pois o melhor serviço oferecido é aquele construído a quatro, seis mãos, em que duas delas são da agência e as demais são dos envolvidos dentro da organização. Lembre-se sempre da frase proverbial: "menos que quatro mãos são patas".

A agência que prometer trazer o serviço pronto, sozinha, não é confiável. Aposte naquela que propuser fazer o trabalho somente após a respectiva imersão no assunto. Isto é, somente depois de ouvir os seus responsáveis e o que está acontecendo no segmento de atuação do mercado em questão.

Isso também vale para você, nunca procure uma agência dizendo que está buscando um fornecedor qualificado. Se você realmente precisa de um fornecedor, deixe essa tarefa para o departamento de compras, que é mais eficiente. Você precisa de um assessor que, além de realizar o trabalho, também pense sobre ele e por você. Em suma, um assessor que pense porque é melhor e não como é melhor. Nesse caso, não delegue essa tarefa ao departamento de compras, pois se trata de uma escolha de competência e visão estratégica, que somente cabe a você.

Pratique essa nova estratégia observando o discurso e atitudes de seus colaboradores mais próximos, sejam eles internos ou contratados. Quando for contratar, avalie como agem os profissionais das agências e sua postura na apresentação dos trabalhos. Além disso, veja como e com que eficiência eles processam o serviço e de que maneira os resultados são apresentados. Separe-os em dois grupos — fornecedores e assessores — e observe as diferenças. Não fique admirado, nem se surpreenda, porque isso é real. Há mais fornecedores no mercado do que pensa nossa vã filosofia.

Eu também tive minha fase de surpresa e admiração ao constatar esse tipo de realidade.

Há alguns anos, trabalhou comigo um jovem que se dedicava a fazer textos brilhantes, mas que nunca havia atendido diretamente um cliente ou pensado sobre como resolver os complexos problemas de uma organização. Somente interpretava os assuntos e escrevia. Brilhantemente é certo, mas apenas escrevia. Como ele demonstrava talento, comecei a levá-lo comigo às reuniões de planejamento e suas idéias se mostravam adequadas. Por causa disso, resolvi colocá-lo como meu assistente e solicitei que escrevesse meia dúzia de linhas sobre seu currículo, para colocar na apresentação da agência. No dia seguinte, recebi o texto que dizia: "larga experiência em atendimento e consultor de comunicação de empresas". Pedi que voltasse ao serviço anterior e dei a ele mais seis meses de tempo para entender o que fez.

Ser bom em interpretação e redação de textos não é suficiente para ser consultor. Além do mais, ser consultor de um único assunto não é suficiente. Quem é bom em um único assunto é apenas um especialista. Para ser consultor em comunicação é preciso ser e saber mais do que isso. É necessário desenvolver conhecimentos e habilidades mais abrangentes, conhecer mais que as ferramentas tradicionais da comunicação, cujo processo é dominado pela maioria dos fornecedores de comunicação.

A visão estratégica exige a leitura correta do cenário empresarial e do mercado e a avaliação final tem de considerar a cultura organizacional, o ambiente interno e a correta política de relações públicas da empresa com seus públicos estratégicos. E isso exige muito mais conhecimento do que apenas uma especialidade.

O ESPECIALISTA

Se você ainda não é reconhecidamente um consultor — interno ou externo — também não é recomendável que se apresente como especialista numa das atividades decorrentes do processo evolutivo de sua carreira. O princípio da especialidade é incompatível com a carreira do consultor. São dois caminhos diferentes que não se completam. Não é possível somar especialidades, imaginando que o resultado dessa soma o tornará um consultor. O profissional que fizer isso será especialista em várias áreas de atuação, mas nunca um consultor de comunicação.

Funciona como na salada, que poderá receber qualquer tipo de ingrediente: a alface, o tomate, a batata, o pepino, o azeite, o vinagrete ou a maionese. Eles formarão um conjunto visualmente agradável e até saboroso, entretanto, estarão sempre separados entre si. É muito diferente do que ocorre com o caldo de ervilhas com batatas, em que a composição é alcançada transformando os vários ingredientes em um único e novo elemento.

Construir uma carreira em assessoria de imprensa, *media training*, administração de crises ou em publicações e eventos e depois em responsabilidade social, por exemplo, não é suficiente para transformar um profissional em consultor, pois sempre faltará o elemento condutor que justifica a existência dessas áreas. Nesse caso, a soma das especialidades dependeria de um amálgama natural que não existe nessas condições no mercado.

Para criar e reter esse amálgama, o profissional terá de dar um novo salto em direção à real sustentação da comunicação. Terá de estudar até alcançar um nível de conhecimento que o permita identificar as causas, o estado e as conseqüências de uma situação real. É importante também antever os acontecimentos aplicando as medidas necessárias para a solução de qualquer problema no ambiente de ação e transformar tudo isso em fatos positivos para a organização e sua imagem.

Esse resultado só é alcançado quando o consultor se lança aos desafios de ir muito além das técnicas tradicionais de comunicação, ligadas aos níveis e campos midiáticos. Aliás, os instrumentos de mídia (interna e externa) na comunicação estão reservados num segmento considerado de apoio e servem, estes sim, como ferramentas para reforçar a concepção e a ação da comunicação organizacional.

A comunicação praticada como uma ação de mão única, desenvolvida pela divulgação jornalística, não pode nem sequer ser chamada de comunicação, porque comunicação sem *feedback* não é comunicação, mas sim divulgação.

Hoje, aumenta o número de profissionais que defendem o conceito da comunicação de duas mãos. Ele foi inovador enquanto a comunicação empresarial ainda estava navegando em águas rasas, mas, com sua ampliação, esse conceito também se tornou ultrapassado.

O CONSULTOR

Atualmente, a comunicação precisa ser precedida de conceitos, que não são próprios da atividade puramente comunicacional. O candidato a consultor de comunicação encontrará esses fundamentos na concepção de relações públicas e, a partir deles, deve orientar sua carreira profissional.

Quando o consultor avança nesse sentido, ele descobre a importância da cultura organizacional, das percepções individuais, do relacionamento e do princípio da harmonização das expectativas e dos interesses em comum. Encontra razões muito mais fortes para atuar no ambiente da comunicação. Alguns se referem a isso como o princípio da orquestra, da harmonia entre as partes, em que o profissional e consultor de comunicação é o maestro regente.

Primeiro, mais que a harmonia dos instrumentos, o consultor tem de considerar o efeito do som provocado por eles, como no som estéreo, que se origina de inúmeras fontes, mas se localiza centralizado num ponto comum, criando uma dimensão equilibrada, harmoniosa e com um resultado extremamente agradável aos ouvidos e às mentes humanas.

Depois, num processo natural de evolução, o resultado tem de se transformar no efeito *surround* que percorre todo o ambiente, em forma de ondas e balanços, num movimento harmonioso atingindo todos os espaços e amplitudes. Esse alcança cada um dos elementos presentes e mantém a alta fidelidade e audição perfeita de todos os equipamentos, seus respectivos sons e efeitos.

Para isso, o profissional deve debruçar-se sobre o campo do conhecimento humano e das relações humanas e desenvolver o sentido próprio da concepção de relações públicas, o amálgama da organização e da comunicação.

ECOSSISTEMA ORGANIZACIONAL

Para alcançar o sucesso total, entretanto, o consultor tem a tarefa de desenvolver a visão do ecossistema organizacional, que amplia a compreensão dos administradores empresariais e permite que eles assumam atitudes diferenciadas em relação às outras empresas no mercado.

O ecossistema organizacional compõe uma visão múltipla e simultânea de relacionamento da empresa com seus públicos de interesse, que dão forma a sua rede de relacionamentos e de comunicação. Veja a seguir como pode ser o ponto de análise do ecossistema organizacional.

Como exemplo clássico, é comum ouvir executivos reclamarem do comportamento da imprensa. Eles dizem que a imprensa nunca é realmente fiel ao que disseram ou que não deram a menor importância ao que foi dito. Avaliam o noticiário como favorável e desfavorável, tendo como referência apenas o que eles acham que é bom para a empresa. Esse posicionamento demonstra apenas a falta de conhecimento e discernimento dos executivos envolvidos, que não sabem a diferença entre o amplo e o restrito em comunicação. O fato é que, quando a empresa se comunica somente com a imprensa, ela está praticando a comunicação de forma muito restrita. Pratica a comunicação de uma única via e espera ter a resposta ampliada e disseminada a todos os públicos, com os quais ela própria não se comunica. Vê a imprensa apenas como canal, como meio disseminador para atingir seus objetivos.

Ocorre que a imprensa, na maioria dos casos, age da maneira diferente, ouvindo outras fontes, comparando as informações recebidas e reproduzindo seu resultado final. É por isso que a matéria nunca sai igual ao que o executivo espera, passando a ser interpretada por ele como não fiel ao que foi dito.

Para resolver essa questão, o executivo precisa primeiro ampliar seu conhecimento e saber que a empresa não se relaciona somente com um único público, mas sim que ela faz parte de uma rede de relacionamentos, da qual a imprensa também participa. Esse sistema funciona como uma teia, como uma rede sensibilizada, cujo toque, em qualquer um dos seus pontos, é sentido e respondido em qualquer uma de suas partes.

Assim, cada empresa é o centro de seu próprio ecossistema, que funciona quando ela se comunica simultaneamente com os públicos de sua rede, incluindo e destacando nela o público número um formado pelos funcionários.

Fazendo isso, quando a imprensa consulta suas fontes, ela consultará os mesmos públicos do ecossistema da empresa e, portanto, reproduzirá, em conjunto, as mesmas informações apresentadas por ela. Existindo uma única voz a respeito da empresa, obviamente, o resultado do noticiário corresponderá ao que o executivo espera, porque todos estarão falando a mesma coisa a respeito dela.

A LUZ DE CRISTAL

O conceito do ecossistema organizacional tem de ser entendido também num nível ainda mais elevado. Não basta a empresa ter programas diferentes com vários públicos se eles não forem criados com base em uma política única e organizada de comunicação. Independentes, os programas irão se parecer com uma árvore de natal, com muitas luzes brilhando ao mesmo tempo, mas sem nenhum foco direcionado. Chamam a atenção pela beleza, mas não têm nenhum resultado melhor que esse.

O ecossistema organizacional deve representar o efeito da luz de cristal que reproduz e reflete o padrão de cores de um foco luminoso único e previamente definido. O efeito da luz de cristal, além de ser mais bonito e harmonioso, garante o resultado desejado de acordo com a programação de seu idealizador.

Quando o consultor compreende o ecossistema do cliente como a luz de cristal, ele faz o seu melhor trabalho e ajuda a empresa a construir o seu melhor caminho para a consolidação do conceito e da imagem positiva da organização.

CONCLUSÕES GERAIS

Diante desse quadro completo, entre fornecedores e consultores, o mercado está em verdadeira ebulição, testando e maturando todos os processos de comunicação existentes e depurando o conjunto de ações e profissionais em atuação no mercado. Não se iludam, pois, assim como o processo de globalização eliminou empresários e executivos inaptos — chamados de dinossauros —, eliminará também as formas e profissionais ineficientes no processo de comunicação organizacional.

Ao final desse processo, teremos dois grupos distintos: um amplo, com o maior contingente de profissionais, que serão considerados os fazedores de comunicação, serviçais e com remuneração baixa, e outro grupo menor, mas destacado com profissionais preparados para pensar e propor ações estratégicas, atuar em alto nível e remuneração equivalente aos altos executivos das empresas. De que lado você quer estar?

Para escapar da guilhotina da depuração do mercado da comunicação, todos os profissionais atuantes no mercado, independente de sua formação, nível de conhecimento e experiência, terão de repensar suas carreiras para se adequarem ao novo nível de comunicação organizacional que será exigido num futuro muito próximo.

Se você deseja crescer profissionalmente, sair do grupo de fornecedores para ingressar no nível mais elevado dos assessores e consultores, a principal recomendação é que faça uma revisão em seus conhecimentos, origens e formação, defina muito bem suas qualidades e qualificações, analise suas deficiências e necessidades de aperfeiçoamento. Abandone a visão da comunicação como divulgação jornalística e passe a pensar na comunicação organizacional com um sentido mais amplo. A partir daí, trace o seu plano de desenvolvimento profissional.

Dentro de uma empresa ou agência, não se esqueça de desenvolver seu plano de carreira baseado nas premissas apresentadas neste capítulo. Seja prático e calculista, reconheça os bons e maus profissionais. Se o seu chefe for um desses fornecedores, atrapalhe-o, provoque-o, assuma o lugar dele e siga seu caminho. Trace sua trajetória ao lado dos melhores, prepare-se continuamente e mantenha-se alerta para ingressar no grupo dos assessores e depois dos consultores. Esse deverá ser seu objetivo final. Só depende de você. E daí, qualquer dia desses nós nos encontraremos por aí.

Agora, se você acha que não é nada disso, não reclame de continuar em sua função serviçal. Eu não estarei por perto para ajudá-lo.

AS AGÊNCIAS PRECISAM COMPREENDER A COMUNICAÇÃO DE FORMA AMPLA E COMPLETA

Nesse novo sentido da comunicação globalizada, não basta colocar em exposição uma imensa variedade de serviços e produtos e apresentá-los como solução para os problemas de comunicação do cliente. Uma agência de comunicação precisa compreender a comunicação de forma ampla e completa, como no próprio mundo globalizado.

Poucas agências se prepararam nesse sentido, oferecendo consultoria e planejamento estratégico numa visão ampliada da comunicação organizacional, tendo a capacidade de olhar a organização como um todo, diagnosticar o perfil organizacional e avaliar o processo de mudanças e deficiências de comunicação e relacionamentos da empresa.

PARA QUEM DESEJA ABRIR SUA AGÊNCIA

Embora o mercado esteja completamente aberto e receptivo para iniciativas desse tipo, o momento para abrir uma agência de comunicação não é oportuno. Abrir uma agência nessa fase de depuração da área é uma decisão arriscada. Certamente acontecerá o que ocorreu com as empresas de tecnologia, que surgiram aos milhares e, depois do mesmo processo depurativo, muitas foram simplesmente eliminadas. Não vale a pena investir num negócio arriscado, se há inúmeras possibilidades de trabalho no mercado, com oportunidades de colocação, aprendizado e crescimento dentro das empresas e nas principais agências de comunicação.

CAPÍTULO 16

NOVAS FORMAS DE COMUNICAÇÃO INTERNA

Flávio Valsani
Diretor executivo da LVBA Comunicação

Algumas décadas passaram-se desde o apogeu dos programas de comunicação interna, quando eram vistos como a última palavra em geração de entusiasmo e motivação. De lá para cá, as organizações mudaram, o perfil dos executivos mudou, a força de trabalho tem novas preocupações, interesses e objetivos. O próprio nome da atividade acabou por utilizar termos que transpirassem modernidade — o "*endomarketing*", a "mudança de cultura".

Se não bastasse isso, temos outras revoluções em andamento, com programas de reestruturação internos — dos "*kaizen*" às "reengenharias" e "pós-reengenharias" — com a revisão da legislação trabalhista brasileira e, principalmente, de dois itens que permeiam todas as conversas, sejam elas sobre economia, sejam sobre o enredo escolhido pela sua escola de samba preferida no último carnaval: a globalização e o custo Brasil.

À luz deste cenário, é insuficiente fazer um breve comentário sobre as atividades de integração com públicos internos, como se fora uma receita básica, capaz de ser aplicada a todas as situações ou, ao contrário, iniciar um exercício de futurologia — embora a tentação em fazê-lo seja extremamente forte.

Não é esse o objetivo desta contribuição. De fato, o que o desavisado leitor vai encontrar neste capítulo não serão respostas, mas, sim, perguntas. O que este capítulo encerra é uma reflexão cuja segunda maior virtude (a primeira é ser suficientemente curto) é levantar algumas questões básicas a respeito da comunicação interna em nossos dias.

Por outro lado, é bom lembrar que essas questões básicas não são tão simples assim — como, aliás, qualquer questão fundamental, já que o ser humano continua preocupado com o *quem somos, de onde viemos, para onde vamos*, depois de 21 séculos. O fato é que, se as perguntas continuam a incomodar, isto não se deve exatamente à inadequação das respostas. O processo de conhecimento humano é dinâmico. Respostas que há alguns anos satisfaziam plenamente a nossa curiosidade hoje carecem de sentido. Às vezes porque envelheceram e não acompanharam a modificação da própria sociedade, às vezes porque as necessidades que geraram as perguntas ganharam uma nova carga de sofisticação e significado e às vezes porque a própria formulação da pergunta mudou.

Conviver com esse contínuo processo de mudança pode ser uma tremenda frustração ou um desafio fascinante. Tudo vai depender da sua visão do processo, do seu entendimento do problema, da sua intimidade com as tecnologias disponíveis, mas, basicamente, da sua habilidade em se localizar no vasto oceano das relações entre organização e público interno. É provável que, ocasionalmente, você se sinta num transatlântico de luxo, num belo dia de sol. Outras vezes, você certamente se sentirá numa jangada, cercado por tubarões, com uma tempestade daquelas se formando no horizonte.

Seja qual for a situação, pense neste capítulo como um mapa que pode ajudá-lo a chegar onde você pretende. Nunca se esqueça, porém, de que para utilizá-lo é fundamental que você saiba onde está. Bem-vindo a bordo!

O NAVIO JÁ VAI PARTIR. VOCÊ JÁ ENCONTROU SUA CABINE?

Muito bem, caro leitor! Mesmo depois das advertências iniciais, você insiste em se aventurar nos mares deste capítulo. Considere-se cumprimentado, afinal, o mundo é dos audazes!

Mas, antes, um último aviso: o leitor a que me refiro é um ser conceitual; não tem sexo, o que evita que eu tenha que alternar "os" e "as" para dar a entender que estou dialogando com pessoas do sexo masculino ou feminino e, no afã de respeitar a ambos, acabe por esquecer o que ia escrever; também não tem preferências sexuais, filosóficas ou religiosas definidas, convicções políticas, nem faz parte de associações ou entidades. Ou, melhor ainda, em se tratando de preferências, convicções etc., possui *todas* e pronto!

É um personagem ficcional e quaisquer coincidências são coincidências mesmo, certo? Mesmo naquele pedaço em que você, leitor (estou me referindo ao leitor-leitor, não ao leitor-conceitual — ah... os cuidados que se tem de tomar para não ferir suscetibilidades alheias...), eventualmente se reconhecer. Dito isto, embarquemos, pois.

Logo de início, uma surpresa: ao colocar o pé na prancha de embarque, apitos soam, a tripulação corre de um lado para o outro e todos se perfilam. Simpático, não? A gente realmente se sente bem-vindo a bordo com todo este aparato... Você disfarça um pouco, ambienta-se, vai até a amurada, dá um adeusinho, procura entrar no clima, enfim. Além do mais, você não é exatamente um marinheiro de primeira viagem. Já esteve num daqueles passeios de escuna em Salvador, é veteraníssimo da travessia de balsa em Ilhabela e tem um amigo que possui uma lancha de não-sei-quantos pés, na qual você fez um passeio fantástico por Angra dos Reis — deixemos de lado seus problemas com o sol, nesta última oportunidade; afinal, esquecer uma coisa tão pequena como um frasco de protetor solar é detalhe que pode acontecer com qualquer um.

De qualquer maneira, todas são experiências válidas — que o diga o "Sundown FPS 96 Extra" que você traz consigo agora — e que só trazem bons presságios. O tempo está firme, o mar calmo — em que pese ainda estarmos no porto —, o ar marinho é revigorante, mesmo temperado a óleo *diesel*. Estamos prontos para partir, não estamos? É melhor você se acomodar. É só pedir a ajuda deste marinheiro simpático para se localizar e — ora vejam! — ele respeitosamente pede que você o acompanhe. Você o segue e ele o leva são e salvo até a ponte de comando e lhe pergunta: "Para onde vamos, comandante?"

Pois é. Nesta viagem, seu lugar não é na primeira classe, na segunda ou na terceira. É na ponte de comando, tocando o barco, ou dentro de um bote salva-vidas que você, disfarçadamente, lançou ao mar, em direção a qualquer lugar, desde que bem longe daquele navio. Conhecedores que somos de sua audácia e ousadia, digna dos grandes navegantes do passado, caro leitor, não temos dúvida de que você, assim que recobrou os sentidos, preparou-se para assumir sua posição e largar amarras.

De fato, qualquer trabalho que envolva público interno é fundamentalmente orientado pela comunicação. O melhor programa de integração, o envolvimento mais profundo e duradouro, o programa que realmente cria uma empatia entre organização e colaborador, é *necessariamente* baseado em comunicação.

Na verdade, é aqui que as questões básicas começam: O que a organização espera do colaborador? O que este espera da organização? Como harmonizar estas duas expectativas?

Vamos conversar um pouco mais detalhadamente a respeito dessas perguntas nos próximos tópicos. O que, no entanto, queremos deixar bem claro neste item é a necessidade de participação e liderança do profissional de comunicação no processo de integração. Não importa se, técnica ou politicamente, a coordenação vai caber ao profissional de recursos humanos, a um comitê de comunicação interna ou a um consultor externo. O que importa, realmente, é que mesmo as melhores e mais bem fundamentadas iniciativas de relacionamento com o público interno podem se transformar em meras intenções ou até problemas, se não contarem com um programa estruturado de comunicação. E é aqui que você entra. Não basta saber o que comunicar, mas como fazê-lo. Orientar este processo, portanto, é característica substancial do trabalho.

O MAR E A ROTA A SER SEGUIDA

OK. Sabemos onde estamos e aonde queremos chegar. Mergulhado em mapas, você estuda cuidadosamente o percurso ideal, evitando recifes, zonas tempestuosas, todos os obstáculos. O problema é que isso não basta. Você acabará por seguir uma rota muito mais longa e custosa que o desejável. Por outro lado, não vale a pena correr riscos desnecessários — afinal, todo o navio depende de você. Como equacionar esta questão?

De fato, o que buscamos é o ideal dentro do possível, considerando-se todas as limitações inerentes à situação, ao cenário. Aliás, o mais importante quanto a isso é que o cenário é o que é e não o que gostaríamos que ele fosse. Assim, de nada adianta gastar seu tempo com observações do tipo "se ao menos tivéssemos mais prazo..." (aqui você pode substituir a palavra prazo por vários outros conceitos, como verba, por exemplo). Não há mais prazo, não há mais dinheiro e ponto final. Na verdade, o que se espera de você é fazer o trabalho mais eficiente, com o melhor resultado, no menor prazo e pelo custo mais baixo. Simples, não?

De qualquer modo, sabemos que você está acostumado com esse quadro, e não apenas isso, como também sabe até tirar partido dele. No nosso caso, isto significa utilizar as correntes marítimas e os ventos a nosso favor, conhecer o mar, respeitá-lo e utilizar as vantagens que ele nos oferece — não ir cegamente contra elas. É por isso que acabamos utilizando o mar como metáfora para o público interno (sim, esta figura de linguagem se chama metáfora, você acertou! Viu como você ainda se lembra das aulas de português da Dona Cotinha?). Ambos têm muitas semelhanças: profundezas insondáveis, movimentam-se em ondas sucessivas, estão sempre em movimento, são assustadores nas tempestades e absolutamente tranqüilos no bom tempo. Parecem um ser único, fluido, indivisível e ao mesmo tempo são formados por partículas individuais... Enfim, há pontos de contato mais que suficientes para tratá-los desta maneira. E, da mesma forma, não se pretende aqui ensinar a controlá-los, mas a estabelecer um clima de harmonia e mútuo respeito.

Para isso, é fundamental conhecer em profundidade o público de que estamos falando — e isso não se consegue com pesquisas via questionário. É necessário um contato pessoal em que se estabeleça uma relação de confiança. Em suma, é preciso ter disposição para ouvir. Mesmo o melhor programa de comunicação do mundo fracassará se não seguir essa premissa. Por outro lado, a tentação de partir do princípio de que se conhece esse público é muito grande. Isto, somado à impossibilidade de ouvir a todos os funcionários, como normalmente acontece, acaba por se constituir no principal entrave a um bom trabalho de comunicação. De qualquer modo, leve em consideração que uma amostragem de 10% a 15% do total pode ser mais do que suficiente se:

- os principais cargos gerenciais estiverem incluídos;
- as principais lideranças informais forem identificadas e incluídas;
- houver garantia de confidencialidade;
- não houver indução de respostas por parte do entrevistador;
- for obedecido o menor prazo possível para a realização dessas entrevistas.

Figura de extrema importância para o levantamento é a do entrevistador. Ele tem de ser absolutamente imparcial e não-opinativo e, apesar disso, ser capaz de gerar um clima de cumplicidade. Isso não significa falar mal do chefe do entrevistado, e sim mostrar que ambos têm um objetivo comum, que pode ser consubstanciado numa série de mudanças na entidade — sejam estas mudanças de clima ou estruturais —, e que, para tal, o entrevistador necessita da ajuda do entrevistado. A um tempo estaremos valorizando o funcionário e obtendo as informações que precisamos para definir nossa rota. Além disso, o teor da entrevista deve ser o mais amplo possível — até fugindo do escopo exclusivamente profissional. Conhecer alguém significa saber seus anseios e frustrações, seus ideais, seus interesses, sua visão de futuro, seu passado. Tudo isso será material de extrema valia à definição dos caminhos que iremos seguir para desenvolver nosso programa de comunicação.

A VIAGEM

Enfim, partimos. Temos rota definida, o mar encontra-se calmo. Suas ordens foram transmitidas ao imediato, que, aliás, lhe informa da presença de um barco pesqueiro a estibordo. É nesse momento que você se dá conta de que não faz a mínima idéia de que lado é estibordo... Você olha para o imediato, sabe que tem de decidir o que fazer, antes que os dois barcos entrem em rota de colisão. Num átimo você percebe qual a atitude a tomar. Olha o imediato nos olhos e lhe pergunta: "O que você sugere?".

Já temos nossa rota definida, já conhecemos nosso público — suas expectativas, ansiedades e interesses. Trata-se agora de estabelecer um sistema de relacionamento e, para isso, precisamos fazer uma pequena digressão a respeito do que tem acontecido no relacionamento entidade/público interno nos últimos anos.

Antigamente — e esse antigamente nem é tão antigo assim — as relações patrão/empregado baseavam-se no paternalismo. Todos constituíam uma grande família — o que significa, normalmente, muita briga, muita fofoca e muito medo. Era a época do "manda quem pode, obedece quem tem juízo" e do "estamos aqui para cuidar de você; não pense, deixe isso por nossa conta, apenas faça o seu trabalho, seja lá qual for...".

Depois, com o crescimento do movimento sindical, da liberdade, das conquistas sociais, essas relações chegaram próximas ao impasse: a família deu origem a dois grupos distintos e imiscíveis de patrões e trabalhadores. Foi a era da desconfiança mútua explícita e da exploração velada — exploração de parte a parte, diga-se —, até que ambas as facções foram encontrando meios de sobrevivência neste cenário.

Hoje, com a globalização, reengenharia e necessidade de aprimoramento de mão-de-obra, busca-se participação e envolvimento. Em uma palavra, compromisso.

Os instrumentos necessários para o desenvolvimento de um programa de comunicação refletem esse desenvolvimento. As circulares de outrora, recheadas de termos rebuscados e construções lingüísticas arrevezadas que tinham por finalidade básica dificultar a compreensão em vez de facilitá-la, caíram em desuso. Bem, não sejamos tão otimistas; melhor dizer que são consideradas ultrapassadas, embora ressurjam, às vezes, para nosso desespero.

As reuniões informativas foram cedendo lugar a instrumentos de comunicação dirigida, tais como informativos — os populares jornaizinhos, murais e caixas de sugestões. Aqui já temos o surgimento de uma via de mão dupla, já que todas essas peças pressupunham uma relativa participação do empregado, seja sob a forma de contribuições noticioso-literárias, seja pela menção a aniversários e nascimentos, ou ainda pela disponibilidade de receber sugestões — em que pese que o estado normal desta caixa fosse vazio ou, pior, contivesse sugestões pouco recomendáveis, para não dizer ofensivas. De qualquer modo, eram avanços.

Hoje, existem algumas diferenças conceituais. Já não se vê o empregado como mera massa de manobra. O departamento de pessoal, fiscalizador e punitivo, deu lugar ao recursos humanos, mais interessado em gerar o desenvolvimento da empresa por intermédio de um clima de harmonia e entendimento internos. E isto requer diálogo. Eis porque os instrumentos de relacionamento entre entidade e público interno, hoje, baseiam-se na interatividade. Não é mais necessária a permissão para participar, ao contrário, a finalidade desses instrumentos é facilitar e motivar a participação.

O problema é que essa participação, desejável em si mesma, pode vir a ter uma séria dificuldade. Já foi dita, não sem razão, por um conhecido executivo, uma frase que se tornou clássica: "Que saudade da gerência autocrática!". Sim, pois a gerência participativa dá trabalho — notadamente para aqueles que não estão dispostos a ouvir, não estão abertos a novos argumentos, não admitem rever suas posições. No entanto, todo esse trabalho adicional de ouvir e ponderar tem sido um grande impulsionador do desenvolvimento empresarial. Em outras palavras, compensa mesmo!

É aqui, portanto, que entra o primeiro postulado das modernas relações entidade/empregado: agir com transparência. Isso implica ter um discurso coerente com as ações. Significa dar espaço à iniciativa alheia. Significa *empowerment*, para usar uma expressão da moda. Significa gerar um clima de confiança interna, que vai ser auto-alimentador de todo esse processo. E todos os instrumentos de comunicação atualmente em uso refletem essa postura.

Tomemos o exemplo da clássica caixa de sugestões. De elemento passivo, inativo e até dificultador — quantas pessoas têm facilidade em ordenar suas idéias de maneira inteligível por meio da escrita hoje em dia? — ele se transformou num agente facilitador, que ajuda a preservar a identidade do usuário, se for o caso. Sim, pois hoje em dia, a caixa de sugestões tem assumido a forma de uma secretária eletrônica, ligada a determinado ramal. Quais as vantagens? São diversas: para a média das pessoas, é mais fácil verbalizar que escrever; ela pode preservar sua identidade incógnita; é um contato muito mais pessoal e direto que um bilhete e deixa as pessoas à vontade para desistir na hora "h", se faltar coragem...

Mesmo considerando a eventual resistência que as pessoas possam ter com relação a uma secretária eletrônica, deve-se levar em conta que esta é uma situação extremamente diferente: numa ligação telefônica normal, a pessoa espera ser atendida por outra pessoa; o atendimento automático é uma reversão de expectativa e normalmente frustrante. No nosso caso, a secretária eletrônica é uma garantia e um facilitador; o interessado possivelmente se assustaria se encontrasse uma pessoa, do outro lado da linha, em vez de uma máquina.

Por falar em máquinas, está na hora de começarmos a dar espaço para o *enfant terrible* do século XX, nosso amigo computador pessoal. Além de agente facilitador do trabalho, tem se mostrado cada vez mais eficiente e eficaz como instrumento de comunicação nesta nossa área de atividade. Grande progresso para quem um dia foi acusado de roubar empregos de seres humanos. Aparentemente, as pessoas conscientizaram-se de que o ser humano é uma máquina por demais sofisticada e complexa para ser utilizada em tarefas tediosas, repetitivas, simplesmente mecânicas.

De fato, o computador tem transformado os instrumentos tradicionais de comunicação — você, leitor, deve ter reparado que ainda não entramos na utilização do computador como instrumento em si mesmo, mas como agente. Os avisos em murais têm ganho apresentações mais sofisticadas e chamativas — coloridas, mesmo. E os responsáveis por eles têm gasto muito menos tempo em sua confecção do que com os tradicionais cartazetes feitos à mão ou à máquina. E os "jornaizinhos", então? Qualquer um pode liberar sua porção artística hoje em dia. Realmente, estamos na era da informática.

O único problema é que o ser humano tende à acomodação. Aprende a mexer com um editor de textos e, a partir do momento em que acha que seu problema está resolvido, passa a aplicar *ad nauseam* o que aprendeu, sem buscar coisas novas. Ou você vai dizer que nunca encontrou uma circular para mural com aquele grupo de pessoas no pé da página?

De qualquer modo, o computador tem sido um auxiliar fundamental para a geração de interesse, tornando as formas tradicionais de comunicação entre entidade/empregado mais digeríveis e até interessantes — mesmo quando seu título não é *antecipação salarial.*

Mas não foi apenas quanto à forma que os modernos instrumentos deram sua contribuição. Aliás, acredito que sua maior influência tenha sido com relação à mudança de *timing* por que estas relações têm passado. Na época do Império, quando D. Pedro I recebeu a notícia de que o rei de Portugal tinha morrido e que, então, o novo rei era ele mesmo, já se passara um período de três meses. Outros três transcorreram, antes que os portugueses recebessem uma carta de D. Pedro aceitando a coroa e pelo menos um novo trimestre se passou antes que o novo monarca pusesse os pés em Portugal. Ou seja, durante quase um ano, o país ficou sem seu chefe supremo... E isso não causava ansiedade em ninguém. As pessoas lidavam com o tempo de uma forma diferente. Na Copa do Mundo de 1962, o brasileiro acompanhava a partida pelo rádio e assistia ao jogo dois dias depois. Hoje, dois países entram em guerra na Ásia e você tem imagens do conflito *on-line*, em tempo real. Você vê as coisas acontecerem no exato momento em que se passam — ou quase. Uma carta de Nova York para o Brasil, que levava vinte dias para chegar, passou a chegar num tempo cinco vezes menor ou até imediatamente, com o auxílio do fax.

Em função de tudo isso, era natural que essas relações entidade/empregado também mudassem. Jornais com uma periodicidade trimestral, ou no máximo bimestral, passaram a encurtar seus prazos, atendendo a uma necessidade de informação cada vez mais premente. Administrar relacionamentos entre unidades distantes, que criava um sério problema logístico, hoje é uma tarefa relativamente simples, se utilizados os modernos instrumentos. E como fazer isso? Vamos a um exemplo conceitual:

São 11 horas. No escritório central da empresa X tudo está preparado para uma apresentação a todo corpo gerencial dos resultados obtidos no ano findo e dos objetivos para o ano em curso. Os oitenta gerentes foram convocados com dez dias de antecedência via *e-mail* e confirmaram suas presenças pelo mesmo método. Fato relevante: eles se encontram espalhados por quatro unidades distintas: uma em São Paulo, outra em Salvador, outra em Recife e a última na Baixada Santista. Na hora marcada, a apresentação tem seu início. Envolve um pronunciamento do presidente, apresentação dos números e gráficos. Perguntas são respondidas, dúvidas são esclarecidas e sugestões são formuladas. E cada um deles estava em sua cidade de origem, integrado por um sistema fechado de televisão. Ao final da apresentação, um relatório contendo os principais pontos, feito em um *notebook*, é emitido e afixado nos quadros de aviso. Ao mesmo tempo, outro aviso comunica que um vídeo contendo a apresentação do presidente será mostrado a todos os empregados ainda na mesma tarde, que poderão contar com a presença dos gerentes para responder a eventuais perguntas. Caso desejem um contato direto com o presidente da empresa, haverá duas alternativas: o uso do correio eletrônico ou o café da manhã mensal em que ele se coloca à disposição para um contato pessoal com os empregados que se interessarem.

Fascinante, não? Mas, isto não é futuro. É presente. Trata-se de um fato real e que, pasmem, custou muito menos do que a realização de uma convenção, reunindo todas estas pessoas. Certo, em algumas situações, o contato pessoal continua sendo a melhor estratégia, mas existe um sem-número de reuniões que poderiam ser realizadas a distância sem nenhum prejuízo de qualidade, eficiência ou eficácia. Essa foi uma delas e só foi possível graças aos novos instrumentos.

Pelo correio eletrônico, hoje é possível manter um jornal semanal ou até diário e, além disso, interativo, já que o correio eletrônico permite resposta. E o melhor é que, pelo correio eletrônico, você pode ter a exata dimensão de quem leu e quando, o que implica um acompanhamento direto da receptividade do veículo.

Claro, há desvantagens, também. O correio eletrônico gera tanto informação quanto desinformação — principalmente com a disseminação do "responder para todos", quando uma simples sugestão de presente de aniversário para alguém se transforma em uma cadeia de respostas e comentários que envolve toda a empresa em uma discussão absolutamente ampla, geral e improdutiva. Um executivo, hoje, recebe mais de duzentos e-mails diários, em média. Dependendo dos filtros utilizados, até 60% disso são *spam*, malas-diretas, vírus capciosos, correntes... Pelo menos duas horas de seu tempo são dedicadas diariamente a ler, responder e limpar o lixo de sua caixa de entrada, o que exigirá de nossa parte cuidado e bom senso na utilização deste instrumento.

Pelo uso de vídeo, você consegue estar presente em diversos locais simultaneamente, evitando privilegiar uma ou outra unidade e passando exatamente a mesma mensagem em cada uma. Além disso, o inverso também é verdadeiro: diversas vezes já fizemos gravações de depoimentos, perguntas, reivindicações de empregados de diversos locais e os apresentamos à diretoria, gravando em seguida a resposta a cada uma das perguntas e retornando-as aos empregados. Tudo por um custo bastante acessível e com resultados extremamente positivos, já que consiste num sistema que atende e até supera a expectativa de *timing* do empregado.

Em suma, não basta ser proativo e transparente. É preciso também ser rápido, caso contrário você continuará sendo ultrapassado pela "rádio peão" e a "moça do café".

A CHEGADA

Muito bem, estamos chegando ao final da viagem. O barco atraca no cais, você enxuga a testa e dá um suspiro de alívio. Fora um ou outro contratempo, foi uma viagem proveitosa. Você até aprendeu que estibordo significa boreste e agora só precisa descobrir se o tal boreste é o lado esquerdo ou direito da embarcação. Enfim, chega, vamos nos despedir do imediato. É quando ele — mais rápido do que você — se vira e pergunta: "E agora, para onde vamos?".

Pois é, isso tudo é um processo, e por ser um processo, não tem fim. As pessoas de maneira geral vão se acostumando às novidades, tornando-se mais exigentes, mais sofisticadas. E você precisa estar sempre um passo à frente, gerando novas alternativas, buscando diferenciais, chamando a atenção de todos para tudo de importante que você tem a dizer.

Tudo bem, já ouvi esse suspiro arrancado do fundo da sua alma atormentada, mas não se preocupe. Essa busca de novos instrumentos, de progresso e desenvolvimento pode até ser divertida. Além do mais, você não precisa estar sozinho nessa pesquisa: além de interessante, pode ser vantajoso dividir essa preocupação com outros. Lembre-se de que estamos tratando de comunicação, um assunto em que, aparentemente, todo mundo é mestre, não é verdade?

De qualquer modo, algumas pistas podem ajudá-lo nesta atividade "sherloqueana". A primeira delas é *fique ligado no que acontece à sua volta*. O noticiário, a televisão, o parque onde você faz o seu *relax*, o seu vizinho, todos eles são grandes geradores de idéias, porque fazem você se acostumar a *perceber* coisas, e é isso que faz a diferença.

A partir do momento em que você começa a prestar atenção nas pessoas, você começa a descobrir suas motivações, seus interesses, seus desejos e expectativas. E a entendê-las melhor. Apenas lembre-se de que informação não é conhecimento, é matéria-prima. O uso da Internet, por exemplo, pode facilitar enormemente sua vida, mas não caia na tentação de considerá-la a panacéia universal: tal como o papel, a tela do computador também aceita tudo — não que existam de fato pessoas criando gatos em vidros, mas existem, sim, mentes doentias criando tudo isso e apresentando estas "pérolas" ao mundo.

Por isso, mantenha-se atento às pessoas. Preocupe-se com elas, saiba identificar suas ansiedades, desejos, motivações. É isso que vai permitir essa busca permanente de novos caminhos, porque a compreensão do outro é motivadora, criativa, estimulante.

Apenas lembre-se de que estibordo é à direita.

CAPÍTULO 17

A COMUNICAÇÃO NA ERA DO CONSUMIDOR

Vera de Mello Giangrande
In memoriam

Já a partir da década de 1920 as grandes empresas produtoras de bens de consumo, assim como as grandes cadeias de serviços, como lojas, hotéis e outras, sentiram a necessidade de criar uma interface com seus clientes, seja para orientá-los a melhor usufruírem dos serviços oferecidos, seja para mudar seus hábitos, educando-os no uso de produtos inovadores e até mesmo inéditos.

Esta necessidade aprofundou-se e multiplicou-se à medida que a indústria se desenvolveu, o turismo se implantou e os serviços se consolidaram. O crescimento demográfico e a melhora dos índices de longevidade, com um conseqüente aumento da idade média das pessoas, acrescidos da sua maior concentração nas áreas urbanas, criaram o crescimento da demanda.

Houve, assim, um momento no qual aquele que produzia o produto ou ofertava o serviço tornou-se o rei. Foi o grande momento da técnica, dos sistemas operacionais, do método.

Nesse contexto nos Estados Unidos, o grande impulsionador da vez e da defesa do consumidor foi, sem dúvida, Ralph Nader, que tornou-se célebre entre as décadas de 1960 e 1970 por sua postura publicamente agressiva no questionamento a serviços e à propaganda respectiva de cada um destes, levando à formação de códigos de ética e de conduta por parte de empresas e entidades, de um lado, e de legislação específica via atos do Congresso Americano, de outro.

No Brasil, a pouca oferta, com situação quase permanente de demanda reprimida, fez com que os primeiros movimentos organizados de defesa do consumidor só começassem a partir de 1982, surgindo no seio da sociedade civil. Por sua vez, a abertura política desembocou na discussão e na elaboração do Código de Defesa do Consumidor.

Tornou-se evidente que muitas empresas tomaram a iniciativa de abrir um canal com o consumidor por uma certa pressão pré-código. Contou também para essa decisão um paulatino amadurecimento do consumidor brasileiro em função da situação de inflação e recessão.

Mais recentemente, a abertura comercial do Brasil trazendo fartura de produtos — alguns de evidente superioridade em qualidade e preço aos similares nacionais — e, finalmente, a estabilidade econômica criaram uma situação de igualdade entre aquele que deseja um produto ou um serviço e aquele que o dispensa. Essa situação de igualdade levou as empresas brasileiras à descoberta do valor quanto à fidelidade de seu cliente-consumidor.

COM QUEM FALAMOS

As mudanças que vêm se processando no mundo, políticas e sociais, com as correntes migratórias dentro dos países e as imigratórias de país para país trazem problemas peculiares a cada situação. Nas comunidades onde estão se processando complexas e difíceis transformações, encontramos a necessidade de uma identificação melhor de nossos interlocutores.

Com quem estamos falando? Qual sua cultura? Como decodifica nossas mensagens? Não basta que construamos adequadamente a estratégia da abordagem, a mensagem em si, e que busquemos os canais para transmiti-la. Hoje, o sucesso estará com as empresas que buscarão uma interação com seus públicos, medindo o entendimento e a aceitação de suas atitudes passo a passo. Para isto e por isto essa postura moderna de abertura de canais facilitadores e dinamizadores do *feedback*.

A compreensão das demandas, expectativas e necessidades nos vários níveis sociais dos seus públicos valorizou a segmentação, o tipo de abordagem e a linguagem utilizada, desembocando na necessidade de uma verdadeira interação com eles.

Um bom nível de interação obtido pela empresa com seus públicos vem sendo apontado pelos técnicos em gestão como um dos ingredientes do sucesso e permanência dessa empresa.

E é neste contexto, de uma busca de interação com seus vários públicos, que deve ser implantado o serviço de atendimento ou assistência ao cliente. A empresa precisa estar toda envolvida nesta direção, sem o que esse serviço estará fadado a um desempenho não só medíocre como — pior ainda — muitas vezes até negativo.

BASES NECESSÁRIAS

A colocação clara e didaticamente transmitida a *todos* os escalões da empresa, de sua missão, filosofia e de seus objetivos, a definição igualmente nítida e bem divulgada e sua atitude frente a cada um de seus públicos e o conhecimento preciso do que se espera de cada um de seus integrantes são as chaves saudáveis para que esses postos avançados de comunicação e interação com o cliente-consumidor realmente cumpram seu papel.

Parece simples, mas esta é exatamente a fase mais difícil e complicada de todo o processo, pois trata-se de mudança de cultura organizacional e de mudança de atitudes.

Para obter essa mudança, a empresa deve atacar três eixos, o que não deve vir em etapas, mas paralelamente para agilizar o processo. O primeiro eixo é a conscientização de *todos* os integrantes da empresa. Isso deve vir de cima para baixo na colocação de todos como usuários de seus próprios serviços ou consumidores de seus próprios produtos. O estabelecimento de busca pelo erro zero é o segundo, numa consciência de que não basta errar menos — é preciso não errar. Aqui é imprescindível estabelecer metas e objetivos quantificáveis e facilmente compreendidos. O terceiro eixo é a sistematização, em que a empresa se prepara não só para oferecer o melhor, como também para dar suporte à área que faz o atendimento. A responsabilidade da empresa é irradiar soluções sem improvisar ou o isolamento desse serviço.

AS VÁRIAS CENTRAIS DE ATENDIMENTO

Numa análise das várias centrais existentes no mercado, podemos encontrar três tipos:

Defensiva

Seu objetivo é atender reclamações. Tem postura defensiva e atitude passiva. Aceita, atende e resolve reclamações, no todo ou parcialmente. Muito preocupada com o reclamante que *não* tem razão.

Ativa

Objetiva o controle de qualidade do produto ou serviço. Geralmente tem uma postura intermediária e atitude reativa. Aceita, atende e resolve a reclamação. Transmite informações padronizadas e periódicas para várias áreas da empresa, fornece *database* para o *marketing* e gera relatórios estatísticos. Muito preocupada com seus sistemas informativos.

Interativa

Objetiva a fidelização do consumidor ou usuário, sem postura agressiva e com atitude proativa. Aceita, atende e motiva outras áreas a resolverem a reclamação, consolidando a interface do cliente com elas. Levanta opiniões e expectativas. Fornece informações rápidas e informais para reverter possíveis quadros de atrito, relatórios periódicos com conteúdo estatístico e qualitativo a todas as áreas de decisão da empresa bem como aos responsáveis pela interface com o cliente. Fornece *database* para o *marketing*. Participa da vida da empresa, muitas vezes fazendo sugestões ou trazendo recomendações. Busca a fidelização do cliente. Seu lema é: o cliente sempre tem razão.

É claro que este último modelo é o que será mais produtivo para a empresa. Mas para que ele exista e funcione adequadamente, é imprescindível que *todos na empresa tenham que estar convencidos, envolvidos e motivados para satisfazer as expectativas do cliente.*

MONTANDO UMA CENTRAL

Basicamente, uma central de atendimento repousa em quatro pilares:

Um bom sistema de telefonia

O ideal é um sistema moderno que permita a distribuição das chamadas pelas atendentes, liberando o número do serviço, para que raramente este número dê ocupado.

Um bom método de atuação

Ter claramente delineados os passos a serem seguidos no atendimento. Quais áreas acionar para a solução do problema apontado ou para a satisfação do desejo expresso pelo cliente-consumidor. Quais as soluções preconizadas pela central e como levar as demais áreas envolvidas a aceitá-las. Como atender às várias personalidades ou estado do manifestante — agressivo, desconfiado, racional e emocional — bem como aos tipos de manifestações — normais, urgentes e ameaçadoras à confiabilidade da empresa. Como fechar os casos e registrá-los para o melhor aproveitamento dos dados de cada um.

Um bom apoio da informática

Bom *hardware* e principalmente um *software* que gere informações reais cobrindo os vários aspectos do atendimento e seus usuários.

Uma boa equipe

Uma equipe interessada, coesa e polivalente para que, em momentos de pico, não haja elementos sacrificados com excesso de serviço ou — pior — o não-atendimento de clientes com congestionamento em alguma etapa.

POR QUE O *OMBUDSMAN*?

A empresa ou entidade opta pela instituição do *ombudsman* em complementação ou no lugar dos serviços de atendimento, quando deseja não apenas o canal de comunicação mas quer conferir personalidade e dar autoridade a este canal.

Esta solução objetiva a alta administração da empresa ou entidade consciente das preocupações, das necessidades e das expectativas dos usuários ou consumidores. E, mais, ajudará a promover uma mudança de cultura em toda a gestão — funcionando como um catalisador de idéias para gerar ações, que redundarão no aumento dos padrões de qualidade e nas inovações destinadas à plena satisfação do cliente consumidor-usuário. Por fim, esta opção obedece ao desejo de reforçar a credibilidade da empresa, a disseminar seus padrões éticos.

Para desempenhar este papel é conferida ao *ombudsman* grande independência, autoridade para acionar os mecanismos necessários e liberdade para atuar como um crítico interno da organização. É colocada à disposição do *ombudsman* a estrutura necessária para a execução de suas tarefas.

Deve ser característica dessa instituição a agilidade, para o que é necessário evitar a burocratização na execução das tarefas e contar com o auxílio da informática, não apenas armazenando, processando e cruzando informações, como ainda — caso os microcomputadores estejam em rede — transmitindo informações no próprio momento em que elas são geradas. O trabalho é completado com a participação do *ombudsman* na vida da empresa, a emissão de relatórios, cartas e outros documentos.

O QUE É *OMBUDSMAN*?

O instituto do *ombudsman* é, acima de tudo, um instrumento a ser utilizado para despertar a cidadania, desenvolvendo não apenas a noção dos direitos, mas também transformando as pessoas de sujeitos para protagonistas.

Assim como o conhecemos hoje — ele teve sua origem na Suécia em 1808, a partir de onde ganhou contornos segmentados, alcançando também empresas. O primeiro *ombudsman* foi o do Parlamento sueco, o qual devia ser provido por ele com meios de controle da observância das leis e do seu cumprimento por todos os juízes e servidores civis.

Originalmente, suas atividades dirigiam-se para as cortes e a polícia, mas, com o crescimento da burocracia no século XX, seu foco foi se direcionando para outras áreas. Em 1915, criou-se o *ombudsman* de assuntos militares, seguido pelo das cortes, polícias e prisões e, em 1974, pelo de assuntos administrativos, como taxação e ações civis em geral.

Assim, há na Suécia quatro *ombudsmen* eleitos pelo Parlamento para um mandato de quatro anos. Um deles é o chefe administrativo, o qual é responsável pela administração do escritório e decide a orientação geral de suas atividades. Em complementação, há três *ombudsmen* indicados pelo governo: *o dos consumidores*, de 1971; *o das oportunidades iguais*, de 1980, e o *contra a discriminação étnica*. Além disso, existe, em caráter não-governamental, *o da imprensa*.

O sistema autodisciplinatório da imprensa sueca não é baseado na legislação. Ele é inteiramente voluntário e financiado pelas três organizações de imprensa: o Clube Nacional da Imprensa, o Sindicato dos Jornalistas e a Associação dos Editores de Jornais. O sistema fundou em 1916 a Corte de Honra ou Conselho de Imprensa Sueco, o mais antigo tribunal deste tipo no mundo. Como decorrência e com um voto deste tribunal, foi criado o *ombudsman* da imprensa em 1969.

A instituição dos *ombudsmen* suecos tornou-se modelo para outros países escandinavos, assim como para outras regiões do mundo, mas tomou cerca de um século para que este modelo se difundisse. Seu impulso maior, no entanto, ocorreu em conseqüência da ênfase dada pela Organização das Nações Unidas, fundada em 1945, com respeito aos direitos humanos.

Para promover a idéia do *ombudsman* ao mundo, a Assembléia Geral das Nações Unidas vem adotando resoluções a cada ano, recomendando aos países membros que estabeleçam — com prioridade e urgência — entidades locais, particularmente comissões de direitos humanos e instituições de *ombudsman* para a mesma finalidade.

O papel do *ombudsman* é claramente definido como o de solucionador de disputas entre pessoas e instituições ou entre as próprias pessoas, via mediação, negociação ou procedimentos de conciliação, evitando, portanto, procedimentos prolongados, gasto de tempo e de numerário e a desmoralização via ações de litígio nas cortes.

As características principais são a aceitação imediata da queixa ou denúncia, a aferição de sua procedência e o atendimento imediato, com agilidade e o mínimo de burocracia possível.

OMBUDSMAN NO PÃO DE AÇÚCAR[1]

O conceito de *ombudsman* no Grupo Pão de Açúcar evoluiu para a central de relacionamento: Casa do Cliente, organização com estrutura dimensionada para o relacionamento com o Cliente CBD, ancorada nos mesmos pilares do conceito de *ombudsman,* ou seja eficiência, representatividade e autonomia, favorecendo a prática de um varejo responsável.

Com subordinação direta ao presidente da companhia, conduz o relacionamento com cerca de 60 mil clientes por mês, que contatam a central de relacionamento Casa do Cliente em busca de algum esclarecimento, ou registro de sua insatisfação, seu elogio ou sugestão.

As equipes de atendimento são distintas para cada unidade de negócio da empresa — Pão de Açúcar, Extra, Compre Bem e Sendas — e, assim, tornam-se cada vez mais diferenciadas e eficientes na tarefa de representar a companhia perante o cliente e vice-versa. Seja por telefone, *e-mail*, *chat* ou pessoalmente, o cliente, sete dias por semana, acessa a organização CBD e tem uma interface satisfatória de relacionamento.

Os programas de reuniões em lojas com os consumidores e registros de manifestações no ponto-de-venda por meio das caixas de sugestões também são oferecidos.

O conjunto de manifestações é disseminado pela organização, de forma a contribuir para o encontro dos ajustes necessários para a satisfação completa do cliente.

1. Os dados sobre o Grupo Pão de Açúcar, publicados na primeira edição em 1997, foram atualizados por Cláudia Pirani, vinculada a essa empresa.

CAPÍTULO 18

RELAÇÕES COM A MÍDIA

Heloiza Helena Gomes Matos
Professora da pós-graduação da Cásper Líbero e da ECA/USP

Na atualidade, as atividades de relações públicas vêm indicando a crescente demanda de profissionais de comunicação com sólida formação teórica e prática, atentos para as mudanças no mercado da mídia, reflexo das transformações econômicas, tecnológicas, sociais e políticas do último decênio.

E o profissional de relações públicas, como comunicador estratégico, precisa estar preparado para atuar diante dessa nova realidade, isto é, movimentar-se com desenvoltura nas áreas de *marketing*, comunicação institucional e relações com a imprensa, além de possuir conhecimento da área do negócio na qual se insere a empresa. Referimo-nos à necessidade da formação de um profissional capaz de desempenhar funções de comunicação integrada, articulado com as demandas do mercado e dos públicos.

O QUE SÃO OS MEIOS DE COMUNICAÇÃO?

Uma abordagem sociocultural dos meios de comunicação permite pensá-los como um somatório de *savoir-faire* (comunicar, vender, distribuir e ensinar) e *savoir-être* (estar inserido na vida cotidiana, estar antenado com as pessoas, atento a seus movimentos e às suas necessidades) (Soubeyrand, 1991).

Com o desenvolvimento dos meios de comunicação e a crescente segmentação dos produtos, forma-se, no mercado, um público seletivo por necessidade e exigente por propensão, que se entrega a um permanente *zapping*, saltando de um programa a outro, de um conteúdo a outro.

Isso significa que cada veículo de comunicação precisa mobilizar sua capacidade de sedução e compatibilidade com os desejos do público, otimizando os recursos investidos. Assim, reconhecendo que os meios de comunicação deixaram de ser considerados apenas como vetores de informação e formadores de opinião, impõe-se uma mudança nos critérios de ocupação do espaço jornalístico.

São eles espaços que veiculam o saber-fazer e o saber-estar, ou seja, temas que ancoram informações do cotidiano, do modo de ser e estar do público, e ainda de públicos segmentados com interesses diversificados.

Por parte dos meios de comunicação redobra-se o cuidado com o agendamento, segundo a política editorial do veículo, isto é, a definição do que, como e onde inserir a notícia.

Exemplificando: Que tratamento será dado a uma informação empresarial? O enfoque é econômico ou institucional? Qual é a abrangência do tema? Local? Nacional? Tais definições podem alterar completamente a natureza e o tratamento da notícia. Nos últimos anos, a inserção dos meios de comunicação no mercado nacional, e depois global, transformou sensivelmente as relações entre os jornalistas, as empresas, o poder público, as associações, os movimentos sociais, o terceiro setor, representados por seus assessores de comunicação.

Por parte da mídia, os critérios de agendamento do que é noticiável cada vez mais atendem ao mercado e funcionam segundo as regras da velocidade propiciada pela tecnologia. A mídia transformou-se num campo de batalha para as organizações empresariais e públicas, cada qual buscando dar visibilidade aos seus dirigentes, às suas atividades e projetos e aos serviços que prestam à comunidade.

Os grupos de pressão, organizados permanentemente ou não, agora se estruturam não só para pressionar os centros de decisão; a luta maior é para dar visibilidade às suas reivindicações na mídia. Isso indica que os centros de decisão estão se deslocando gradativamente para o espaço da mídia.

NOVAS FUNÇÕES DO PROFISSIONAL DE RELAÇÕES PÚBLICAS NAS ORGANIZAÇÕES

Merton Fiur, tentando antecipar algumas mudanças que poderiam afetar as empresas e os profissionais no século XXI, definiu como função do relações públicas "a responsabilidade gerencial de esboçar e implementar programas de mediação entre interesses sociais, políticos e econômicos, capazes de influenciar o crescimento e a sobrevivência da organização" (Fiur, 1988).

Entendido dessa maneira, o profissional de relações públicas, quando envolvido nas relações com a mídia, encontra-se cada vez mais próximo do posicionamento estratégico da organização. Assim suas funções se ampliam além dos relacionamentos fragmentados com os vários públicos, os quais são determinados pelas atividades da organização e pelas áreas-problema nela existentes.

Os profissionais de relações públicas preocupam-se em acompanhar as percepções dos formadores de opinião, ou seja, a imprensa, os parlamentares, os membros do governo e os consumidores e cidadãos; estes últimos, cada vez mais organizados em associações em defesa de seus direitos.

Em sentido amplo, o profissional de relações públicas assume a função de coordenação estratégica de todas as mensagens que refletem a organização, atividades de gerenciamento da identidade e imagem corporativa, de produção de mensagens institucionais e de relações com os meios de comunicação.

As atividades acima mencionadas parecem se enquadrar no modelo proposto por Simões, quando identifica o enfoque comunicacional de relações públicas. Ele propõe a prática da atividade "como uma especialização do jornalismo, implicando em informar a mídia sobre a organização, buscando espaço nos veículos e também gerando instrumentos para informar o público urbano" (Simões, 1991).

As grandes transformações que estão ocorrendo nos últimos anos, especialmente as econômicas e tecnológicas, estão levando as organizações a redefinirem suas identidades, marcas e valores, articulando-os com seus públicos de interesse. De outra parte, a mídia também vem sofrendo grandes mudanças, adquirindo novas funções e tarefas na produção e distribuição das notícias. Daí a necessidade dos profissionais de relações públicas reverem suas habilidades comunicativas para relacionarem-se com as novas mídias e seus produtos e públicos.

Como estamos nos referindo a comunicações estratégicas, entendemos como função do assessor de relações com a imprensa o desenvolvimento das seguintes atividades:

APURAR A INFORMAÇÃO A SER DIVULGADA

Essa atividade supõe que o assessor de comunicação tenha uma posição estratégica no organograma da organização, que lhe permita ter acesso às informações que oferecem potencial de noticiabilidade. Acesso à informação significa também acesso às fontes da empresa.

Depoimentos colhidos por Paul Winner (1991) sobre a necessidade de apoio da organização à função do profissional de relações públicas enfatizam a necessidade de este participar das reuniões do conselho de administração, pois sem estar informado não tem condições para se comunicar com seus públicos. "E se [ele] não estiver envolvido no nível executivo sênior então a empresa pretende um funcionário que execute ordens e não um profissional de relações públicas."

Como tratar a informação? Antes de tudo, é preciso administrar sua distribuição dentro e fora da organização.

No que diz respeito aos meios de comunicação, o profissional de relações públicas geralmente quer ser *matéria*, esquecendo-se de que pode e deve ser também *fonte*. Não se tem construído uma prática nesse sentido. Insiste-se em medir sua *performance* com os meios de comunicação pelo número de matérias que consegue veicular. Ele pode se tornar uma fonte credível à qual o jornalista recorre sempre que os interesses da organização ou do setor em que ela se insere estiverem em jogo.

GERAR INFORMAÇÃO COMPETENTE

Para que as empresas atuem com eficiência no universo dos meios de comunicação, precisam obedecer a dois princípios básicos: ter informação e conhecer os meios adequados para divulgá-la.

Isso implica a capacidade de pautar antes de produzir o *release* ou qualquer outra peça informativa. Pautar é construir uma argumentação sólida para a informação que se quer divulgar. Articular informações "quentes", ouvir fontes, oferecer dados que refutem as argumentações.

O *press release*, sem um gancho jornalístico, por mais bem cuidado que seja, do ponto de vista da linguagem, é "morno" e geralmente alcança apenas o espaço de notas e não o preferencial.

Na função de mediadores, relações públicas, jornalistas e pessoal de *marketing* não podem ignorar a importância da comunicação com a imprensa, seus profissionais e as ferramentas de comunicação utilizadas para otimizar a relação.

Pauteiros e editores reunidos num seminário organizado pela Souza Cruz, em 2002, manifestaram sobre o destino dos *releases* recebidos: na média dos quinhentos *e-mails* diários recebidos, busca-se, em primeiro lugar, o fato que gerou a notícia e, muitas vezes, eles estão no último parágrafo ou em nenhum lugar. Quem escreve a primeira história é o assessor, e, se ela não está bem contada, lá se vai a oportunidade de noticiá-la, com ou sem destaque.

Outros jornalistas destacaram a importância de o assessor conhecer a empresa para a qual trabalha. O primeiro contato do jornalista com a organização se dá por meio do assessor. Portanto, se ele demonstra desconhecer a informação que quer vender, é natural que o jornalista queira falar com os executivos da empresa, sem a intermediação do assessor.

Tudo bem, o jornal precisa de informação de interesse do público. Ou seja, uma história com fato, personagem e com conteúdo atrativo para o leitor.

SEGMENTAR A INFORMAÇÃO

Um passo complementar para a preparação da notícia é a organização de um *mailing list*, ou seja, um mapeamento dos profissionais em seus diferentes veículos, especificando sua função dentro da redação. Um pauteiro pode não ser um chefe de reportagem: um produtor de televisão ou rádio não decide o que será veiculado. O editor, sim, edita, escolhe o que será publicado e onde, mas o *release* não deve ser direcionado para ele.

Inúmeras empresas e, mais recentemente, portais especializados (como o Comunique-se) oferecem vários produtos que podem facilitar e agregar valor ao trabalho do assessor de comunicação — não somente na clipagem impressa e eletrônica, mas em todas as etapas da produção e veiculação da notícia.

O envio de grande quantidade de *releases* para um mesmo veículo, em vez de garantir a publicação da notícia, só faz tumultuar o trabalho da imprensa e tornar questionável o conhecimento das rotinas produtivas do jornal por parte do assessor de comunicação.

Portanto, é preciso segmentar a informação a ser distribuída, levando em conta a adequação da notícia à editoria do veículo ou ao programa, no caso de televisão ou rádio. Outro aspecto a enfatizar é que um único *release* não dá conta da diferenciação entre os veículos. A pauta deve ser suficientemente rica para gerar vários *releases*.

DIVERSIFICAR AS INFORMAÇÕES

Até agora falamos de *releases* e pautas como instrumentos de informação. Porém, é preciso considerar a possibilidade de prestar informações de maneira ágil e competente quando a empresa é procurada pela imprensa, seja em situações rotineiras ou de crise.

O jornalista quer ser bem tratado pela assessoria de comunicação e também pela fonte. Mas o que o repórter quer de fato é a informação, de preferência exclusiva e bem fundamentada. Inverdades e auto-elogios normalmente são testados e recusados por ele. Lembre-se de que o jornalista não trabalha para a empresa que procurou para apurar as informações da matéria que está produzindo.

Em caso de crises, será preciso adotar os procedimentos de gerenciamento de crises: evitar impedir o fluxo de informação, por pior que ela possa parecer; nomear e treinar uma fonte e oferecer, com a maior rapidez possível, todas as informações disponíveis, demonstrando sentimentos pelas perdas humanas em primeiro lugar.

Quais são as possibilidades de divulgar informações especializadas? Normalmente, os relatórios anuais e balanços financeiros recebem tratamento específico. Os primeiros são publicações sofisticadas, dirigidas para acionistas e investidores reais e potenciais. Já os balanços são geralmente padronizados e publicados de forma pouco atrativa, dirigidos a público especializado. A década de 1990 veio consolidar o interesse nas notícias financeiras, acompanhado de um crescimento do jornalismo no setor.

O surgimento de índices de governança corporativa fez, também, com que as empresas adotassem novas estratégias de publicação de balanços. O diferencial não está na forma de apresentação, mas na estratégia de divulgação. Por ser um setor muito complexo, o jornalista da área precisa de tempo e informações complementares para uma interpretação adequada dos dados apresentados. E esse tempo é cada vez mais curto, segundo Pedro Cadina (2005).

ACOMPANHAR A PUBLICAÇÃO DA NOTÍCIA

É necessário que o assessor de comunicação exerça vigilância sobre a informação publicada pelas diferentes mídias.

O *clipping* passa a ser assim mais do que um instrumento para medir a *performance* do trabalho do assessor. Ele precisa estar habilitado para avaliar qualitativa e criticamente a notícia que foi publicada e também a que foi ignorada.

Compreendendo as formas e freqüências das notícias, o assessor de comunicação pode intuir imagens, valores, necessidades e expectativas dos diferentes públicos em relação ao papel da organização na sociedade onde se insere.

PREPARAR FONTES INSTITUCIONAIS

Cabe ao assessor estabelecer uma estrutura de fluxo de informação, bem como preparar as fontes que falarão pela empresa. Ao contrário do que ocorre numa crise, quando só um se expõe à mídia, no dia-a-dia múltiplas são as fontes institucionais de informação. É evidente que cada fonte tem uma atribuição específica, geralmente relacionada à sua capacitação técnica. Mas o que precisa ficar claro é que não há de fato monopólio da fala, nem mínima chance de controle do uso da informação por parte dos repórteres. Eles vão "reportar" o fato, segundo os critérios profissionais e do veículo, e não da empresa que cedeu a informação.

Diante dessa tripla impossibilidade de controle sobre o número e tipo de fontes, o conteúdo do que as fontes informam e o uso que dela fazem os jornalistas, resta aos assessores de comunicação trabalhar sobre a capacitação de quem fala. Aqui se alimentam mutuamente a política da organização e o processo de comunicação: a política estabelece o conteúdo do discurso institucional, o processo aponta quem será seu portador; mas a política deve prever o fluxo extra-oficial de informação, devendo considerar uma capacitação mais ampla de fontes mais diversificadas.

Uma política democrática de comunicação considera que a empresa não deve dizer, planejar ou praticar ato prejudicial ou reprovável, pela simples razão de que, primeiro, toda informação tem potencial para ser tornada pública e, segundo, certas notícias podem inviabilizar a empresa. A transparência como pressuposto é, antes, uma precaução pragmática. Num ambiente onde colaboradores são primeiramente cidadãos a captação de informação jornalística se disseminou, insistir em ocultar ou distorcer é por demais arriscado.

TREINAMENTO PARA RELAÇÕES COM A MÍDIA

Amplamente conhecido como *media training*, o treinamento que capacita fontes para o relacionamento com a mídia é uma das principais ferramentas à disposição do assessor. Seu escopo pode ser mais ou menos amplo, a depender do objetivo organizacional. Pode ser puramente preventivo ou estar relacionado a uma situação concreta. Há empresas que treinam seus executivos para uma possível e/ou remota eventualidade jornalística, outras o fazem porque esperam um embate para breve ou já se encontram em plena refrega. Em todos os casos, o treinamento deve ser um aliado da empresa e do assessor: quando os jornalistas chegarem, quem os receberá e como?

O *media training* parte do princípio de que a maior parte dos executivos das organizações vive alheia à realidade da mídia e de quem nela trabalha. Por isso, faz parte do treinamento introduzir as fontes no mundo da mídia — sua rotina, padrões, seus jornalistas e linha editorial dos veículos. E, claro, realizar exercícios práticos, simulando entrevistas e outros tipos de contatos. A questão primordial é: o assessor deve investir nos executivos-comunicadores da organização, profissionalizando-os. A forma de fazer isso é por meio de cursos e treinamentos. O treinamento para relações com a mídia (seja mais de cunho conceitual ou performático) é uma das possibilidades à disposição.

O atual profissional de relações públicas tem diante de si novas atribuições à medida que sua posição estratégica recoloca-se. Ao tempo que releva a informação (geração e fluxo), precisa voltar-se para o indivíduo (emissor, intermediário e receptor) da informação. Informação sem consumo efetivo ou potencial jamais será socializada, jamais será notícia. Mas esse novo assessor fará melhor se concentrar seus esforços no esclarecimento e na capacitação dos executivos envolvidos com a informação. Dispêndio de tempo e recursos com o fim de controlar a informação em si, ou seu uso, tende a ser cada vez mais improdutivo — ou simples desperdício. É preciso gerar, apurar, segmentar, diversificar a informação; mais ainda fazer entender quando, como e por quais caminhos uma informação pode/deve ser socializada, tornando-se notícia. E quando, como e por quais caminhos essa notícia impacta a instituição.

REFERÊNCIAS BIBLIOGRÁFICAS

CADINA, P. *Os balanços financeiros e sua cobertura na imprensa.* São Paulo: Gestcorp. Curso de Gestão Estratégica em Comunicação Organizacional e Relações Públicas (Pós-graduação *latu sensu*) ECA/USP, janeiro de 2005, monografia de conclusão de curso.

FIUR, M. Relações públicas diante do século XXI. Tradução de Heloiza Matos. In: HIEBERT, R. E. *Precision public relations.* Nova York: Logmann, 1988.

PLÁ DE LEÓN, M. L. S. *Empresa X imprensa: uma relação produtiva.* São Paulo: IOB, 1991.

NOGUEIRA, N. *Media training.* São Paulo: Cultura Ed. Associados, 1999.

PHILIPS DO BRASIL. MATOS, H.; NOBRE, G. (orgs.). *Manual da fonte.* São Paulo, 2003.

SIMÕES, R. P. *Relações públicas: funções políticas das organizações.* Porto Alegre: PUC-RS, 1991, mimeo.

SOUBEYRAND, D. L'approche socioculturelle, outil de connaissance des publics. In: CHARON, J. M. (org.). *L'état des médias.* Paris: La Découvert, 1991.

WINNER, P. *Gestão moderna das relações públicas.* Lisboa: CETOP, 1991, p. 19.

CAPÍTULO 19

RELAÇÕES PÚBLICAS NO GERENCIAMENTO DE CRISES

Waldomiro Carvas Junior
Fundador e presidente da GWA Comunicação Integrada

Existe sempre a crença de que problemas complicados perante a opinião pública só acontecem com empresas que não aquelas em que estamos trabalhando. Contudo, isso não é verdade. Toda empresa que participa do mercado competitivo está sujeita a ver seus produtos e/ou representantes e/ou sua marca envolvidos em exposições negativas.

Há que se ter sempre em mente que gerenciar e prevenir crises são duas faces de uma mesma moeda. Qualquer trabalho sério, consistente e profundo no sentido da prevenção acabará por conferir "segurança" à empresa em situações críticas.

Não há regras claras e definidas para administrar situações de crises. O que existe são referências básicas a serem seguidas para evitar ou minimizar os efeitos perversos da "publicidade" sobre fatos negativos ocorridos.

Nenhuma empresa está imune a crises. E dificilmente elas se repetem, fazendo de cada caso um problema específico, em que são necessários procedimentos particulares. O preparo para tais situações contribui para uma *performance* melhor no relacionamento com os vários públicos envolvidos e também para uma diminuição das possibilidades de ocorrência de problemas.

A atividade de relações públicas é de extrema importância para o enfrentamento de crises, pois é ela que deve assumir a responsabilidade pela coleta de informações e pela organização dos contatos com a imprensa e com os públicos de interesse.

O gerenciamento de crises, do ponto de vista da comunicação institucional, significa que:

- Não devem ser subestimadas mínimas situações de risco, pois um eficiente plano de administração de crises começa por um programa exaustivo que consiga evitá-las ou, pelo menos, reduzir a margem de ocorrência.
- Toda empresa deve procurar investir em uma política de segurança e de prevenção de problemas, seguindo uma linha consistente e abrangente, de modo a minimizar a possibilidade de surpresas.
- Todos os conceitos de qualidade devem ser praticados, permitindo que os mais diversos aspectos do trabalho cotidiano, desenvolvido por funcionários de todos os níveis, possam ser aprimorados por meio de ações efetivas de curto, médio e longo prazos.

Quanto maior a exposição de uma empresa e/ou de seus produtos, maior a necessidade de aderência a esses princípios.

Eventuais investimentos que se façam necessários, no sentido de prevenir situações que possam vir a gerar crises, como manutenção de equipamentos e/ou de instalações, programas de treinamento, campanhas motivacionais e de educação do público interno, controles de qualidade e revisão de procedimentos, entre outros, devem ser cuidadosamente planejados em consonância com os objetivos estratégicos de médio e longo prazos das empresas.

Deve-se ter sempre em mente que a prevenção é muito mais barata do que o reparo após a ocorrência de uma crise.

A EVOLUÇÃO DOS MEIOS DE COMUNICAÇÃO

É inegável a velocidade com que as informações trafegam, tanto por canais formais quanto informais. Especialmente quando se trata de temas polêmicos ou negativos.

A Internet e a telefonia celular com câmeras digitais, por exemplo, permitem que qualquer pessoa possa transmitir um fato acontecido em poucos segundos, mesmo que distante de grandes centros, para pessoas e redações.

Nenhuma empresa que valoriza sua marca e respeita seus *stakeholders* pode negligenciar esse fato. A rapidez e a consistência de sua resposta têm de estar em total sintonia com esta rapidez da informação. Qualquer segundo perdido sem que se consiga demonstrar perante a opinião pública um comportamento sério, responsável e efetivo pode significar o comprometimento, às vezes irreversível, da imagem da empresa e, conseqüentemente, causar um impacto negativo em seus negócios.

Para tanto, o ideal é que as empresas tenham planos básicos de ação para situações emergenciais, contemplando a clara identificação de um líder para o gerenciamento de uma crise, de um grupo multidisciplinar, pronto para levantar todas as informações e entender o cenário em que os fatos ocorreram, de um porta-voz que saiba transmitir com clareza e veracidade o que aconteceu e que medidas *já* foram tomadas.

Há aqui um outro ponto que merece ser destacado, qual seja o do melhor preparo de líderes comunitários, hoje cada vez mais bem articulados e informados. No caso de situações de crise, as comunidades do entorno devem ser tratadas de forma correta e transparente, pois o risco de que elas possam potencializar o ocorrido é crescente, ainda mais com a evolução da tecnologia de comunicação.

MEXER COM AS ESTRUTURAS

Toda empresa é um organismo vivo, um corpo composto por muitas partes, que vive em um determinado ambiente, o qual, ao longo do tempo, acaba moldando a forma de vida da empresa, o que pode ser chamado de cultura.

A comunicação interna e externa de uma empresa é um conjunto complexo de operações que ocorrem, consciente ou inconscientemente, a todo instante. Lidar com a cultura de uma empresa é usar a comunicação para mudar sua forma de ser e de interagir com o ambiente.

As transformações profundas ocorrem lentamente, mas são fundamentais. As metas imediatas ou de médio prazo devem guardar uma coerência com aquelas ligadas à missão básica da empresa. São elas que moldam a forma de a empresa lidar com seu ambiente (o público, a imprensa, a concorrência), mesmo que isso não seja percebido nitidamente pelos agentes desse processo.

As empresas, ao lançarem programas de administração de crises, devem estar conscientes de que poderão tocar em aspectos culturais às vezes profundamente arraigados, o que exigirá disposição e disponibilidade de membros de sua equipe para promover mudanças onde elas sejam necessárias.

A VERDADE, ACIMA DE TUDO

Cada um de nós já deve ter passado por situações em que pode constatar que as pessoas nos perdoam por um engano ou até por um erro assumido, mas dificilmente por uma mentira. Esta é a máxima que deve nortear todo o esforço de gerenciamento de uma crise.

Nessa economia de mercado em que vivemos, em que assistimos diariamente, e a todo momento, a inúmeras pessoas exercendo seu poder de voto em favor de marcas, quando tomam a decisão de comprar este ou aquele produto ou optam por ter o serviço A em detrimento do B, o comportamento ético e a preocupação legítima com as pessoas assumem caráter de extrema relevância. Esse procedimento é ainda mais importante quando há um quadro crítico, envolvendo imagem e impacto na opinião pública para ser gerenciado.

Marc Gobé, em seu recente livro *Citizen Brand,* ainda não lançado em português, mostra o que as pessoas esperam das empresas com as quais se relacionam, considerando a construção de uma relação sadia e duradoura. Entre os diversos itens, estão:

- transparência;
- comportamento ético;
- esperança e sinais positivos para o futuro, especialmente em situações difíceis;
- respeito às pessoas e à privacidade de cada uma delas.

Fica evidente, portanto, que nenhuma empresa séria, comprometida com seus valores e com seus públicos de interesse, pode negligenciar essas questões, devendo atuar de forma clara e honesta, especialmente em momentos de crise. Esse tipo de comportamento será muito valorizado e ajudará a empresa a superar a fase aguda do processo em referência.

PLANO BÁSICO DE AÇÃO

Embora não haja uma receita para se administrar crises, uma vez que elas normalmente acontecem sem aviso prévio e dificilmente se repetem, existem alguns pontos que valem para qualquer empresa.

Prever e identificar possíveis problemas

Antecipar-se aos fatos é o grande segredo de um eficiente programa de administração de crises. Para tanto, é fundamental o estudo de problemas mais comuns, mais recentes e até de alguns ocorridos, no Brasil ou no exterior, em empresas de atividades semelhantes.

Dispor de interlocutores competentes

O porta-voz deve ser uma pessoa bem preparada para enfrentar jornalistas ávidos de informação e poder responder a perguntas ácidas e contundentes. A imagem da empresa depende muito dele, sobretudo em situações críticas.

Viabilizar ações rápidas

A objetividade e a eficiência na implementação das ações necessárias aumentam as possibilidades de que os períodos críticos sejam superados com menos problemas e menores danos à imagem.

Realizar simulações

Com base em experiências vividas ou em situações passíveis de acontecer, devem ser realizados treinamentos constantes, envolvendo todas as áreas, de modo que possam ser aprimorados procedimentos, reduzidas as margens de ocorrência de problemas e melhorados os tempos de resposta em situações críticas.

COMO ENFRENTAR UMA CRISE

Não há regras claras e definidas para administrar situações de crise. Nenhuma empresa, grande ou pequena, está livre de se ver exposta na mídia em situações desagradáveis.

O trabalho preventivo, como enfatizado acima, deve ser absolutamente privilegiado. Esta preparação, sempre desenvolvida sobre o pior cenário, deve permitir não só uma melhor *performance* em casos críticos mas, sobretudo, contribuir para uma diminuição das possibilidades de ocorrência de problemas.

O profissional de relações públicas deve coordenar um grupo multidisciplinar durante períodos de crise, o qual deve contar com total apoio da direção da empresa, buscando atingir os seguintes objetivos:

- Propor, planejar e coordenar a aplicação de ações de caráter preventivo e estabelecer uma sistemática de trabalho voltada para a prevenção, identificando focos de riscos e/ou de problemas e atacando-os por todos os ângulos: aspectos técnicos, educacionais, motivacionais etc. Como se verá, a maior parte dos problemas e das soluções está dentro da própria empresa e ao alcance da equipe de colaboradores. Eventualmente, as respostas a algumas situações dependerão de decisões da direção da empresa ou de gestões junto a terceiros (sejam eles os clientes, prestadores de serviço ou instituições públicas).

- Nas crises, responder pelo gerenciamento e funcionar como assessoria da alta gerência na tomada de decisões, visando minimizar ou, sempre que possível, evitar prejuízos à imagem institucional da empresa. Durante situações críticas, essa equipe deverá estar preparada para responder, com agilidade e alto grau de acerto, às inúmeras questões pertinentes ao contexto da crise.

Esse grupo deverá ainda propor e executar programas de apoio às políticas preventivas de crises, sejam elas afeitas às áreas de produção, comercialização, distribuição ou às de segurança, recursos humanos, relações públicas ou qualquer outra.

A criação do grupo justifica-se pela necessidade de foco no problema ocorrido. Portanto, destacar algumas pessoas e tirá-las do dia-a-dia permitirá maior atenção e controle da situação. É recomendável que sua coordenação fique a cargo de um profissional de relações públicas externo à empresa, pois, desta forma, haverá condições ideais para se desencadear as ações necessárias sem o envolvimento emocional. O pragmatismo deve prevalecer nessas horas.

O CONTROLE DAS EMOÇÕES

Sempre que acontece uma crise e que a mídia vem buscar informações, cada microfone, cada gravador, cada jornalista está querendo captar algum tipo de emoção, que deve se refletir numa boa matéria para ajudar a vender jornais e revistas e a aumentar níveis de audiência.

O porta-voz deve proteger a si e a sua empresa. As respostas devem ser dadas de modo calmo e inteligível.

O local para a concessão de entrevistas deve ser bem situado e oferecer condições ideais de recepção, como café, água e ar-condicionado. Os profissionais da imprensa não devem ter quaisquer motivos para "complicar" ainda mais o quadro.

Deve ser também considerado que a existência de determinados quadros ou placas de sinalização pode comprometer a qualidade da entrevista ou, até mesmo, chocar-se com o momento vivido.

Ao transmitir os fatos, o porta-voz deve estar bem preparado e munido de todas as informações de que necessita. Isso reflete segurança e domínio da situação e irá contribuir para a qualidade das matérias geradas.

O controle das emoções é facilitado pela preparação e organização do grupo de apoio. Cada membro deve ter funções definidas para agir em situações críticas, permitindo que o porta-voz possa enfrentar a opinião pública com as informações mais completas possíveis.

O FLUXO DE INFORMAÇÕES

Ter informações corretas e disponíveis no tempo adequado é muito importante para enfrentar um quadro de crise.

A crise não avisa quando vai começar e não tem data para terminar. Enquanto durar, o grupo de trabalho deverá manter-se ligado de forma eficiente e complementar, formando um conjunto disciplinado, hábil e polivalente, no qual cada um conhece exatamente o seu papel e o cumpre com alto padrão de excelência, além de estar pronto para suprir eventuais lacunas.

Todas as informações, à medida que forem surgindo, devem fluir para os diversos públicos envolvidos na crise: além da imprensa, devem ser abastecidos com tais informações funcionários, clientes, fornecedores e parceiros.

Não deve ser esquecido que a opinião pública também é municiada pela comunicação informal, pelos boatos, pelo boca-a-boca, o que evidencia a importância de se trabalhar outros segmentos formadores de opinião, permitindo que haja maior convergência nas teses apresentadas e que a versão não se torne mais importante que o fato em si.

A maior fonte de boatos é a falta de informações ou a obstrução em seus fluxos. Em meio à crise, o risco de menosprezar a comunicação é grande e pode representar estragos consideráveis para a imagem da organização.

MEDIDAS PRÁTICAS

De caráter básico

- Manter atualizada uma lista de nomes e telefones de todos os membros do grupo de trabalho, com instruções claras dos primeiros passos a serem dados.
- Fazer com que todos os funcionários tenham sempre à mão essa lista e as instruções de uso, especialmente enquanto estiverem em seus postos de trabalho.
- Definir uma sala de imprensa ou um local de uso múltiplo para atender a essa finalidade, que conte com linhas telefônicas e material de suporte para permitir ao jornalista exercer adequadamente suas funções.
- Dependendo das características de atividade das empresas, deve ser oferecido um crachá de imprensa, que dará direito de circulação somente em determinadas

áreas, de modo a não comprometer a integridade física desses profissionais ou interferir em ações de reparos.

- Deve ser feito todo o possível para que todas as informações, de modo rápido e preciso, cheguem ao grupo de trabalho.
- Bom senso, velocidade e precisão nesses primeiros momentos são determinantes para o sucesso no gerenciamento de uma crise.

DIANTE DE UMA CRISE

- Manter todo o contato com a imprensa, seja pessoal ou via telefone, restrito exclusivamente ao(s) porta-voz(es).
- Instruir o pessoal de atendimento telefônico e de contato com o público para filtrar e direcionar ligações de jornalistas para a coordenação da equipe de ação.
- Fazer todos os esforços no sentido de que o incidente não adquira proporções para se tornar alvo da imprensa, ao menos até que todos os dados sejam de conhecimento da equipe de ação e que as primeiras providências tenham sido tomadas.
- Reunir rapidamente o grupo de trabalho, para compartilhar as informações disponíveis, avaliar a gravidade do incidente e dividir as tarefas de primeiro momento, visando manter controle sobre a situação.

Administração de informações negativas

Embora cada crise seja única, há determinadas táticas que devem ser implementadas na maioria dos casos.

- É fundamental que não se enfrente a imprensa demonstrando despreparo ou, o que é pior, desinteresse pelo problema.
- O porta-voz deve estar preparado para as perguntas da imprensa. Não há perguntas indiscretas. Em situações de crise, elas tendem a ser muito mais ácidas e contundentes.
- O porta-voz deve responder às perguntas de forma pausada, valendo-se de dados consistentes e bem estruturados, com tempo disponível e em instalações adequadas, de modo a minimizar os efeitos perversos dessas situações.
- Como aconteceu? Onde aconteceu? Por que aconteceu? Essas e muitas outras questões precisam ser respondidas ou, ao menos, bem explicadas.

- Se a imprensa já está acompanhando os acontecimentos, deve ser "falado tudo e rapidamente". Principalmente com relação aos momentos de crises, torna-se adequado atender a imprensa sem grande demora e passar todas as informações disponíveis e possíveis. É a única forma de evitar que versões e boatos ocupem espaço no noticiário.
- Tudo aquilo que deixar de ser dito diretamente pela empresa poderá representar risco de perda do controle, pois é ela que deve ser a primeira a informar, evitando, assim, passar todo o tempo da crise reagindo a provocações, desmentindo versões ou tentando explicar o inexplicável.
- Se algum dado não estiver disponível, por qualquer motivo que não a negligência em coletá-lo, a imprensa deve saber. A sinceridade é percebida pelos jornalistas e, caso haja entrevistas para televisão, ela também é notada pelo público telespectador.
- No caso de situações de longa duração, quando os fatos estão sendo apurados e eventuais vítimas estejam em lento processo de recuperação, pode ser avaliada a conveniência da emissão de comunicados periódicos informando o *status*. Especialmente nesses casos, a manutenção de boas relações com familiares das vítimas e autoridades, e a atenção para manter o público interno bem informado são elementos importantes no gerenciamento da crise.

Entrevistas

- Durante entrevistas coletivas, deve-se responder às perguntas com transparência e objetividade, buscando transmitir confiabilidade aos jornalistas. Isso exige trabalho prévio de preparação.
- Filmagens e fotos devem ser permitidos, a não ser quando puderem atrapalhar serviços de primeiros socorros ou resgate.
- Sobretudo em situações de crise, o relacionamento com a imprensa deve ser extremamente profissional. O objetivo do jornalista é coletar fatos e sua responsabilidade final é com seus leitores. Portanto, tudo aquilo que um bom jornalista consegue de informação, seja lá de que modo foi conseguido, pertence em primeiro lugar ao leitor.
- Não deixe documentos sobre a mesa. Sempre que for concedida uma entrevista, exclusiva ou coletiva, deve-se manter longe do alcance do jornalista documentos que possam ser lidos sem autorização e que permitam tirar conclusões diferentes, mesmo que incorretas, sobre a situação. Corrigir um erro de uma matéria no dia seguinte é, simplesmente, pôr mais lenha na fogueira.

FINALMENTE

Três perguntas devem ser feitas constantemente e o acerto nas respostas pode significar pequenas vitórias no dia-a-dia da administração da crise. São elas:

- Há questões ainda não respondidas?
- Qual será a evolução do caso?
- Há novas peças que poderão se juntar ao quebra-cabeça?

Não se pode pretender enganar ou passar informações incompletas ou infundadas para a imprensa ou para os públicos de interesse da empresa. A omissão nas respostas também é um fator negativo. A empresa não é a única fonte de informação. Daí, dados incorretos ou inverídicos serão descobertos e criarão complicadores para a crise já instalada.

Respostas lacônicas, como o típico "sem comentários" ou um silêncio meio misterioso no lugar da resposta a uma pergunta podem induzir a várias especulações, levando à perda do controle da situação. Uma vez perdida a confiança, reconquistá-la durante uma crise é tarefa quase impossível.

A melhor estratégia é estar bem preparado para lidar com a verdade dos fatos e estar seguro de que:

- Previamente, a empresa fez tudo o que estava a seu alcance para evitar o incidente (não houve descaso, negligência ou má administração). Na medida do possível, essa postura deve ser comprovada mediante dados concretos.
- O porta-voz está preparado para informar corretamente e seus posicionamentos estão respaldados pela direção da empresa.

Quem já enfrentou uma crise pode testemunhar quanto aprendizado elas guardam e quantas coisas seriam feitas de outra forma caso se contasse com uma experiência anterior.

Realizar simulações é fundamental, pois elas permitem vivenciar o ambiente de uma crise com todos os seus componentes lógicos e emocionais, com a vantagem de se poder errar.

Numa crise, sob o ponto de vista do público, num primeiro momento, qualquer empresa será sempre posta na condição de culpada. Reverter esta percepção passa, necessariamente, por oferecer "a melhor" informação possível.

É fundamental, em qualquer circunstância, que se consiga transmitir domínio sobre a situação, sensibilidade para o momento e preocupação com o apoio pessoal aos envolvidos e seus familiares.

CAPÍTULO 20

RELAÇÕES PÚBLICAS COM COMUNIDADES: IMPORTÂNCIA E PROGRAMAS DE AÇÃO

Construindo novas bases de convivência entre empresas e comunidades

Ana Luisa de Castro Almeida
Professora doutora da Faculdade de Comunicação e Artes da PUC-MG

Maria Aparecida de Paula
Consultora e professora de Comunicação Empresarial

Este texto apresenta um panorama da evolução no relacionamento entre empresas e comunidades em Minas Gerais a partir das décadas de 1980 e 1990 e uma metodologia de planejamento e condução de programas de comunicação nessa área. O trabalho é ilustrado por duas experiências. A convivência de cinqüenta anos da Alcan Alumínio do Brasil com a cidade de Ouro Preto, em Minas Gerais, e um programa pioneiro de comunicação da Construtora Andrade Gutierrez com comunidades de obras urbanas no Brasil e no exterior. Pela perspectiva de longo prazo, essas duas experiências permanecem, na década de 2000, como referências dos elementos essenciais de um processo estratégico de comunicação com comunidades: intencionalidade, pautada na decisão política de informar e interagir, ação planejada, permanência e monitoramento.

Uma análise dos últimos vinte anos de relacionamento entre empresas e comunidades no Brasil permite constatar um indiscutível avanço. Até a década de 1980, esse processo era incipiente e fortemente marcado por respostas das empresas a reações de comunidades afetadas por operações industriais, ou por ações assistencialistas, decorrentes de uma herança de décadas de gestão autocrata e fechada e de postura paternalista.

A grande maioria das empresas se mantinha enclausurada e auto-suficiente, protegida por mais de vinte anos do processo de fechamento político iniciado no Brasil em 1964 e só revertido com a reorganização da sociedade brasileira a partir do final dos anos 1970, com os sindicatos e partidos políticos se mobilizando, a imprensa retomando seu papel na opinião pública e movimentos comunitários e ecológicos proliferando. Essa movimentação provocou uma verdadeira virada na relação dos grandes grupos empresariais com a sociedade no país. Os primeiros sinais nesse sentido foram identificados em Minas Gerais a partir de conflitos envolvendo comunidades afetadas por problemas ambientais causados pelas emissões decorrentes da produção de empresas na área industrial.

Essa foi a marca do relacionamento entre a fábrica da canadense Alcan Alumínio do Brasil com a comunidade de Ouro Preto, em Minas Gerais, até o final de 1970. Um caso único de convivência entre uma indústria de alumínio e um conjunto arquitetônico e artístico formado por obras bicentenárias do ciclo barroco. Minas Gerais é um estado minerador e abriga grande número de indústrias de base, com plantas industriais antigas, implantadas em época onde fumaça e torres eram indicadores de desenvolvimento. Entretanto, no final da década de 1970, reações e pressões de comunidades contra problemas ambientais ganharam vulto na imprensa e força de legislação em todo o país. É desse período a lei de proteção ambiental de Minas Gerais, reconhecida como das mais rigorosas do mundo, e um primeiro avanço no relacionamento entre empresas e comunidades no estado, com grandes grupos empresariais investindo no controle ambiental de suas operações e sendo pressionados por mobilizações comunitárias a adotar postura de abertura e diálogo.

A Alcan Alumínio do Brasil, por exemplo, equacionou os problemas ambientais da sua fábrica em Ouro Preto e restabeleceu o relacionamento com a comunidade local numa base de diálogo e prestação de contas, passando a ter combativas lideranças ambientalistas, antes críticas ferozes da empresa, como interlocutoras e parceiras em projetos ambientais. Um número expressivo de empresas caminhou na mesma direção, com resultados visíveis de investimentos em programas ambientais a partir do final da década de 1980.

TEMPO DE APROXIMAR

A movimentação da sociedade nos anos 1980 no país mudou também o curso do relacionamento de dois importantes segmentos com comunidades: o governo e as empresas de construção pesada. Uma obra da prefeitura de Belo Horizonte para construção do túnel da Lagoinha, no centro da capital mineira, entre 1984 e 1986, abriu um caminho sem volta nesta área, quando a Construtora Andrade Gutierrez viu-se pressionada a adotar medidas que minimizassem o impacto da construção na rotina da população e a dialogar com a comunidade.

Ao instalar o canteiro de obras, a construtora foi surpreendida por uma forte manifestação dos moradores de bairros próximos, protestando veementemente contra a interferência na sua rotina e exigindo medidas concretas para reduzi-las, sob ameaça de embargue do projeto. No mesmo local fica outro túnel, aberto há cinqüenta anos, e cuja construção causou sérios impactos nas comunidades vizinhas, ainda vivas na memória local. Nessa época, a Andrade Gutierrez desenvolveu um programa de informação e orientação à comunidade de obras urbanas, pioneiro no país, posteriormente estendido a todas as suas frentes de trabalho em centros urbanos. Anos mais tarde, já na década de 1990, vários órgãos governamentais no país e fontes de financiamento internacional, como o Banco Mundial, passaram a exigir ações de comunicação com comunidades como item de pontuação técnica em concorrências de obras públicas.

No encalço da questão ambiental, foram abertas também novas frentes no relacionamento das empresas com as comunidades. O processo inicial de aproximação a propósito de meio ambiente evoluiu a partir de 1990, para apoio das empresas a iniciativas comunitárias também em novas bases — empresa e grupos comunitários começaram a desenvolver juntos projetos em áreas sociais, culturais e de preservação e educação ambiental.

De outro lado, com o agravamento da crise econômica e a realidade do desemprego, as administrações municipais começaram a buscar formas de fomento para a economia local, criando agências de desenvolvimento municipal e buscando alianças com empresas locais para enfrentar a crise. Nessa linha, a Companhia Vale do Rio Doce, por exemplo, criou em Itabira, em 1990, em conjunto com entidades locais, a primeira agência de fomento e desenvolvimento municipal do Estado, preparando a cidade para a redução das suas atividades, prevista para o ano de 2025 — o Projeto 2025 —, e também para aproveitar o potencial impulsionador da empresa incentivando a geração de empreendimentos comunitários e novas fontes de emprego e desenvolvimento local.

Iniciativas similares foram criadas em Ouro Preto, envolvendo empresas locais, em Timóteo e Ipatinga, no Vale do Aço, onde se localizam a Acesita e Usiminas, e em Ouro Branco, onde está a usina da Açominas.

EVOLUÇÃO

A forma de organização e mobilização das comunidades também se modificou na década de 1990, com a multiplicação das organizações não-governamentais dando nova configuração aos movimentos comunitários. Grupos de pessoas passaram a se organizar na defesa de pequenas causas ou sob novas bandeiras como cidadania, direitos das minorias e educação, entre outros. De entidades formais reunindo grandes grupos em associações, observou-se uma tendência de segmentação e novas formas de articulação social em pequenos grupos. A Conferência da ONU para o Desenvolvimento Social realizada em Estocolmo em 1994, por exemplo, reuniu três mil ONGs, o que foi considerado mundialmente um inequívoco sinal da mudança das formas de organização da sociedade.

Numa outra frente, a abordagem de desenvolvimento sustentado e, mais recentemente, a evolução do conceito de responsabilidade corporativa influenciaram também o relacionamento empresas-comunidades. Observa-se um considerável avanço nesse processo a partir de exigências de transparência e regulamentações legais de operações financeiras, práticas de negócios e atuação socioambiental das organizações, bem como de condicionantes do relacionamento com a sociedade estabelecidos por instituições internacionais de certificação de qualidade de produtos, serviços e padrões ambientais. No Brasil, a criação do Instituto Ethos de Empresas e Responsabilidade Social foi um marco na disseminação da abrangência do conceito de atuação socialmente responsável das empresas, compreendendo o conjunto das suas ações, políticas e práticas com todos os atores sociais. Igualmente relevante foi a criação dos Indicadores Ethos permitindo às empresas avaliar o estágio dessas práticas em sete dimensões: valores e transparência, relações com público interno, meio ambiente, relações com fornecedores, consumidores, comunidade, governo e sociedade. Em 2004, esses indicadores foram utilizados por 940 empresas no país para avaliar sua atuação social — 86,8% mais do que 2001.

Mudam as empresas assumindo novas posturas em relação à sociedade e mudam as comunidades, ao sentirem seus direitos considerados e respeitados. Esse avanço, entretanto, não é linear — um significativo número de empresas no Brasil já se deu conta da necessidade de alinhamento com a sociedade como fator de sustentação dos seus negócios, entendendo e trabalhando esse relacionamento como um processo continuado; outras ainda agem pontualmente. A experiência da Construtora Andrade Gutierrez no relacionamento com comunidades de obras urbanas e da Alcan Alumínio do Brasil, relatada a seguir, procura mostrar essa evolução.

DUAS REFERÊNCIAS DE PERMANÊNCIA E INTENCIONALIDADE

Caso único no mundo

A convivência entre a fábrica da Alcan Alumínio do Brasil e Ouro Preto, cidade Patrimônio Cultural da Humanidade, é a história de meio século de um relacionamento que foi íntimo e paternalista a princípio, frio e distante por longo tempo e que depois foi retomado em novas bases — de respeito, diálogo e ação conjunta. São quinze anos de um processo de comunicação cujos resultados geraram uma nova atitude empresarial e constituem uma evidência das novas bases que está determinando o relacionamento das empresas com a sociedade.

Trata-se de caso único no mundo: em nenhum outro lugar do planeta convivem uma indústria de alumínio e um conjunto arquitetônico e artístico formado por obras bicentenárias do chamado barroco tardio. Construído em pedra-sabão e quartizito, este conjunto foi tombado integralmente pela Secretaria do Patrimônio Histórico e Artístico Nacional (SPHAN) em 1938 e fez Ouro Preto ser elevada à condição de Patrimônio Cultural da Humanidade pela Unesco em 1980.

A história da fábrica começa em 1934 e sua presença na região sempre foi marcante, com cinco gerações de ouropretanos trabalhando direta ou indiretamente com a empresa. Na implantação e consolidação da fábrica, a empresa manteve uma convivência próxima com a cidade, ainda hoje viva na lembrança de moradores e aposentados, e a população tinha na empresa sua grande provedora.

Do ponto de vista político, entretanto, essa relação era marcadamente assistencialista e havia forte controvérsia sobre o impacto das emissões da fábrica no meio ambiente da cidade. Os efluentes emitidos na produção de alumínio numa planta industrial da década de 1930 eram de difícil controle, mesmo com investimentos feitos para adequar equipamentos e tecnologia ao longo dos anos.

No final dos anos de 1960, começaram a ocorrer questionamentos sobre a influência dessas emissões na degradação dos monumentos de Ouro Preto, na saúde da população e na vegetação, ganhando força em meados da década de 1970, quando o movimento ecológico alcançou fortemente a cidade, que reúne expressiva concentração de universitários e turistas de todo o mundo.

Nenhum dos parâmetros internacionalmente reconhecidos como aceitáveis sobre os efeitos de emissões de uma indústria metalúrgica levava em consideração as especificidades da situação de Ouro Preto e, na evolução desse quadro, a cidade passou a viver outra fase no relacionamento com a Alcan, que durou toda a década de 1970 e os primeiros anos da década de 1980.

Empresa e cidade se isolaram por muito tempo mas, apesar de intensamente afetada pela poluição, a comunidade não se mobilizou publicamente. Fechou-se, como a própria fábrica, num sentimento surdo e desconfiado. Uma pessoa, entretanto, foi sua porta-voz numa verdadeira cruzada contra a poluição: o pároco da Matriz do Pilar, uma das mais importantes e conhecidas da cidade. Do púlpito de sua igreja, os sermões do padre José Simões contra a fumaça e o pó que vinham da fábrica da Alcan ganharam repercussão e poderosos aliados, como os universitários da Escola de Minas, artistas e lideranças ligadas à cultura, ao patrimônio histórico e ao meio ambiente.

Uma das mais duras reações contra a fábrica nessa fase formou-se também na Associação Mineira de Defesa do Ambiente (AMDA), com a Alcan passando a figurar na lista suja da AMDA que relacionava as empresas poluidoras no estado, amplamente divulgada no Dia Mundial do Meio Ambiente. Na comunidade o sentimento das pessoas era ambíguo — havia a poluição e o distanciamento da empresa, mas era igualmente intenso o temor de que as atividades industriais fossem encerradas e, com elas, quase dois mil empregos.

Esta situação alimentou um confronto latente entre população e empresa, só enfrentado na segunda metade dos anos de 1970, quando a Alcan assinou, em 1979, um acordo com o Conselho de Política Ambiental do Estado — o Copam — e investiu US$ 40 milhões em um programa de Controle Ambiental, adotando medidas para monitoramento e controle das suas emissões.

A partir de 1982 e até meados de 1985, a empresa, impulsionada pelas ações desse programa, que resultaram numa expressiva redução da poluição e colocaram seus índices nos padrões internacionais, deu os primeiros passos para retomar o diálogo com a cidade.

Para isso a Alcan realizou, em 1982, uma pesquisa de opinião que mostrou o quadro de distância da empresa e sua postura fechada dos anos anteriores. Seu conceito em Ouro Preto era muito ruim e os moradores evidenciaram claramente suas expectativas: solução para a poluição e participação da empresa na vida da cidade. Com base nessa pesquisa, a fábrica iniciou as primeiras ações de comunicação com a comunidade, apresentando referências sobre o programa ambiental às lideranças e aos moradores e abrindo a fábrica para que as ações pudessem ser constatadas pelas pessoas.

Estava firmado um compromisso que não podia ter volta, com um desafio à comunicação — reverter o quadro de animosidade e distância que marcava então o relacionamento com a comunidade e que se constituiu num dos esforços corporativos mais destacados da Alcan Brasil. Para implantar e conduzir o programa de comunicação foi criada, em 1983, a assessoria de relações públicas. Essa fase inicial abriu espaço para um esforço mais estratégico, planejado e sistematizado, desenvolvido a partir de 1985.

O PROGRAMA DE COMUNICAÇÃO

Os anos de 1985 e 1986 foram decisivos para a reaproximação da Alcan com Ouro Preto. Cumprido o primeiro compromisso, um novo acordo foi assinado com o Copam, incluindo mais um significativo conjunto de medidas ambientais. Os resultados das ações de controle da poluição eram visíveis e a fábrica ampliou então o programa de comunicação com a comunidade. O resultado de uma auditoria de opinião feita em 1985 na comunidade apontou um pequeno avanço no quadro inicial e a necessidade de reforço de referências sobre a fábrica e sua política ambiental. Com base nesse resultado, a aproximação da empresa com a comunidade e outros públicos em Minas Gerais foi reforçada. Tratava-se de recuperar a confiança das pessoas e esse processo exigiu a liderança dos dirigentes da empresa.

Paralelamente, o apoio a iniciativas e programas comunitários foi redefinindo, mudando também a linha de atuação paternalista que marcou o apoio da empresa a iniciativas locais nas décadas de 1960 e 1970. Numa outra frente, a comunicação interna passou a incluir oportunidades de discussão sobre as questões ambientais da fábrica e seminários de habilitação das gerências para conduzirem a comunicação externa.

Em 1987, a Alcan decidiu-se por duas iniciativas que buscassem resposta científica para questionamentos ainda persistentes na comunidade sobre a relação entre as emissões da fábrica, a saúde da população e a degradação dos monumentos de Ouro Preto. Para isso realizou um estudo sobre os efeitos da poluição na saúde da população local, que mostrou estarem as condições de saúde em Ouro Preto nos padrões considerados normais para o Brasil. O Estudo Saúde constituiu um "raio X" da saúde na cidade e foi entregue à prefeitura para subsidiar a política do município nessa área.

Um ano depois, em 1988, a Alcan patrocinou um trabalho técnico-científico inédito relacionado ao meio ambiente no país — o Estudo Monumentos, conduzido em parceria com a Secretaria do Patrimônio Histórico e Artístico Nacional (SPHAN), a Universidade Federal de Ouro Preto e o Centro de Conservação e Restauração (Cecor), da Universidade Federal de Minas Gerais (UFMG). A primeira fase do estudo, concluída após cinco anos de pesquisas em laboratório e de monitoramento dos monumentos da cidade, revelou que as causas da degradação destes não estão relacionadas às emissões da fábrica e sim ao local de onde os blocos de pedra-sabão foram retirados à época da construção, há duzentos anos. Uma segunda etapa analisou aspectos ligados à vegetação e uma terceira fase, a parte pictórica das obras de arte e monumentos.

Entre 1990 e 1993 o relacionamento da Alcan com a comunidade de Ouro Preto passou por um teste de fogo. Naquele período, o mercado mundial de alumínio assistiu a um excesso de oferta de metal, com forte redução de preços e impacto na produção, estrutura e investimentos da empresa. Ainda assim, o relacionamento da fábrica com a cidade prosseguiu e a política de participação no desenvolvimento local foi reordenada, com a empresa estimulando iniciativas de criação de novas fontes de fomento que culminou em 1993 na formação da Agência de Desenvolvimento de Ouro Preto (Adeop). Entre as oportunidades criadas, destacou-se a organização de uma fundação local destinada a habilitar mão-de-obra para restauração de monumentos, atividade ameaçada de extinção e fundamental para a cidade.

RESULTADOS

Mais do que um programa estratégico de comunicação, o que se tem é um processo que seguiu as mudanças da própria sociedade nos últimos vinte anos. Nesse sentido, o principal resultado foi a reversão de um quadro de total animosidade, para uma situação na qual fábrica e cidade procuram se entender para encontrarem formas de viabilizar projetos e iniciativas. Foram simbólicos, nessa perspectiva, a saída de Alcan da lista suja da AMDA em 1987 e o convite feito pela Associação, em junho de 1995, para a empresa integrar seu quadro de associados, assinando a Carta de Princípios da entidade.

Ao buscar uma sintonia com a comunidade, a empresa pôde corrigir o curso da sua trajetória, construindo uma nova postura empresarial, o que pode ser detectado em depoimentos de pessoas das mais diferentes áreas e na abordagem de assuntos da fábrica pela imprensa.

> Quem mudou foi a Alcan, não foi a minha opinião. Ela hoje é mais humana. Temos também mudanças estruturais na sociedade e a comunidade também gerou mudanças estruturais no relacionamento empresa-comunidade. Como ouropretano, independentemente de questões políticas ou de poder, sempre me coloquei contrário à Alcan. Os fornos eram obsoletos,

lançavam fumaça e poeira. E o povo, dependente, não falava com a companhia. Foi a fase mais negra do relacionamento com a comunidade. Eu não era contra as pessoas da Alcan. Era contra a estrutura. Eles diziam — o padre não sabe técnica —, mas eu ouvia o clamor das pessoas. Eu tinha conhecimento do processo de fabricação de alumínio, visitei outras fábricas e adotei uma postura junto à comunidade. Depois a Alcan mudou o seu conceito. Nos últimos dez anos mudou também no meu conceito porque a companhia ficou mais humana, mais perto da comunidade. Ouvia as críticas de toda a comunidade e nunca me atacou. Tiveram o conceito de procurar, de aproximar das pessoas, boa vontade em aceitar conversa franca e crítica. *Padre José Feliciano Simões, outubro de 1995.*

Identifico a mudança e a adoção de uma filosofia ambiental na Alcan primeiro, pelo cumprimento das medidas técnicas de minimização do impacto. Segundo, ela estabeleceu uma política interna escrita. Isso é bom. Tem empresas que querem se maquiar e essa maquiagem se derrete rápido quando não tem política definida. Ela definiu e escreveu. A mudança de atitude da Alcan com relação ao trato ambiental acho que se deu como fruto de mudanças da empresa e de pressão externa da sociedade que cobra como a AMDA e a comunidade. *Maria Dalce Ricas, superintendente-executiva da AMDA, outubro de 1995.*

O padre Simões tinha razão quando afirmou que quem mudou foi a companhia — no passado a empresa não queria discutir porque era muito arrogante, não admitia ouvir críticas. Quando passei pela gerência da fábrica, o padre Simões foi uma força importante no sentido de nos sinalizar os anseios da cidade, de criticar. Era preciso ser destemido porque a companhia se impunha por ser grande. Ele foi um paladino. Outra força importante foi a AMDA. Nossa reação, no início, era de desconsideração e a lista suja incomodou a empresa. A imprensa teve também um papel importante ao enfocar a poluição de Ouro Preto, o que nos ajudou a criar a consciência de uma fábrica num cenário que era único. Em vez de nos defendermos ou continuarmos a não nos defender — como fazíamos — vimos que precisávamos era resolver o problema. Paramos a fábrica cada vez que foi preciso para cumprir as medidas ambientais. Isso seria inconcebível em outros tempos. *João Bosco Silva, vice-presidente da Divisão de Alumínio Primário da Alcan Brasil, outubro de 1995.*

CONSTRUINDO CONFIANÇA

Quando a obra de duplicação do túnel Lagoinha-Concórdia foi inaugurada, no final de 1986, no coração de Belo Horizonte, havia uma história a ser contada. Não apenas uma história dos números que compõem uma obra mas, principalmente, uma história feita por gente: de um lado os engenheiros, operários e funcionários da Construtora Andrade Gutierrez, que participaram da construção do túnel; de outro, a comunidade da região em obras — homens, velhos e crianças que durante quase dois anos tiveram suas vidas completamente alteradas pela obra.

Esta poderia ter sido uma história de confronto se empresa e comunidade ficassem em lados opostos. Quando as obras foram iniciadas, a construtora e a prefeitura de Belo Horizonte, órgão responsável pelo projeto, identificaram um problema novo, além de aspectos técnicos, que poderia colocar em risco a construção: a reação dos moradores da região contra a interferência da obra na sua rotina.

Construído em 1971 para abrir uma colina que dividia os bairros e escoar o trânsito do centro e da zona sul para as regiões leste e norte, o túnel Lagoinha-Concórdia tornou-se pequeno para atender à demanda do tráfego na década de 1980. O velho túnel dava vazão estratégica ao trânsito para vários municípios "dormitórios" e a passagem era um ponto de congestionamento. Por tudo isso, sua duplicação era uma obra reclamada em Belo Horizonte e do interesse de praticamente toda a população, com a prefeitura executando um dos mais importantes empreendimentos do sistema viário da cidade.

De outro lado, uma forte concentração de casas e prédios construídos em cima da colina marcava a realidade geográfica da área, com os bairros ao redor densamente povoados, mas mantendo característica residencial que dava aos seus moradores o privilégio de uma rotina típica das pequenas cidades. Nessa época, também a realidade política do país era outra. A comunidade daqueles pacatos bairros, inserida num quadro social de organização popular iniciada em 1980, prontamente se mobilizou contra as interferências da obra, tendo também vivos na memória de muitos moradores o impacto da construção do primeiro túnel.

Nesse cenário, a situação, durante a montagem do canteiro de obras, era definida como um "barril de pólvora" e a Andrade Gutierrez decidiu desenvolver, paralelamente à construção, um trabalho com a comunidade que compatibilizasse os interesses de governo, empresa e população. Foi criado, então, o programa de informação e orientação à comunidade. No início de 1985, com a intensificação da obra, cresceram também as reações da comunidade. As explosões necessárias para a escavação do túnel em rocha geravam medo e angústia; a poeira invadia casas e provocava alergia em crianças e velhos; tratores e caminhões quebravam a rotina e atrapalhavam o trânsito e o barulho de máquinas e motores rompia a barreira do suportável.

Um verdadeiro desabafo coletivo invadiu o canteiro de obras, onde chegavam todo tipo de reclamações. Numa manhã de janeiro de 1985, por exemplo, os engenheiros receberam a visita irada de um morador com um revólver, ameaçando parar a obra devido ao barulho de uma carregadeira na madrugada anterior. Outro morador reclamava que sua filha de dois anos chorava todas as vezes que ocorria uma detonação; uma senhora de 74 anos, com seis pontes de safena, apresentava estado emocional abalado e um grupo de moradores se mobilizou para embargar judicialmente a construção.

Nessa fase o programa de informação e orientação à comunidade ganhou um ritmo tão intenso quanto a obra. Visitando igrejas, escolas, associações e casas da região, informando a comunidade sobre todos os aspectos referentes à obra e, principalmente, ouvindo as reclamações e angústias dos moradores, uma equipe de comunicação, juntamente com técnicos da obra, saiu de porta em porta nos bairros próximos levando informações e segurança à população e criando, aos poucos, um clima de credibilidade e confiança. Ao mesmo tempo em que a empresa estabelecia as condições para melhorar o relacionamento com a comunidade, adotava medidas técnicas para minimizar os incômodos e garantir a segurança local.

METODOLOGIA

O primeiro passo da equipe de comunicação no planejamento do programa foi analisar as especificações técnicas da obra e características da região. A situação apurada exigira uma metodologia de trabalho bem definida, que teve, entretanto, elevada margem de flexibilidade, permitindo à equipe rever e construir, a cada fase, a estratégia e as ações de comunicação com a comunidade.

O diagnóstico inicial foi conduzido por um levantamento de campo para mapear os públicos da área próxima, de reuniões com engenheiros da construtora e análise de dados fornecidos pela prefeitura. O quadro apurado mostrou uma classe média organizada e participante, trazendo vivas as marcas da construção do primeiro túnel e muita insegura. Durante o período de obras, ocorreriam ainda eleições para a prefeitura e para o governo do estado, o que foi também objeto de consideração, evitando posteriormente qualquer enfoque que caracterizasse objetivos político-partidários na estratégia definida.

Com base no diagnóstico, foi estruturado um programa prevendo três etapas, de acordo com o cronograma técnico da obra, pautado em ações de comunicação direta capazes de evidenciar a disposição da construtora de ouvir a comunidade e estimular as pessoas a trazerem suas reivindicações e incômodos diretamente à administração da obra. Era fundamental que os moradores soubessem que seriam ouvidos e atendidos, estando aí a base da credibilidade no entendimento da construtora. Para isso, foram previstas ações de comunicação interna com os mais de mil operários, engenheiros e técnicos no canteiro de obras, abordando a importância do seu papel no relacionamento com a comunidade.

A coordenação do programa coube a uma profissional de relações públicas da área de comunicação da construtora, e a execução das ações de informação e orientação à comunidade a uma equipe que incluía uma profissional de engenharia. Já o monitoramento do processo era feito por meio de reuniões com técnicos da obra, avaliação de relatórios e registros de reclamações e manifestações da comunidade em reuniões, contatos e apresentações.

Na primeira etapa de execução do programa, da instalação do canteiro de obras até o início efetivo da construção, o principal trabalho da equipe de comunicação voltou-se para uma aproximação com a comunidade, mediante visitas da equipe a 2.700 famílias e lideranças, explicando aspectos técnicos do processo construtivo, medidas de segurança nas detonações e cuidados preventivos pelos moradores. Com isso, as pessoas começaram a confirmar a disponibilidade de diálogo com a obra, sabendo a quem se dirigir para reclamar ou manifestar insatisfações, dúvidas ou sugestões. Esses contatos iniciais levaram também a construtora a adotar novas medidas técnicas, não previstas no projeto técnico, para maior segurança à comunidade, como uma manta de proteção na entrada do túnel a fim de impedir o vazamento de material detonado e reduzir o barulho das explosões, assim como as atividades noturnas e carga de explosivos.

Paralelamente, foi montado um estande de informações no canteiro de obras, com maquete, fotos, equipamentos e quadros sobre o esquema de segurança. Esse estande transformou-se num elo fundamental de aproximação com os moradores, funcionando como centro de comunicação direta com a comunidade, com mais 12 mil pessoas no local. Todas as reclamações eram avaliadas e checadas com a equipe técnica da obra e engenheiros e técnicos percorriam a região para vistorias e medições do alcance das vibrações nas moradias, dando segurança às pessoas e mapeando necessidades de ressarcimento em casos de rachaduras.

Foram usadas ainda circulares esclarecendo a comunidade sobre etapas e procedimentos de maior impacto na rotina local e palestras em escolas, condomínios, clubes e creches para exposição detalhada sobre o processo construtivo e medidas de segurança. Um audiovisual e uma pasta informativa completavam as referências sobre a obra. Placas de sinalização da obra foram usadas para ordenar o local e indicar etapas e tempo de construção.

A comunicação permanente com a imprensa garantia informações sobre alterações de trânsito na região e pronto atendimento a jornalistas no canteiro de obras. Um indicador da importância dessa frente de trabalho ocorreu na primeira detonação de explosivos, acompanhada pela imprensa e pelos moradores. O repórter de uma emissora de rádio em transmissão ao vivo fez o seguinte comentário, evidenciando os cuidados técnicos: "mais parece uma bombinha de São João. Esperava ver muita pedra voando pra todo lado e não teve nada".

A segunda etapa do programa, na parte mais crítica da obra, foi marcada pela consolidação do relacionamento com a comunidade, pois a abordagem da primeira fase criou as bases de uma convivência direta na qual moradores e imprensa tinham na obra um canal de comunicação efetivamente aberto. A construtora reforçou as medidas técnicas de segurança e de redução de transtornos como poeira e barulho, adotando também pequenas ações para atender pedidos da comunidade, como se vê no depoimento de uma moradora: "A poeira incomoda muito, mas estão mantendo o caminhão para molhar. Quando o canto da rua vai ficando feio, eu comunico à Vera, ela comunica ao chefe e o peão vem fazer a limpeza". Outra iniciativa simples que ajudou na aproximação com moradores foi o apoio da construtora a eventos locais.

A etapa final do programa marcou a conclusão e entrega da obra. A interferência na rotina dos moradores foi sensivelmente diminuída nessa fase, mas, ainda assim, as ações de informação e orientação permaneceram até o fim. A expectativa da comunidade voltou-se para o benefício que o novo túnel traria, já visível e concreto. A obra foi antecipada em três meses, apesar de alterações no cronograma técnico para atender às solicitações da comunidade.

Um anúncio e um volante foram usados para mostrar os benefícios da obra do novo túnel e agradecer à comunidade e aos usuários da região. Os moradores receberam ainda visita final da equipe de comunicação, ação que marcou o tratamento personalizado do programa ao longo dos seus dois anos. Nas palavras do engenheiro responsável pela obra, Rogério Nora de Sá:

> A própria obra é assim. Você inicia e, quando vai implantá-la, começa com uma estrutura pequena, com um acabamento provisório e, à medida que vai aumentando o serviço, você vai aumentando a sua estrutura. Lógico que com um planejamento prévio, com conhecimento de causa daquilo que você vai fazer. O trabalho de comunicação é similar ao da administra-

ção da obra: também cresce e se desenvolve. A comunicação é hoje, sem dúvida, uma atividade para ser inserida no contexto de uma obra urbana.

Eu não tive problemas, pois durante a construção já era previsto tudo aquilo que eles passaram por meio de informações. Então não aconteceu nada que poderia ter sido surpresa. Visitei várias vezes o estande e conversei várias vezes com a engenheira Vera. Eu moro em frente ao túnel e os impactos e aqueles abalos creio que todos sentiram, mas não afetaram o prédio em nada. Eu já ouvi, por boca de terceiros, informações de obras, mas participar, ter folhetos e informações nas mãos eu nunca tinha visto. Isto deveria acontecer em todas as obras públicas, pois é essencial. *Depoimento de uma moradora em 1987.*

METODOLOGIA PARA CONDUÇÃO DE UM PROGRAMA DE INFORMAÇÃO E ORIENTAÇÃO EM COMUNIDADES

A metodologia aqui descrita aplica-se basicamente para apoio a projetos cuja operacionalização atinja a vida de comunidades em programas ambientais, execução de grandes obras em centros urbanos e núcleos rurais e projetos de educação envolvendo saneamento, saúde e meio ambiente.

Em qualquer caso, o ponto de partida deve estar numa visão cidadã, com a comunicação constituindo elemento-chave para a concretização e visibilidade do empreendimento público ou privado. Nesse sentido, são premissas de comunicação a preocupação em dar satisfação e prestar contas às comunidades afetadas, reconhecendo e respeitando os atores sociais como cidadãos. Os fundamentos e etapas a serem considerados para um programa de informação e orientação comunitária nesta linha devem compreender os seguintes passos:

DIRETRIZES

Ótica das pessoas: considerar e respeitar a ótica dos públicos envolvidos ou afetados pelo projeto é o primeiro princípio a ser observado, além de ser essa a essência da comunicação — *tornar comuns conceitos, ações, experiências.* O ponto de partida é conhecer, antes do início do trabalho, as necessidades e expectativas da comunidade, usando metodologias de diagnóstico que permitam a identificação precisa de expectativas e demandas em relação ao empreendimento. Ao longo da condução do projeto, essa diretriz deve ser cuidadosamente observada, mantendo-se o diálogo com os públicos envolvidos e desenvolvendo postura de abertura das equipes técnicas para ouvir anseios ou reclamações, nunca ignorando ou minimizando problemas decorrentes de interferências do projeto.

Intencionalidade: o programa só deve ser implantado como decisão política dos empreendedores, contando efetivamente com o comprometimento dos seus dirigentes. Isso é particularmente importante porque muitas vezes as demandas das comunidades exigem ações que extrapolam a comunicação, como adoção de tecnologias e procedimentos não considerados no projeto inicial, alterações em ritmo e horários de trabalho, entre outras.

Agilidade: esta é outra diretriz básica de um programa com comunidades — é preciso agir com rapidez e senso de oportunidade no retorno a reivindicações e solicitações da comunidade, com os empreendedores antecipando-se muitas vezes a situações que fogem do escopo do projeto, para informar ou reforçar referências com públicos específicos, de forma a evitar rumores e mal-entendidos que comprometam o relacionamento com a comunidade.

Continuidade e permanência: um pressuposto em qualquer programa de comunicação, que ganha peso no caso de projetos comunitários à medida que a relação com as pessoas é direta e cotidiana. Nesse sentido, é preciso evitar ações isoladas de comunicação e mantê-las de forma continuada, não interrompendo o processo a fim de que a comunidade possa ter elementos para confiar no projeto e respeitá-lo.

Unidade e tratamento personalizado: a abordagem de comunicação em todas as ações e meios deve ter um *eixo* que assegure unidade ao processo, além de sintonia com a ótica da comunidade. Da mesma forma, a grande diferença de um programa na linha aqui proposta está no direcionamento máximo da comunicação, desenvolvendo um tratamento respeitoso, coloquial e personalizado aos diferentes grupos da comunidade e procurando tratar caso a caso as situações ao longo do projeto. Trata-se de adotar e manter atitude de real disponibilidade para atender e ouvir as pessoas e dialogar com elas.

OBJETIVOS

- Estabelecer um relacionamento entre empreendedor e comunidade que contribua para a sustentação do projeto e assegure sua condução em bases de respeito e diálogo.
- Identificar e tratar previamente insatisfações e incômodos e minimizar interferências na rotina das pessoas envolvidas, de forma que se sintam respeitadas e ouvidas, tendo no empreendedor um canal de comunicação permanentemente aberto.

- Mostrar o andamento do projeto, seus benefícios e ganhos para as pessoas.
- Orientar a comunidade sobre formas de acesso e utilização do serviço ou benefício resultante do projeto, bem como eventuais procedimentos de cobrança pela sua utilização.
- Orientar sobre condições para socialização dos benefícios, quando se tratar de projeto que exija adesão coletiva para se concretizar.

ENFOQUE

Dois enfoques devem pautar a comunicação. O primeiro, eminentemente informativo, levando referências sobre o projeto para a comunidade em suas fases de interferência na rotina das pessoas e de ganhos visíveis quando concluído. O segundo, didático, em projetos educativos de saneamento e saúde, por exemplo. Nessa direção, é fundamental observar e respeitar a condição socioeconômica e cultural da comunidade, de modo que a adesão ou não ao projeto se dê como escolha e nunca como resultado de persuasão ou promoção.

ETAPAS — PLANEJANDO PASSO A PASSO

As interferências do projeto na vida da comunidade

O primeiro passo na definição de um programa de comunicação com comunidades deve incluir uma precisa análise das interferências do projeto na vida da comunidade e potenciais repercussões negativas ou positivas delas decorrentes. Na grande maioria das situações, incômodos e insatisfações manifestados pelas comunidades costumam ganhar força e ser absorvidos como bandeira política, podendo mesmo comprometer a viabilidade do empreendimento.

De outro lado, é fundamental mapear benefícios e melhorias do projeto para cada segmento da comunidade, destacando-se argumentos e fatos concretos e comprováveis pelas pessoas durante a implementação e no futuro. É fundamental, ainda, evitar qualquer tendência de propagar conceitos e intenções. Esta é uma recomendação-chave para a definição de todas as fases de condução de um programa com comunidades: focar a comunicação em *fatos*.

Diagnóstico referencial

As metodologias mais usuais para um diagnóstico referencial são pesquisa qualitativa ou auditoria de opinião pública. A auditoria é uma modalidade de levantamento qualitativo de opiniões e sugestões destinada a apurar percepções de formadores de opinião sobre um projeto ou situação e levantar expectativas e necessidades da comunidade com base na visão de suas lideranças. Qualquer dessas modalidades deve ser conduzida por empresa especializada, assegurando sua isenção.

Detalhamento do programa

O planejamento da estratégia de comunicação com comunidades deve pautar-se basicamente em ações de comunicação dirigida — corpo a corpo com as comunidades envolvidas, que permitam criar as bases para uma convivência direta com o empreendimento. A comunicação dirigida permite o estabelecimento de uma condição básica de diálogo, reduzindo o nível de ruídos ou distorções passíveis de acontecer quando se utilizam meios massivos. Encontros com grupos e lideranças, contatos, palestras e reuniões são oportunidades que asseguram resultados neste campo.

As ações de comunicação com a imprensa devem ser incluídas na mesma base de direcionamento de informações e referências sobre o projeto, considerando a imprensa como público e não como meio de divulgação. Nesta linha, é fundamental prever um relacionamento com editores e jornalistas desde a primeira hora, mostrando abertura e mantendo, ao longo de todo o projeto, permanência no relacionamento, com abordagem personalizada que posicione os empreendedores como fontes de informação. A comunicação com a imprensa deve incluir basicamente contatos e sugestões de pauta para reportagens e cobertura de fases relevantes do projeto para a população, além de informações antecipadas sobre qualquer alteração na rotina da comunidade.

O planejamento pautado em comunicação dirigida não implica excluir ações de propaganda e sim ter critério rigoroso ao prever e conduzir campanhas e peças gráficas e audiovisuais. Elas devem respaldar as ações de informação e orientação e nunca ter qualquer caráter promocional. Num projeto cujo foco esteja voltado para um componente educativo, o desafio de propaganda estará exatamente na identificação e criação de campanhas e peças alinhadas com essa perspectiva pedagógica.

Balizamento e validação

Para que o programa tenha o necessário comprometimento de dirigentes e equipes técnicas do projeto, é necessário buscar seu alinhamento desde o início. Isso pode ser feito por meio de entrevistas individuais em grupos, levantando percepção e sugestões que subsidiem a comunicação, ou mediante *workshops* nos quais o próprio conceito da comunicação seja discutido e o âmbito do programa dimensionado com a participação dessas pessoas.

Após a definição da estratégia, pautada no diagnóstico referencial interno e com a comunidade, é necessário voltar ao grupo diretivo e às equipes técnicas para balizar o programa. Esse balizamento é feito em reuniões nas quais os participantes discutem a proposta e apontam sugestões para adequações ou não.

Implantação e execução

A implantação do programa inclui a organização e o treinamento de uma equipe de comunicação com competência técnica e experiência em trabalhos com comunidades, sendo desejável agregar profissionais de pedagogia, engenheiros e técnicos em meio ambiente, formando assim um grupo multidisciplinar e criando um núcleo interno de reflexão importante para o processo de comunicação. O programa pode ser conduzido integralmente por uma empresa externa ou contar com assessoria nas fases de diagnóstico, planejamento e orientação da implantação e condução. A experiência da equipe em comunicação com comunidades é um item fundamental, pois o programa, na linha metodológica indicada, tem uma concepção de simplicidade nas ações e meios, mas uma forte exigência do ponto de vista de abordagem.

A execução deve então ser iniciada seguindo o cronograma definido no planejamento e incluindo adequações necessárias ao longo do processo. Veja a seguir ações e meios que podem ser utilizados num programa de informação e orientação a comunidades.

Antes do início do projeto

Esta etapa deve ser voltada para preparar a comunidade a conviver com o projeto, particularmente quando sua execução implicar interferência na rotina das pessoas (obras e implantação de programas voltados para meio ambiente, como os Rimas — relatórios de impacto ambiental, uma exigência em projetos de engenharia de maior vulto, por exemplo), estabelecendo, desde a primeira hora, uma relação de respeito e abertura.

Para isso, tão logo seja instalado o canteiro de obras, introduzida qualquer tecnologia ou equipamentos na região ou ainda iniciada uma movimentação de técnicos e profissionais no local, as primeiras informações devem ser levadas às lideranças e aos grupos comunitários organizados, mostrando aspectos gerais sobre o que será feito e a disposição de convivência de parte dos empreendedores.

A comunicação direta é particularmente importante nesta hora — contatos pessoais e palestras com o suporte de um material simples que ilustre o que será feito. O propósito é ter um profissional ou equipe preparada para participar de reuniões comunitárias, expondo o projeto, mostrando seus benefícios e apresentando os responsáveis pelo empreendimento, para que as pessoas saibam a quem se dirigir em caso de dúvidas.

Numa outra frente, é hora de iniciar um trabalho com a imprensa, antecipando informações e posicionando-a sobre o projeto, seus impactos, medidas previstas para minimizá-los e benefícios. Funcionários que terão contatos com a comunidade precisam também receber orientações sobre a abordagem adequada e a linha de atuação da empresa ou órgão executor, de forma a garantir unidade e intencionalidade ao projeto.

Nessa etapa, dependendo do âmbito e caráter do projeto, é necessário avaliar também uma frente de comunicação institucional, destinada a posicionar aspectos estratégicos do empreendimento, de modo a assegurar sua sustentação política com os setores que decidem ou formam opinião na comunidade e centros de decisão que eventualmente possam ter interferência na condução do projeto.

A comunicação nesse caso deve voltar-se para ações de posicionamento, mantendo o enfoque informativo e vencendo qualquer "tentação" de capitalizar "imagem" ou promover o empreendimento. A hora para esse tipo de ação seguramente não é no início do projeto e sim quando seus benefícios forem concretos e constatáveis. Esse é o diferencial de um programa de informação e orientação a comunidades quando conduzido na linha metodológica aqui descrita. O momento inicial requer que os responsáveis pelo projeto apresentem-no e permite, no máximo, que o "rosto" da iniciativa ou projeto comece a ter uma configuração que não extrapole a disposição de diálogo e abertura, pautada em fatos.

COMUNICAÇÃO DURANTE OBRAS OU DIAGNÓSTICOS COMUNITÁRIOS

Projetos cujas etapas incluem a execução de obras ou realização de diagnósticos de impacto ambiental devem contemplar ações de comunicação voltadas para a orientação e consideração das pessoas que vivem, trabalham ou transitam na região.

A execução desses procedimentos normalmente gera incômodos para as pessoas, mesmo quando o projeto inclui processos para minimizar seus impactos. Para resolver os problemas imediatos com os transtornos, as pessoas costumam se mobilizar por meio de manifestações setorizadas ou individuais, podendo evoluir para manifestações coletivas e organizadas. E, antes que situações como estas se configurem, é fundamental abordar a situação diretamente, criando e mantendo canais de comunicação com a comunidade e seguindo os princípios de respeito pretendidos num enfoque de comunicação cidadã. De outro lado, especulações e dúvidas quanto à provável intervenção na comunidade costumam evoluir para sentimentos de ameaça e insegurança, também imprevisíveis nos seus desdobramentos.

A preocupação em envolver a comunidade desde a primeira hora assegura credibilidade ao projeto na medida em que as pessoas, quando informadas e consideradas, sentem-se respeitadas e adquirem gradativa confiança nos empreendedores. Para isso, a comunicação nesta fase deve voltar-se para manter a comunidade e usuários informados sobre as interferências em sua rotina e medidas adotadas para minimizar eventuais transtornos ou, numa outra linha, mostrando que não haverá impacto na sua rotina, se for o caso.

Em caso de obras, a sinalização física das áreas é fundamental para orientar as pessoas quanto às interferências no tráfego e às alterações em serviços básicos, como interrupção de água, energia e telefonia, roteiros e pontos de ônibus; interdição de áreas de estacionamento; fechamento e desvios de trânsito. Essas são situações que precisam ser minuciosa e previamente informadas, tanto por intermédio de comunicação direta (porta em porta e volantes), como com sinalização nos locais e pela imprensa.

À medida que etapas relevantes forem sendo concluídas, a comunicação deve se voltar para a orientação das comunidades beneficiadas sobre a utilização do serviço ou benefício, se for o caso. A comunicação nesta fase pode incluir também contatos e visitas de agradecimentos a lideranças comunitárias e mesmo recursos de propaganda, já capitalizando resultados e mostrando benefícios.

São meios de informação e orientação à comunidade em obras e projetos ambientais:

- placas de sinalização e faixas para referências e segurança das pessoas e ordenação estética do local, minimizando o transtorno ao ambiente local;
- posto/estande de informação, funcionando como centro de comunicação direta com a comunidade, com pessoas treinadas para atender, receber reclamações e esclarecer dúvidas, incluindo material visual de informação;
- volantes (circulares) para informar e prestar esclarecimento ágil sobre alterações de serviços básicos, de trânsito e outras interferências na rotina local, além de

mostrar providências, orientando procedimentos que devem ser adotados para minimizar os impactos;

- cartazetes informativos, usados para convidar públicos específicos para palestras e apresentações públicas sobre a obra e para afixação em ônibus e locais públicos estratégicos, informando e orientando sobre alterações significativas na rotina local;
- palestras, visitas e encontros com lideranças e grupos de moradores, conduzidos durante toda a execução das obras como oportunidades diretas de levar referências às comunidades e buscar seu apoio e compreensão a partir de uma visualização de procedimentos técnicos, medidas de segurança e alterações diversas na rotina local;
- folheto, vídeo e pasta informativa usados como apoio institucional na comunicação com lideranças e grupos comunitários para apresentação do projeto (etapas, benefícios, principais atividades e cuidados adotados);
- álbum seriado, catálogos e fichas para professores e agentes comunitários para completar formações em projetos que exijam apresentação mais didática;
- cartilhas e/ou quadrinhos (impressos ou em imagens) para apoio a atividades didáticas com grupos de crianças e outros segmentos que precisem receber tratamento diferenciado em função de perfil sociocultural;
- apoio a iniciativas da comunidade com participação de atividades locais dentro de critério definido sem nenhum caráter paternalista ou de "compra" da boa vontade da comunidade;
- campanha institucional em etapas com benefícios e resultados visíveis, mantendo um tratamento informativo sobre o uso do serviço criado ou de prestação de contas e resultados.

Todas as ações e mídias devem ter um tratamento simples mas bem elaborado, tanto no conteúdo como no visual.

COMUNICAÇÃO DE SERVIÇOS

A comunicação deve voltar-se basicamente para ações que orientem o uso dos serviços disponibilizados ou a adesão das pessoas a um empreendimento, no caso de um projeto de saneamento ou trânsito, por exemplo. Meios e eventos devem ser tratados num componente educativo, ampliando ao máximo referências que orientem a decisão das pessoas de usar ou não os serviços e de como fazê-lo.

A argumentação deve basear-se em fatos que façam sentido para a realidade da comunidade e mostrem claramente razões e perspectivas de melhorias reais da sua vida (por que fazer, ganhos para as pessoas e suas famílias). É importante também deixar as pessoas cientes de seu papel e de como podem participar. Paralelamente, outros públicos devem ser trabalhados como formadores de opinião e mesmo reeditores de conceitos na comunidade, como, por exemplo, lideranças reconhecidas na região, professores e religiosos.

Nessa direção, é fundamental que os profissionais de comunicação atuem com a equipe diretiva e grupos de trabalho do projeto como *radares* e tradutores da perspectiva da comunidade de um lado e orientando oportunidades e tratamento da comunicação, de outro. Essa atuação muda radicalmente o eixo de ação do profissional de comunicação assegurando intencionalidade ao programa e saindo de uma concepção simplista e equivocada de vender idéias e soluções.

PÚBLICOS

Os públicos envolvidos num projeto com comunidades no escopo aqui considerado apresentam perfil, formas de organização e expectativas variadas em função da relação que têm com a região e os serviços oferecidos e mesmo dos interesses que representam.

Na condução das ações do programa, portanto, é importante considerar alguns públicos, direcionando a abordagem e o tratamento da comunicação de acordo com seu perfil e situações específicas do projeto e impacto para cada segmento: a comunidade envolvida diretamente na área de abrangência do projeto; lideranças comunitárias formais, informais e não-governamentais; entidades ambientalistas; setores governamentais (federal, estadual e municipal); imprensa, destacadamente editoria de cidade e comunicadores populares de rádio e televisão; dirigentes e equipes técnicas e operacionais da empresa ou entidade responsável pelo projeto.

MONITORAMENTO E AVALIAÇÃO

Para avaliar os impactos e resultados parciais ou finais do programa, é preciso definir previamente as formas de monitoramento, incluindo pesquisa de opinião, auditorias setoriais de opinião com os segmentos específicos da comunidade, *feedbacks* imediatos de reuniões e contatos, análise da cobertura da imprensa e mesmo acompanhamento de livro de registro de reclamações e manifestações positivas ou negativas da comunidade.

SOBRE OS AUTORES

Ana Luisa de Castro Almeida

Professora e consultora de Comunicação Social. Graduada em Jornalismo e Relações Públicas pela PUC-MG, com especialização em Comunicação Integrada pela PUC-MG, mestrado em Comunicação e Cultura pela UFRJ, doutorado em Administração pela UFMG e pela Erasmus University (Holanda). Professora do mestrado profissional em Administração da PUC-MG e da Fundação Dom Cabral. Professora da Faculdade de Comunicação e Artes e do IEC — Instituto de Educação Continuada da PUC-MG. Consultora em Comunicação e/ou condutora de programas de desenvolvimento para empresas como CVRD, Copasa, Samarco, Belgo, Alcan do Brasil, Eletronorte, Telemig, Unimed e Cemig, entre outras. Foi assessora de Comunicação da PUC-MG (1998 a 2003), diretora da Idéia Comunicação (1993 a 1998), diretora da Amana Educação e Desenvolvimento (1991 a 1993) e Assessora da Construtora Andrade Gutierrez (1981 a 1991).

Carlos Eduardo Mestieri

Presidente da Rede Inform de Comunicação. Formado em Ciências Jurídicas pela Faculdade Paulista de Direto da PUC-SP. Profissional de relações públicas. Participou de cursos informativos e de especialização no Brasil e no exterior em Management by Objectives, Organização e Métodos para Sistemas Administrativos e Investimentos Mobiliários e Disaster Recovery. Vice-presidente da International Public Relations Association (Ipra) (1989 a 1991). Fundador e presidente (1991 a 1994) do Sindicato Nacional das Empresas de Comunicação Social (Sinco) e da Associação Brasileira das Empresas de Comunicação (Abec) (1999 a 2001). Atual Conselheiro da Associação Brasileira de Relações Públicas (ABRP) e da Fundação ACL — Auto-Realização, Comunicação e Liderança. Autor do livro *Relações públicas: arte de harmonizar expectativas.*

Fábio França

Professor-pesquisador do curso de Relações Públicas da Universidade Metodista de São Paulo. Mestre e doutor em Ciências da Comunicação — Relações Públicas — pela ECA/USP. Pós-graduação *lato sensu* em Relações Públicas pela PUC-RJ. Formação em Filosofia, Psicologia e Teologia; ganhador de vários prêmios, inclusive o de Opinião Pública. Ampla experiência como docente, tem atuado como professor e conferencista no Brasil e no exterior. É consultor de relacionamentos das empresas com seus públicos e de comunicação corporativa. Co-autor, com a Dra. Sidinéia Gomes Freitas, do livro *Manual da qualidade em projetos de comunicação*. Ex-presidente do Conselho Regional de Relações Públicas, 2ª região, SPIPR.

Fernando Polignano

Graduado em Comunicação Social — Relações Públicas; pós-graduado em *Marketing* pela ESPM, atualmente trabalha com consultoria de Comunicação Social e Desenvolvimento Humano. Tem formação e certificação como Master Coach, em Coaching Integrado pelo ICI — Integrated Coaching Institute de São Paulo, sob supervisão do ICF — International Coach Federation dos Estados Unidos.

Flávio Schmidt

Formado em Comunicação Social e habilitado em Relações Públicas pela Universidade Anhembi Morumbi, é especializado em Administração de Recursos Humanos e Planejamento Estratégico pela Escola Superior de Administração e Negócios (ESAN). Professor *Honoris Causa* do Instituto de Relaciones Públicas de la ciudad de la Plata, Argentina.

Flávio Valsani

Profissional de relações públicas graduado pela Fundação Armando Álvares Penteado (Faap). Recebeu o Prêmio Opinião Pública concedido pelo Conselho Regional de Profissionais de Relações Públicas da 2ª Região, pelos trabalhos de Relações Públicas desenvolvidos para a Union Carbide do Brasil e para a Câmara de Comércio e Indústria Brasil-Alemanha. Foi presidente, por duas gestões consecutivas, da Associação Brasileira de Empresas de Relações Públicas (Aberp) e fundador da Associação Brasileira das Empresas de Comunicação (Abec).

Heloiza Helena Gomes Matos

Especialista em comunicação política e pública; tem experiência em docência e pesquisa na área de opinião pública e relações com a mídia; docente aposentada da ECA/USP atuando na área de pós-graduação. Tem vários trabalhos sobre comunicação política, jornalismo e comunicação governamental publicados no Brasil e exterior. É presidente da Media Training Ltda. Já treinou, nos últimos anos, mais de oitocentos executivos das áreas pública e privada.

João Alberto Ianhez

Sócio-diretor da Informa Brasil Informações Estratégicas. Desde 1962 atua como profissional na área de Relações Públicas, *Marketing* e Recursos Humanos como executivo e consultor para empresas nacionais e multinacionais. Há mais de 25 anos atua como dirigente em atividades de voluntariado, como a Associação Brasileira de Dislexia (ABD), a Associação de Distúrbios de Aprendizagem (Aprend) e a Amigos Associados de Ribeirão Bonito (Amarribo). Nesta última foi um dos autores do livro *O combate à corrupção nas prefeituras do Brasil*, com tiragem que já atingiu mais de 120 mil exemplares. Palestrante em congressos nacionais e internacionais, universidades, escolas, entidades de classe etc., ministra cursos abertos e *in company* nas áreas de Relações Públicas, Comunicação, Ética e Valores, Responsabilidade Social e Inteligência Espiritual, entre outros.

Luiz Carlos de Souza Andrade

Graduado em Direito pela USP e pós-graduado em Direito do Consumidor pela Cumberland School of Law no Alabama, Estados Unidos. Foi gerente de Relações Públicas da Caterpillar, presidente da Burson-Masteller e diretor de criação da divisão de propaganda corporativa da Young & Rubicam. Também ocupou o cargo de diretor da divisão de comunicação corporativa da Salles/DMB&B, diretor de planejamento da DM9DDB e presidente da Propeg Estratégica.

Maria Aparecida de Paula

Consultora em Comunicação e professora de Planejamento da Comunicação do curso de Comunicação e Gestão Empresarial do Instituto de Educação Continuada da PUC-MG. Foi sócia-diretora da Idéia Comunicação Empresarial de 1985 a 2005. Tem pós-graduação *lato sensu* em Planejamento da Comunicação e em Pesquisa de Comunicação, ambas pelo Centro Internacional de Estudos Superiores da Comunicação (Ciespal). É professora licenciada da Faculdade de Comunicação e Artes da PUC-MG.

Luís Augusto Milanesi

Professor titular do Departamento de Biblioteconomia e Documentação da ECA/USP. Mestre e doutor em Ciências da Comunicação pela ECA/USP. Livre-docente pela ECA/USP.

Obras publicadas:

O paraíso via Embratel. 2. ed. Rio de Janeiro: Paz e Terra, 1985.

O que é biblioteca. 9. ed. São Paulo: Brasiliense, 1996.

Ordenar para desordenar. 2. ed. São Paulo: Brasiliense, 1989.

Centro de Cultura: forma e função. São Paulo: Hucitec, 1989.

A casa da invenção. São Paulo: Siciliano, 1993.

A casa da invenção. 3. ed. São Paulo: Ateliê Editorial,1997.

Biblioteca. São Paulo: Ateliê Editorial, 2002.

Atividades acadêmicas: presidente da Comissão de Cultura e Extensão da ECA/USP (1996 a 2000); coordenador da Câmara de Cultura da USP (1998 a 2000); coordenador do Laboratório Integrado de *Marketing* e Cultura da USP desde 1995; vice-diretor da ECA/USP (2001-2004); atual diretor da ECA/USP.

Margarida Maria Krohling Kunsch

Professora titular da ECA/USP, leciona nos cursos de graduação e pós-graduação dessa instituição, além de ser membro da comissão de pós-graduação, coordenadora do curso de pós-graduação *lato sensu* de Gestão Estratégica em Comunicação Organizacional e Relações Públicas e coordenadora do curso de graduação em Relações Públicas. É pesquisadora vinculada ao Conselho Nacional de Desenvolvimento Científico e Tecnológico (CNPq) do Ministério de Ciência e Tecnologia do Brasil.

Bacharel em Comunicação Social, com habilitação em Relações Públicas, é mestre e doutora em Ciências da Comunicação e livre-docente em Teorias e Processos de Comunicação Institucional pela ECA/USP.

Consultora nas áreas de Relações Públicas e Comunicação Organizacional Integrada, ministra cursos de reciclagem, aperfeiçoamento profissional e especialização (pós-graduação) para profissionais da área de Comunicação Social e de áreas afins, no Brasil e no exterior, em Comunicação Organizacional, Planejamento de Relações Públicas/Comunicação e Teoria e Técnicas de Relações Públicas.

É autora dos livros: *Planejamento de relações públicas na comunicação integrada* (Summus, 1986; 4. ed. rev. e ampl., 2003); *Universidade e comunicação na edificação da sociedade* (Loyola, 1992); e *Relações públicas e modernidade: novos paradigmas na comunicação organizacional* (Summus, 1997) e organizadora da coletânea *Obtendo resultados com relações públicas* (Pioneira, 1997) e de inúmeras outras obras coletivas de temas da Comunicação Social.

Sua trajetória acadêmica e profissional foi marcada por uma efetiva participação nas entidades científicas e associações de classe da área de Comunicação Social, tendo ocupado cargos diretivos em diferentes entidades científicas e associações de classe nacionais e internacionais: Associação Brasileira de Relações Públicas (ABRP-SP), Sociedade Brasileira de Estudos Interdisciplinares da Comunicação (Intercom), Asociación Latinoamericana de Investigadores de la Comunicación (Alaic), Associação Iberoamericana de Comunicação (Assibercon) e da International Association for Media and Communication Research (IAMCR).

Mario Ernesto Humberg

Palestrante e consultor de ética empresarial, de comunicação e relações públicas, é presidente da CL-A Comunicações e do Instituto PNBE de Desenvolvimento Social, membro da International Society of Business, Economics and Ethics e Conselheiro da Fundação Padre Anchieta. Jornalista, foi diretor da Gazeta Mercantil e da Editora Abril e dirigiu a área de comunicação do Grupo Basf no Brasil. Foi presidente da Associação Brasileira das Empresas de Comunicação e Relações Públicas (Aberp).

Autor e co-autor de livros e estudos sobre política, negócios, história empresarial, relações públicas e ética empresarial, o mais recente dos quais, *Ética na política e na empresa*, lançado em 2002.

Mitsuru Higuchi Yanaze

Livre-docente da ECA/USP, doutor em Comunicação Institucional pela mesma instituição, MBA em Administração Mercadológica pela Michigan State University, Estados Unidos, pós-graduado em Administração de Empresas pela Fundação Getúlio Vargas e graduado em Comunicação Social pela ECA/USP.

Atua profissionalmente como consultor de *marketing*; professor de graduação e pós-graduação da ECA/USP, professor de pós-graduação da Unip, professor e coordenador do curso de pós-graduação da Faculdade de Comunicação Social Cásper Líbero. É ex-executivo de *marketing* e ex-empresário da indústria de alimentação.

Nemércio Nogueira Santos

Fundador e presidente da R.P. Consult, com carreiras completas em três áreas: jornalismo (*O Estado de S.Paulo*, Bloch Editores, Editora Abril, British Broadcasting Corporation — Londres, produtor e apresentador do Repórter Esso — TV Tupi, TV Excelsior, TV Cultura e outros); publicidade (Salles/Inter-Americana de Publicidade); e relações públicas (Esso, Consulterp, Intercom, Alcoa e Villares). Tem publicado diversos artigos e feito palestras em universidades, seminários e congressos em todo o Brasil, bem como para grupos selecionados de empresários e executivos. Autor dos livros *Opinião pública e democracia, desafios à empresa* (Editora Nobel, 1986) e *Media training* (Editora Cultura, 1999). Traduziu e escreveu a introdução à edição brasileira de *Divulgação jornalística e relações públicas*, da autora norte-americana Dorothy I. Doty, originalmente publicado pela Barron's e, no Brasil, pela Editora Cultura (1995). Também editou os livros *Indústria e comunidade: construindo esta aliança* (Câmara Americana de Comércio, 1990) e *Jornalismo é...* (ABA/ABI, 1997). Foi presidente do Conselho Regional de Profissionais de Relações Publicas de São Paulo, vice-presidente da Associação Brasileira de Dirigentes de Vendas e Marketing (ADVB) e diretor da Associação Brasileira de Anunciantes (ABA). É associado ao Instituto Brasileiro de Governança Corporativa, à Associação Brasileira de Relações Públicas, ao International Public Relations Association, ao International Advertising Association, à Public Relations Society of America e ao International Association of Business Communicators.

Paulo Nassar

Jornalista, escritor e professor. Mestre em Ciências da Comunicação pela ECA/USP e atualmente doutorando na mesma instituição. Bacharel em Comunicação Social pela PUC-SP.

Professor do curso de Gestão Estratégica em Comunicação Organizacional e Relações Públicas da ECA/USP. Diretor-presidente da Associação Brasileira de Comunicação Empresarial (Aberje), vice-presidente da Associação de Comunicação Empresarial dos Povos de Língua Portuguesa (Acelp) e vice-presidente da Associação de Comunicação Empresarial do Mercosul (Amerco). Co-autor dos livros *O que é comunicação empresarial* (Editora Brasiliense, 1995) e *A comunicação da pequena empresa* (Editora Globo, 1997). Autor de *Tudo é comunicação* (Lazuli Editora, 2003) e colunista da revista *Imprensa*.

Foi diretor de *marketing* e projetos especiais da Usina Press, diretor da divisão de projetos especiais da Globotec, diretor de videocomunicação da produtora JPO, diretor de *marketing* e projetos especiais da TV Jovem Pan de São Paulo, diretor da Associação Paulista de Teleprodutores Independentes (APTI) e um dos vice-presidentes da Sociedade Brasileira de Engenharia de Televisão (SET).

Ricardo Eduarte

Graduado em Comunicação Social com especialização em Relações Públicas pela Anhembi. Desde 1970 desenvolve atividades de comunicação e relações públicas. Em São Paulo trabalhou na Sabesp, na Secretaria do Interior, no Badesp, na TV Tupy, no Sindicato dos Arquitetos e nas Empresas Brumadinho. Ministrou aulas de relações públicas em cinco universidades paulistas. É diretor da agência de relações públicas Sine Qua Non. Ganhador de dois prêmios ECO; ganhador de diversos prêmios pela Aberje e por outras entidades e publicações.

Roosevelt Hamam

Bacharel em Direito pela Universidade Mackenzie; o mais antigo organizador de eventos em atividade no Brasil, atuando na área desde 1967. Fundou a primeira empresa brasileira de organização de congressos e eventos similares. Mais tarde, na direção do setor de congressos da Alcântara Machado, desenvolveu um trabalho inédito cujo crescimento deve-se em grande parte ao pioneirismo daquela época quando não havia nenhum centro de congressos e convenções no Brasil. O primeiro — Palácio das Convenções do Anhembi — foi todo planejado e constituído com a sua assessoria direta. Foi presidente da Cocal e da Abeoc/Nacional, e atualmente leciona na Fundação Armando Álvares Penteado (Faap).

Em 2003, recebeu o Grand Prix do Prêmio Caio, com aprovação unânime das principais entidades nacionais do setor de eventos (Abraccef, Ampro, FC&VB, Ubrafe).

Atualmente é sócio-diretor da R. Hamam Eventos.

Sidinéia Gomes Freitas

Professora titular da ECA/USP, onde atua junto ao programa de pós-graduação. Consultora educacional e proprietária da Sidinéia Freitas-ME. Tem vários artigos e dois livros publicados. Foi presidente do Conselho Federal dos Profissionais de Relações Públicas (Conferp). Coordenou a Comissão de Especialistas de Ensino em Comunicação no MEC. Prestou serviços profissionais para o Grupo York, Eucatex, Banco Central, Banco do Brasil, Centro Tecnológico para Informática e outros.

Recebeu vários prêmios, entre eles o de Opinião Pública como Profissional do Ano pelo Conselho Regional dos Profissionais de Relações Públicas em 1997. Ganhou em 2005 o Prêmio Opinião Pública Nacional Vera Giangrande, ofertado pelo Conselho Regional dos Profissionais de Relações Públicas SP/PR.

Waldir Ferreira

Bacharel em Relações Públicas pela ECA/USP, mestre em Ciências da Comunicação e doutor em Artes pela mesma instituição.

Professor aposentado do Departamento de Relações Públicas, Propaganda e Turismo da ECA/USP. Atualmente é professor do mestrado em Hospitalidade da Universidade Anhembi Morumbi na área de concentração em Planejamento e Gestão Estratégica em Hospitalidade.

Waldomiro Carvas Junior

Formado em Economia pela USP, com vários cursos de pós-graduação nas áreas de *marketing* e comunicação. Ex-executivo da Fiat Automóveis e do Banco Crefisul (associado ao Citibank) entre 1975 e 1993. Fundador e presidente da GWA Comunicação Integrada desde 1993, empresa responsável por serviços de planejamento de comunicação, assessoria de imprensa e gestão de crises.

Waltemir de Melo

Jornalista e economista, já atuou como assistente de arte da Lapix Propaganda, assistente de arte e redação da Angeli & Associados, diretor de arte e repórter da Intercom Editores e da Neves Assessoria e Consultoria (editora das revistas *Indústria da Panificação* e *Revista do Abastecimento* de 1977 a 1981). Também foi repórter do *Shopping News*, da *Revista Propaganda* e da *Revista Marketing*. Repórter do jornal *Meio & Mensagem*, redator do setor de *marketing* da Banespa Corretora de Câmbio e Títulos e do Banco Itaú. Em 1983 ligou-se à Inform Comunicação Integrada, inicialmente como gerente e, depois, como sócio-diretor. Foi vice-presidente da Associação Brasileira das Empresas de Relações Públicas (Aberp) e, atualmente, é presidente do Sindicato Nacional das Empresas de Comunicação Social (Sinco).

Tupã Gomes Corrêa

Mestre e doutor em Ciências da Comunicação pela ECA/USP e professor titular da mesma instituição. Autor de vários livros, entre eles: *Contato imediato com opinião pública: os bastidores da ação política* (São Paulo: Global, 1988) e *Psicanálise e contexto cultural* (Rio de Janeiro: Campus, 1989); e co-organizador de *Comunicação, marketing, cultura* (São Paulo: ECA/USP: CLC, 1999).

Impressão e Acabamento
Bartira
Gráfica
(011) 4123-0255